HERMES

在古希腊神话中，赫耳墨斯是宙斯和迈亚的儿子，奥林波斯神们的信使，道路与边界之神，睡眠与梦想之神，亡灵的引导者，演说者、商人、小偷、旅者和牧人的保护神……

西方传统 经典与解释 HERMES
Classici et Commentarii

尼采注疏集
Nietzsche's opera cum commentariis

刘小枫◎主编

尼采与基督教
—— 尼采的《敌基督》论集

Nietzsche and Christianity

刘小枫 | 编
田立年 等 | 译

华夏出版社

古典教育基金·"传德"资助项目

"尼采注疏集"出版说明

尼采是我国相当广泛的读书人非常热爱的德语作家,惜乎我们迄今尚未有较为整全的汉译尼采著作集。填补我国学园中的这一空白,读书界早已翘首以待。

"全集"通常有两种含义。第一个含义指著作者写下的所有文字的汇集,包括作者并未打算发表的笔记、文稿和私信等等。从这一含义来看,意大利学者柯利(Giorgio Colli)和蒙惕纳里(Mazzino Montinari)编订的十五卷本"考订版尼采文集"(*Nietzsche Sämtliche Werke：Kritische Studienausgabe in 15 Bänden*,缩写 KSA,实为十三卷,后两卷为"导论"、各卷校勘注和尼采生平系年),虽享有盛名,却并非"全集",仅为尼采生前发表的著作和相关未刊笔记,不含书信,柯利和蒙惕纳里另编订有八卷本"考订版尼采书信集"(*Sämtliche Briefe Kritische Studienausgabe in 8 Bänden*)。

其实,未刊笔记部分,KSA 版也不能称全,因为其中没有包含尼采在修习年代和教学初期的笔记——这段时期的文字(包括青年时期的诗作、授课提纲、笔记、书信),有数位学者历时数十年编辑而成的五卷本"尼采早期文稿"(*Frühe Schriften：Werke und Brief* 1854—1869；Joachim Mette 编卷一、二；Karl Schlechta ／ Mette 编卷三、四；Carl Koch ／ Schlechta 编卷五)。

若把这些编本加在一起(除去 KSA 版中的两卷文献),共计 26 卷之多,全数翻译过来,我们是否就有了"尼采全集"?

柯利和蒙惕纳里起初就立志要编辑真正的"尼采全集"，可惜未能全工，在柏林－布兰登堡学园（Berlin－Brandenburgischen Akademie der Wissenschaften）支持下，四位学者（Volker Gerhardt、Norbert Miller、Wolfgang Müller－Lauter 和 Karl Pestalozzi）接续主持编修（参与者为数不少），九十年代中期成就四十四卷本"考订版尼采全集"（*Nietzsche Werke Kritische Gesamtausgabe*，44 Bände，Berlin／New York，Walter de Gruyter 1967—1995，共九大部分，附带相关历史文献）。我国学界倘若谁有能力和财力全数翻译，肯定会是莫大的贡献（最好还加上 Supplementa Nietzscheana）尼采补遗］，迄今已出版 7 卷）。

　　"全集"的第二个含义，指著作者发表过和打算发表的全部文字，这类"全集"当称为"著作全集"（KSA 版十五卷编本有一半多篇幅是尼采 1869—1889 的未刊笔记，尼采的著作仅占其中前六卷，未刊笔记显然不能称"著作"）。尼采"著作全集"的编辑始于十九世纪末。最早的是号称 Großoktavausgabe 的十九卷本，1894 年开始出版，其时病中的尼采还在世，前八卷为尼采自己出版过的著作，九卷以后为遗稿；然后有 Richard Oehler 等编的 Musarion 版二十三卷本（1920—1929）、Alfred Bäumler 编订的 Kröner 版 12 卷本（1930 陆续出版，1965 年重印）。这些版本卷帙过多，与当时的排印技术以及编辑的分卷观念相关，各具历史功绩。

　　1956 年，施勒希塔（Karl Schlechta）编订出版了"三卷本尼采著作全集"（Werke in 3 Bänden），附索引一卷，袖珍开本，纸张薄、轻而柔韧，堪称精美的"尼采著作全集"，尼采自己出版的著作精印为前两卷，卷三收尼采早期未刊文稿和讲稿以及"权力意志"遗稿。KSA 版问世后，施勒希塔编本因卷帙精当仍印行不止——迄今已印行十余版（笔者所见最近的新版为 1997 年），引用率仍然很高。

施勒希塔编本最受病诟的是采用了尼采胞妹编订的所谓"权力意志"遗稿(张念东、凌素心译本,北京:商务印书馆 1991)——由于没有编号,这个笔记编本显得杂乱无章(共辑 1067 条),文本的可靠性早已广受质疑。KSA 版编辑尼采笔记以年代为序,从 1869 年秋至 1889 年元月初,长达近二十年(七至十三卷,近五千页),其中大部分不属遗著构想,所谓"权力意志"部分仅为十二和十三卷(中译本,《权力意志》,孙周兴译,北京:商务印书馆 2007)。

有研究者认为,尼采并没有留下什么未完成的遗著,"权力意志"(或者"重估一切价值")的写作构想,其实已见于最后的几部著作(《偶像的黄昏》《善恶的彼岸》《道德的谱系》《敌基督》)——尼采想要说的已经说完,因此才写了《瞧,这个人!》。按照这种看法,尼采的未刊笔记中并没有任何思想是其已刊著作中没有论及的。

研究尼采确乎当以尼采发表的著作为主——重要的是研读尼采或充满激情或深具匠心地写下并发表的文字。尽管尼采的书显得好看,实在不容易读(首先是不容易译),编译尼采著作,不仅当以尼采的著作为主,要同时注重注释和解读。

我们这个汉译"尼采注疏集"含三个部分:

1. 笺注本尼采著作全集——收尼采的全部著作,以 KSA 版为底本(其页码作为编码随文用方括号注出,便于研读者查考),并采用 KSA 版的校勘性注释和波恩大学德语古典文学教授 Peter Pütz 教授的"笺注本尼采著作全集"(共十卷)中的解释性注释(在条件许可的情况下,尽量采集法译本和英译本的注释——Gilles Deleuze/Maurice de Gandillac 主编的 Galimard 版法译全集本主要依据 KSA 版;英文的权威本子为"剑桥版尼采著作全集");

2. 尼采未刊文稿——选编重要的早期文稿(含讲稿和放弃了

的写作计划的残稿)、晚期遗稿和书信辑要;

3. 阅读尼采——选译精当的文本解读专著或研究性论著/文集;

由此形成一套文本稳妥、篇幅适中、兼顾多面的"尼采笺注集",虽离真正的"汉译尼采全集"的目标还很遥远,毕竟可为我们研读尼采提供一个较为稳妥的基础。

"尼采注疏集"是我国学界研究尼采的哲学学者和德语文学学者通力合作的结果,各位译者都有很好的翻译经验——这并不意味着译本无懈可击,编译者的心愿是,为尼采著作的汉译提供一种尝试。

古典文明研究工作坊
西方典籍编译部甲组
2006 年 5 月

目　录

编者前言 ……………………………	刘小枫	1
尼采的敌基督教登山训众 ………………	洛维特	1
墙上的书写		
——《敌基督》与历史语义学 …………	莎皮罗	22
尼采与帕斯卡尔 ……………………………	沃格林	57
基尔克果与尼采		
——对虚无主义的哲学和神学克服 ………	洛维特	127
海德格尔《尼采的话"上帝死了"》一文中		
所未明言 ………………………………	洛维特	153
神义论失败后的审美神话		
——布鲁门贝格的《马太受难曲》与尼采 ……	伯伦贝格	193
永恒复返与上帝国 …………………………	阿尔蒂泽	257
狄俄尼索斯对抗被钉十字架者 …………………	弗拉狄耶尔	279

编者前言

尼采与基督的关系,一直是西方思想史上的一个难题。

自罗马帝国和基督教结盟以来,基督教在西方占据了支配性地位。然而,基督教与罗马帝国显得一荣俱荣、一损俱损。自近年以来,随神圣罗马帝国的离散、民族国家的兴起、自然科学的兴盛,基督教开始分裂、世俗化以致衰微,基督教的欧洲似乎要回复到异教的欧洲。尼采把欧洲的命运当成"大政治"来思考:基督教衰微处境中的欧洲精神往何处去?

教会神学家一般不理会尼采,似乎因为尼采对西方基督教说了许多听起来十分刻毒的话,谁研究尼采,就有"搞虚无主义"之嫌。尼采同样刻毒攻击苏格拉底—柏拉图,哲学家并没有因此不理睬尼采。话说回来,正经的神学思想家并不像一般教会神学家那样不理尼采:从巴特解释圣保罗的《罗马书》时引证尼采看得出来,青年巴特曾嗜读尼采;朋霍费尔的《伦理学》一开始就关注谎言与真理的关系,明显受到尼采思想激发。尼采与基督教的关系相当复杂,不能简单地用"尼采敌基督"这种说法来打发这个思想史的重大问题。尼采与新教神学大师欧维贝克的私人和思想友谊所具有的重大思想史意义,迄今还没有得到充分挖掘。① 天主教神学家巴尔塔萨这位牧师之子不过把基督教的主题颠转过来,而尼采自己则说,帕斯卡尔是他最喜欢也最难对付的思想对手。

围绕理解尼采和基督教的关系问题,笔者编选了这个集子,共分三个部分。

1884 年 6 月中旬,尼采在致友人的信中提到,他已经建成了自己的"哲学前厅"[Vorhalle meiner Philosophie],但哲学"主楼"[Haupthau]还没有落成。

"哲学前厅"指《扎拉图斯特拉如是说》,哲学"主楼"在哪里?

《善恶的彼岸》杀青那年(1886 年),哲学"主楼"的草图设计出来了,但直到尼采精神失常,哲学"主楼"也没有落成,只留下一堆按设计打造出来的建筑材料,这就是争议不休的遗著残篇。据说尼采给这"主楼"命名为"重估一切价值"(Umwertung aller Werte)——另一说法为"生成的清白"(Unschuld des Werdens),如今声名远播的书名"权力意志"也并非尽然是伪造。也许,这两种提法可能说的是同一个意思,或者同一件事情的两个不同方面——也因为如此,尼采一直没有拿定主意,究竟用哪一个提法更好。

与"前厅"《扎拉图斯特拉如是说》一样,尼采的哲学"主楼"分为四书。从按照编年顺序复原的哲学"主楼"的草图设计来看,第一书的论题为:

> 种种危险的危险(对作为迄今价值评估的必然结果的虚无主

---

① 两人的通信集前不久才整理出较完善的本子:*Friedrich Nietsche/Franz und Ida Overbeck*:*Briefwechsel*, katrin Meyer/Barbara von Reibnita 编,Stuttgart/Weimar,2000。

义的描述）——欧洲虚无主义——虚无主义的起源——论真理的价值——价值批判,以生命来衡量——衰落的价值——错误心理学——从基督教解脱出来。①

看来,《敌基督》乃尼采哲学"主楼"四个组成部分中第一部分的基础——甚至整个"主楼"的基础。虚无主义在欧洲已经成了熟透的果子,基督教就是这果子赖以生长的树干。"重估一切价值"或"权力意志"或"生成的清白"作为尼采哲学的"主楼",就是要与这树干及其果子斗争。在哲学"主楼"草图设计的四个部分中,唯有"虚无主义"一词一再出现,可以说,与虚无主义搏斗,就是尼采哲学的"主楼"。

---

① 参 Friedrich Wurzbach 编, *Umvertung aller Werte*(《重估一切价值》), München,1969,笔者导言,页 14。笔者所见尼采的遗著残篇编本有三种:Friedrich Wurzbach 编, *Umvertung aller Werte*(《重估一切价值》),Munchen, 1969;Schlechta 以《权力意志》为书名的编本(见 Schlechta 编《尼采文集》三卷本[Passau1960]);考订-研究版(*Kritische Studien ausgabe*,通常简写成 KSA)。Wurzbach 编本按尼采的论题草案编排遗著残篇,书末附有每一段残篇的写作年月,辑残篇共2370 条(第一书 421 条、第二书 558 条、第三书 742 条、第四书 649 条),收罗范围为 1880—1888 年,分两卷刊行。Schlechta 编本杂乱无章,共辑残篇 1067 条(但没有编号),与尼采胞妹所辑没有什么不同,长期以来得到广泛采用。考订—研究版编本以编年为序,收罗年限是从 1869 年秋至 1889 年元月初,篇幅大得惊人:占 G. Colli/M. Montinari 合编十五卷本考订—研究全集(*Nietzsche Samtliche Werke:Kritische Studienausgabe in 15*, Banden)中的七至十三卷(七卷),近五千页。这一编法是文献学的,显然脱离了尼采所说的"主楼"设计。现有中译本《权力意志:重估一切价值的尝试》(张念东、凌素心译,北京:商务印书馆,1991);据 Schlechta 编本,另一中译本《权力意志》(贺骥译,漓江出版社,2000);据考订—研究版,仅为其中最后一卷(13 卷:1887—1889)。如此看来,姑且从《权力意志》为书名的尼采哲学的"主楼"材料的汉译,根本还差得很远,至少得把考订—研究版中 1880 年以来的残篇全部译出或译出 Friedrich Wurzbach 编本,方可堪称完备。

《敌基督》1888年完成，在尼采精神失常后刊行，大概是遗著中最先整理完成的部分。这部迄今没有受到中国学界重视的论著，即是尼采哲学"主楼"的基础部分，亦即尼采的宗教哲学专著，从思想史来看，其位置处于黑格尔的《历史哲学》（有王造时译本）、《宗教哲学讲演录》（有魏庆征译本）与韦伯的《宗教社会学》（中译本两种）和沃格林的《秩序与历史》（五卷）之间。[①]

黑格尔希望通过把基督教转变成历史的绝对主义来挽救基督教衰微的命运，《敌基督》断然打断这一企图——尼采之后的韦伯（特洛尔奇同样如此）已经不可能再走黑格尔的路了。但与韦伯不同，尼采并没有放弃绝对主义，他依然要寻求欧洲精神绝对的"权力意志"。韦伯在推进尼采关于现代虚无主义之基督教起源的论题后，放弃了绝对主义。黑格尔、尼采、韦伯的宗教哲学都具有所谓比较宗教的性质——涉及基督教、犹太教、印度教、伊斯兰教和儒教，虽然各人涉及各教的程度不同（尼采涉及儒教不多，却不乏敏锐），同时又是一种历史哲学。他们都不认为，在现代之后，宗教已经失去了支配人类生活的能力，因而与黑格尔左派及马克思的历史哲学根本不同。从这一思想语境来看，尼采的论题本身究竟如何，仍然需要下功夫认真理解。深入研究《敌基督》，对于关心中国精神在世界宗教范围内的权力意志问题的汉语学者来说，意义相当重大。

这部文选以两篇分析尼采的反基督教论说的文章起头。

[①] 沃格林已是当今声名显赫的大思想家，其五卷本《秩序与历史》已经成为二十世纪政治哲学要籍。《秩序与历史》的野心却不可谓不大，其大旨正在于追踪黑格尔、尼采、韦伯的宗教哲学问题，以推进他们对基督教以及其他宗教的思考——清点各民族精神的存货，回答如何可能保持欧洲精神的权力意志的问题。

理解历史中的哲学论说，首先需要搞清楚论说者的意图和语境，为何如此说、针对谁说。理解尼采的反基督教论说，必须尽力搞清其思想史背景。基督教乃相当复杂的欧洲历史和思想史现象，无论从历史和思想形象来看，基督教都不是只有一种形象。因此需要问，尼采攻击基督教，针对的究竟是谁（哪一种基督教）？这些问题并不像人们认为的那样清楚。比如，为什么尼采很少涉及希腊教父、拉丁教父和中世纪经院神学的思想言论？尼采与基督教的理解究竟以什么为基础？

尼采对基督教的攻击主要集中在其道德主义方面，而尼采自己清楚，就原始基督教或者基督教信仰的实质而言，根本就不是一种道德主义，道德主义的基督教不过是启蒙性的基督教。显然，尼采是基于近代以来的启蒙思想来攻击基督教的——以至于在尼采那里，"基督教"的具体含义就是"启蒙精神"。颇有眼力的思想史家洛维特将尼采哲学看作从笛卡尔开始的西方近代哲学的终结，正是从笛卡尔，一个哲学的上帝出场了。一旦这个哲学的上帝被自己的卫士——哲学的证明杀死，道德的上帝就会取代哲学上帝的位置。①

洛维特的诸多大著主要围绕从笛卡尔到尼采的思想史展开，而他心仪的布克哈特恰恰是个历史哲学大师，可见洛维特所想的问题与前述宗教哲学问题紧密相关。洛维特关于尼采与基督教关系的论述提醒人们，要从自笛卡尔以来的西方近代哲学的语境理解尼采的反基督教言论——写于1962年的《尼采的敌基督教登山

---

① 施特劳斯强烈主张耶路撒冷与雅典之间的冲突不可调和，不仅因为两者根本不同，而且因为调和的结果必然是两者同归于尽。这一论断可谓深得尼采之心。

训众》一文对此有扼要的论述。

自从现代理论出现后,尼采解读有了全然不同的语境和问题意识,莎皮罗的《墙上的书写》堪称晚近分析《敌基督》的力作,按现代思想的家法来解读尼采的反基督教论述,有助于我们了解当今尼采研究的思想动向——从现代思想如何来考虑欧洲精神的"权力意志"问题?抑或干脆不管这个问题算了。

尼采思想承前启后,乃转折性的大哲人。随后的四篇文章关注尼采与其前后的大思想家之间的思想关系,有助于我们从更广阔的思想视野来理解尼采。

思想家之间的思想关系有两种情形。一是两位思想家在生平史上实际发生过的思想影响;二是纯粹思想性而非史实性的关系。比如,尼采与基尔克果,就是纯粹思想性而非史实性的关系。基尔克果不知道尼采,也没有文献显示尼采曾经注意到基尔克果的论著。但正如洛维特的《基尔克果与尼采》一文所论,两人同样面对欧洲虚无主义问题,却采取了根本不同的立场。对于洛维特来说,这两位抵抗欧洲虚无主义的努力都以失败告终——这样一个思想比较方式,是更为哲学性的,在思想史研究中并不乏见,但非哲人不能为之。

尼采并非横空出世、仿佛从天而降的哲人。像章太炎一样,尼采是古文家(古典文学家)出身,对古希腊、罗马古典著作如数家珍,可以信手拈来。另一方面,尼采对近代之书也无所不读。尼采自称思想经历了三个阶段,其中就有跟从别人的阶段——通常,人们仅知道尼采与叔本华、瓦格纳的关系,其实这两人都不是尼采自己真正崇拜的思想前辈。尼采真正崇拜的是柏拉图、斯宾诺莎、歌德、赫拉克利特、帕斯卡尔。沃格林的《尼采与帕斯卡尔》写于四十年代,该文对尼采与帕斯卡尔的思想关系既作了细致的史实性考察,又作了精深的思想性论析,相当富有激发性。为什么沃格林要把尼采与帕斯卡尔的思想关系作为一个政治哲学论题来讨论,[①]仅仅这一问题,就已经够我们想很久了。

尼采百年之后,真正能懂尼采问题而且沿着其思路前行的德语大思想家,海德格尔之后,恐怕非施特劳斯和布鲁门贝格莫属。海德格尔的尼采解释影响深远,这里收入的洛维特解释海德格尔的尼采文章,有助于我们反省海德格尔的尼采形象的历史和哲学含义。

布鲁门贝格以《近代的正当性》和《神话研究》两部巨著闻名于世,思想相当精深,在神学方面的造诣,也非当今好多神学大师可以相提并论(曾参与撰写德国著名的神学百科全书 RGG 词条)。且不说《近代的正当性》前两部中的神学部分,其《马太受难曲》无论在思想和文笔两方面,均堪称了不起的哲学—神学论著。由于布鲁门贝格的论著大都构思宏大,不易截取也不易把握,本文集没有选他关于尼采的论述。这里选的长文是当代德国神学家贝伦伯格《有限的不朽:布鲁门贝格的神学批判》一书的总结性论述部分,讨论布鲁门贝格的《马太受难曲》如何推进尼采的后基督教思想方案:以希腊异教的审美神话代替基督教衰微后留下的精神空间。该文原题为"结论",我将题目重新拟为"神义论失败后的审美神话",意在突显尼采思想和欧洲精神的现代性危机及其解决的基本意涵。我们不能认为,

---

[①] 沃格林在写作《秩序与历史》之前,已计划写作多卷本《政治哲学史》,后来放弃了这一计划,代之以《秩序和历史》。不过,沃格林写的论文实际构成了《政治哲学史》的建筑材料。《沃格林全集》的编者按沃格林自己的构思,将其已刊和未刊的论著结集成八卷本《政治哲学史》,第七卷题为"新秩序和最后的走向"(The New and Last Orientation),"尼采与帕斯卡尔"一文就出自这一卷。

所谓审美神话仅仅是一个文化学和美学问题，实际上它更是政治哲学问题。即便尼采《悲剧的诞生》这样看似论审美问题的书，其实也是地道的政治哲学。

尼采是否希望通过希腊异教的审美神话回复欧洲精神的"权力意志"呢？布鲁门贝格的《神话研究》的野心究竟是什么呢？与尼采有什么思想性关系？

尼采肯定不是通常意义上的无神论者，没有"神"，对于尼采来说，生活是无法承受的。但尼采信奉的究竟是什么"神"？思想家们的理解大致有两种不同的看法：或者认为尼采是隐匿的基督教上帝的寻求者（雅斯贝尔斯），或者认为尼采是希腊异教神学的复兴者（海德格尔、洛维特）。施特劳斯对两种看法都不以为然：尼采是旧约圣经和希腊古典智慧的传人，这两种智慧都忠诚和热爱大地——包括热爱和忠诚于此世的不幸、恐怖和困窘。对我们来说，无论尼采肯定的是犹太教的上帝还是希腊异教的神，尼采的"神学"都与欧洲精神的现世命运紧密相连。①

最后两篇文章出自神学家的手笔——阿尔狄泽是美国有影响的新教神学家，弗拉狄耶尔是法国耶稣会士出身的哲学教授，由此可以看到，当今的神学思想并没有扔掉尼采。

将西方现代思想重新引回西方思想的源头——古典希腊哲学智慧，是尼采在西方思想史上的转折行动——海德格尔、施特劳斯都跟随尼采回头看，虽然看的东西非常不同。当然，这种回头看的行动在德国启蒙运动时期就开始了——启蒙运动之后的浪漫派主

---

① 施特劳斯关于尼采的专论论文，见笔者编的《尼采在西方》（上海三联书店，2002）。施特劳斯与尼采的思想关系，参见朗佩特的出色研究《尼采与施特劳斯》（田立年、贺志刚等译，上海三联书店，2005）。

张全面返回古希腊,尼采的返回沿此方向达到了时代的顶峰,从而开启了这样一种承担欧洲精神命运的思想意识:在现代欧洲,唯有德语思想还有可能使欧洲精神重建与自身源头的关系,英语、法语、意大利语思想都早已在启蒙现代性的汪洋中淹死了。海德格尔、施特劳斯、沃格林、布鲁门贝格都要回到希腊,重新解释古希腊哲学和神话。这种解释当然不是现代学究——无论语文学、考古学、人类学、历史学、社会学之现代人文－社会科学式的解释,而是政治哲学式的解释。自以为得了尼采真传的后现代思想——即便致力解释古典传统的德里达,实际上已经与尼采的苦心孤诣背道而驰。

关心中国精神的现代性命运的汉语思想者与尼采思想发生内在的深度关系,是没有指望逃避的思想命运。

2003 年 10 月

尼采的敌基督教登山训众[*]

[德]洛维特 著　吴增定 译

从宗教意义上说,笛卡尔到黑格尔、黑格尔到尼采的后基督教哲学是一种独特的模棱两可现象(Zweideutigkeit);后基督教哲学思考的立足点是基督教传统,但正因为如此,这种哲学又希望以纯粹哲学的方式奠定基督教信仰。只要把基督教信仰同希腊、前基督教哲学加以对比,这种模棱两可就一目了然。

使徒保罗把知识作为这个世界(diese Welt)的智慧,与真正的信仰智慧有别;与后者相比,这个世界的智慧在上帝面前不过是愚拙罢了。奥古斯丁进一步考察了这种《新约》思想,也就是超世界的信仰优先于世俗知识;假如说对上帝的哲学认识构成了自然神学,启示的信仰构成超自然的神学,奥古斯丁就是把对上帝的哲学知识变成了启示的信仰。但从此之后,哲学家不再像古希腊哲学家那样,面对一种神话神学和政治神学,而是面对一种信仰神学;这种信仰神学也不再像希腊"信念"($\delta o\xi a$)的"信以为真"那样,同作为"真知"($\varepsilon \pi \iota \tau \acute{\eta} \mu \eta$)的真正知识相对立。相反,信念和真知,都有

---

[*] [中译编者按]本文原题 Nietzsches antichristliche Bergpredigt,经授权译自 Karl Löwith,《全集》(*Sämtliche Schriften*), vol. 6, Nietzsche, Metzler/Stuttgart, 1987,页 467-484。

别于作为信仰（πίστις）的基督教信仰。正因为如此，在不信（Unglaube）或无神论的概念中也出现了类似的区分。希腊哲学绝少有不信神的，同样，从笛卡尔到黑格尔的哲学也绝少不在基督教传统的范围内。但苏格拉底被判死刑，因为他崇拜的不是城邦之神；费希特犯了无神论之罪，因为如同之前的康德和之后的黑格尔和谢林，费希特也以哲学解释教会的启示信仰。康德的《单纯理性限度内的宗教》、黑格尔的《宗教哲学》以及谢林的《神话哲学与启示哲学》，都使信仰成为多余。在同城邦权威的冲突中，犯不敬神之罪的古代哲学家屈服了，因为城邦同时也是一种宗教体制；在与教会权威的冲突中，犯无神论之罪的后基督教哲学家也屈服了，因为教会同样是一种政治权力。就后基督教哲学同信与不信的关系而言，哲学与教会启示的分歧，说得普遍些，知识与信仰的分歧，产生了一种根本的模棱两可。这一模棱性的历史开始于笛卡尔非信仰的上帝证明，中经康德的"理性信仰"，最终达到黑格尔的"宗教哲学"。

大卫·施特劳斯、费尔巴哈、鲍威尔（B. Bauer）、鲁格（A. Ruge）和马克思在19世纪对基督教信仰的哲学批判，都始于黑格尔并且完成于尼采。基督教信仰的哲学批判因为是新教事件（Ereignis），从而也成为一种特殊的德意志事件，无论就哲学批判方面，还是就宗教方面，概莫能外。那些（基督教的）哲学批判者都是受过神学教育的新教徒，他们对基督教的批判都以基督教的新教形式为前提。批判（也就是区分）可能要么着眼于（哲学与信仰的）结合，要么着眼于分离。就基督教的哲学批判的后一层面而言，这两种有关批判性区分的形式可能性同样突出了哲学与宗教的具体关系。结合和分离的两种结果体现在黑格尔的哲学神学（尤其他的基督教宗教哲学）中，也体现在尼采的敌基督教的世界观中。尼采的《扎拉图斯特拉如是说》就是敌基督教的登山训众,但《扎拉图斯特拉如是说》的"灵魂"应该折射了"世界"的总体形象。同样的模棱两可也显示在雅斯贝尔斯的"哲学信仰"中,显示在海德格尔"思之虔诚"的言说中。根据这一言说,存在的真理是一个存在敞开与遮蔽的历史,而存在本身,这一"绝对的超越",就是一位向人召唤的隐匿之神。后基督教哲学的模棱两可意味着,这种哲学既是基督教性的,又是无神论的。一切后基督教哲学的模棱两可都清楚地显示在笛卡尔、黑格尔和尼采之中。

在作为沉思哲学基础的《第一哲学的沉思》中,笛卡尔从纯粹哲学意义上证明上帝的存在,也就是说,没有以任何信仰为前提,一种彻底的怀疑先行于上帝的证明,怀疑的范围涉及我思之在(cogito sum)、自我意识的绝对确定性之外的一切。根据这一出发点,受到质疑的不仅是整个物理世界,而且包括《圣经》中非此世和超世的上帝。不仅我们感知外部世界的感官可能欺骗我们,上帝很可能也是骗子,并且通过自己的全能导致这一后果. 我们免不了受骗,即便我们肯定有一些东西是绝对确定的,譬如 $2+3=5$——之所以是确定的,乃因为它可以证明:上帝绝对存在,而且不可能是骗子。一旦这两者都不确定,一切都要面临无法避免的怀疑。笛卡尔的上帝证明步骤如下:即使我们否认上帝存在,我们至少还是以一个上帝观念为前提。我们把上帝设想为一个完美的存在,不管能否有这样的东西。但是,作为不完美的存在,我们从哪儿获得这一不仅相对完美而且绝对完美的存在观念?我们不可能从可见的外在世界获得这个观念,因为在外在世界中找不到任何绝对完美的东西。绝对完美的观念也并非来自我们自身,因为我们是有限的存在,经常受到欺骗,怀疑自己,我们总是渴求并希望获得一个存在,因此绝对不是完美的。绝对完美的观念只能来自一个自身完美的存在。假如没有这一无限的存在创造了我,使我形成了完美的观念,我甚至不可能作为一个有限的存在者而存在。这位上帝不可能是骗子,欺骗和狡诈都是不完美的,况且一个完美的骗子的观念本身就是背谬的。

这种上帝的哲学证明[1]之无神论表现在:为了证明上帝,笛卡尔以一种彻底的怀疑为出发点,但由此获得的只是形式性的我思存在的自我确定。作为一位有自我意识的怀疑者,笛卡尔的思考不需要上帝并且反对上帝,随后,笛卡尔在其自我意识中发现了上帝的观念,并以此为出发点证明上帝的存在。同这个非信仰的出发点一致的是,笛卡尔把自己的证明献给索邦大学神学院;笛卡尔的理由在于:他的逻辑证明之所以有优势,恰恰因为它必然能够说服那些不信者。按照帕斯卡尔的鄙夷说法,笛卡尔的上帝是"哲学家的上帝";因为帕斯卡尔知道,作为哲学家,笛卡尔想要回避对上帝的信仰。犹如后来的斯宾诺莎,笛卡尔根本没想到对《圣经》进行详细批判,但却以强烈批判的态度站在《圣经》权威的对立面;结果在同时代人中,笛卡尔关于上帝存在的无神论证明引发了形形色色的解释。

无论从基督教方面,还是从非基督教方面都可以证明:黑格尔哲学是一种哲学神学,同时也是一种神学哲学。他的基本概念"精神"(Geist),一方面如同亚里士多德的"理智"($νοῦς$)一样具有希腊色彩,另一方面又如同《约翰福音》的"逻各斯"($λόγος$)一样具有《新约》色彩。在其早期著述中,黑格尔已经比较过基督教精神和希腊精神,试图从"活生生的爱之关系"概念中发展出精神的辩证

---

[1] 参 W. Schutz,《近代形而上学的上帝》(*Der Gott der neuzeitlichen Metaphysik*),1957。([译按]原文未注出版者,下同。)

运动。和爱一样,精神应该扬弃主体和客体的僵硬对立。

在《信仰与知识》的论文中,黑格尔阐发了康德、雅各比(Jacobi)和费希特的思想,并且试图在更高和更原初的统一中扬弃知识与信仰的对立;最后,在《精神现象学》的"启蒙与迷信之争"一章中,无论启蒙的知识,还是迷信的信仰,都在理性的绝对审判中遭到抛弃。因为,假如我们对上帝一无所知,只能信仰上帝,或者假如哲学的审判理性不能认识上帝或绝对,那么,除了启蒙的知识和迷信的信仰的僵硬对立之外,任何理性基础的信仰都不复存在。黑格尔宗教哲学的意图在于,想通过一种哲学的概念化宗教扬弃宗教表象的纯粹"肯定"形式。在宗教表象向概念的形式转换中,发生变化的不是基督教的本质内容,而是基督教的流俗形式(gewohnte Form)。哲学摆脱了流俗的表象形式;就此而言,从经验和历史的基督十字架死亡与复活中所形成的,恰恰是一个"思辨的耶稣受难节"(spekulativer Karfreitag),概念化的"上帝之死",而且精神的自由正是在概念化的"上帝之死"中彰显出来。根据宗教向哲学的这种转换,黑格尔说,转换本身已经是"对上帝的真正侍奉",在自我揭示的同时,也揭示了基督教的精神。

伴随基督教学说向宗教哲学的这种转换,出现了两种不同的要素:哲学对基督教信仰的辩护,以及哲学同时对基督教信仰的批判。黑格尔用哲学的理性化概念来彰显并且扬弃基督教信仰,这种模棱两可正是一切黑格尔左派后来进行宗教批判的依据。在黑格尔的哲学中,费尔巴哈看到了黑格尔最终的宏大企图——统一不可统一的东西:基督教神学与希腊哲学,普遍宗教与处于形而上学顶峰的无神论。最后,黑格尔左派分子鲍威尔在1841年发表了一篇论战文章:《对无神论者和敌基督者黑格尔的最后宣判书》(Die Posaune des jüngsten Gerichts über Hegel den Atheisten und Antichristen)。① 鲍威尔试图表明：黑格尔哲学中的论说不可能涉及《圣经》的身位上帝和活的上帝，而且同敌视教会的启蒙运动这种肤浅和公开的无神论相比，黑格尔对基督教的精神化是一种更危险的无神论。

正是因为尼采，哲学无神论问题出现了一种新的转向。尼采既不是启蒙意义的自由精神(Freigeist)，也不是宗教哲学家，而是已经成为自由的精神。这种精神在虚无的自由和虚无主义的自由最后终结时，追求一种新的约束。在自己青年时期的第一次危机中，尼采就呼唤过一个新的、"未知的上帝"。作为一种对立的登山训众，扎拉图斯特拉的言说成为德国哲学史中攻击基督教的开端；这种攻击不能容忍任何形式的和解，不仅明确地反对宗教的表象形式，而且反对上帝本身，反对耶稣和保罗，反对已经完全沦为世界历史的(weltgeschichtlich)基督教。尼采渴望一种"绝对诚实"的无神论，与此相应的是："上帝死了"，超人正在出场。同时，绝对诚实的无神论意志也决定了尼采对德国哲学的批判：尼采批判德国哲学是一种半吊子的、工于心计的神学。康德和费希特，谢林和黑格尔，还包括费尔巴哈和大卫·施特劳斯，在尼采看来，都是"半吊子僧侣"和"教父"，他们的哲学都是一种堕落的新教形式。"只要我说哲学死于神学血液，人们马上就理解这是德国。新教僧侣是德国哲学的祖父，新教本身也是德国哲学的原罪……想要理解德国哲学在根本上是什么东西，只需吐出'图宾根学派'的字眼———一种工于心计的神学"。

尼采洞悉了德国哲学的新教本质，相应地也敏锐把握了新教神学的哲学无神论本质。新教神学本身包含着科学的哲学无神论，但仅仅接受了后者的一半，因此是半吊子神学，半吊子哲学。

---

① 这一点可参见我选编的文选：《黑格尔左派》(*Die Hegelsche Linke*)，1962。

随之,"新教的没落在理论和历史上都被理解成半吊子。天主教事实上的完全没落……"

尼采也把自己的"非道德主义"看成是基督教新教传统的一种继续;同时,非道德主义仍然是基督教道德之树最后的果实。"作为诚实的非道德主义被迫走向道德毁灭"——基督教道德的哲学上的自我毁灭是基督教自身力量的一部分。基督教首先在宗教改革时期作为天主教的教义走向毁灭,现在基督教作为道德走向毁灭,我们恰恰处在这个发生的转折点。但是,终究要凸显的有关真实的最后问题是:"一切求真意志意味着什么?"对真理中的真理进行追问的最后形式,就是"绝对诚实的无神论"。假如精神的作用在今天仍然无比强大、有力,没有任何虚伪,那么精神现在也就丧失了理想——这种禁欲的流行表现形式是"无神论"——清除了求真意志。但是这种意志,这种理想的剩余物,是……用自己最严格、最精神性的形式表达出来的那种理想本身,完全秘密地揭开外在因素,因此不仅揭示其剩余物,也揭示其核心。所以,绝对诚实的无神论……并非与那种理想相对……而很可能只是这种理想的最后发展阶段,是其最终形式和内在逻辑结果——正是两千年的真理培育所导致的要求人们敬畏的灾难,最终在对上帝的信仰中使谎言不再成为可能。

黑格尔确信,哲学唯一根本的使命是认识作为绝对的上帝;在其有关上帝证明的讲演中,黑格尔希望从哲学上完善历史性的基督教。与此相对,尼采则有意识地思考一种走向终结的基督教,上帝死了的基督教。而且与黑格尔不同,尼采的批判并非局限在对传统基督教内容的哲学转换,相反,这一批判针对的是所有原本和堕落的基督教形式。在其最后一篇文章的结束语中,尼采以最彻底的战斗宣言来总结:"狄俄尼索斯反抗被钉十字架者。"

尼采的《瞧这个人》这最后一篇都灵时期的文章,并不是"崩溃时期"的作品,①毋宁说彻头彻尾是以前作品所产生的最极端后果,一个以扎拉图斯特拉为前提的表面性挑战结论。与外在假象相对,《瞧这个人》形象的比喻言辞恰恰是尼采对基督教最透彻、最系统的阐释。在给朋友的信中,尼采把《扎拉图斯特拉如是说》说成"第五福音书",称其为自己的"圣约"(Testament)。在"终极意志"和"宣告"的双重意义上,《扎拉图斯特拉如是说》就是这样一种"圣约"。如同《新约》的登山训众一样,这一宣告提出了一个最高的要求,但却是敌基督教的要求,因为宣告并非把人类放在上帝面前,而是安置在同一物永恒复返(ewig Wiederkehr des Gleich)的"狄俄尼索斯世界"中。据尼采本人的证明,《扎拉图斯特拉如是说》是尼采对自己生活、工作和经历的辩护,并且是最彻底地包含着自身存在图景的"圣约"——"一旦我扔掉自己的全部重负,就是这种结果"。尼采觉得,不管在什么时候都能够通过解释《扎拉图斯特拉如是说》来获得"自己的教职"。即便是五年以后创作的《敌基督者》,也是作为"重估一切价值"的第一书而被列入计划的;但在前言中,《敌基督者》却被看成是:该书所面向的读者已经理解了《扎拉图斯特拉如是说》。然而,扎拉图斯特拉绝对"不信上帝",他的登场开始于"上帝死了"。在一封给欧维贝克的信中,《扎拉图斯特拉如是说》的作者把自己说成"人们长久以来所期待的敌基督者"。尽管新教和天主教阵营的基督教辩护者(Benz、Welte 等)为尼采辩护,尼采事实上早已成为这样一位敌基督者。②

---

① 参 E. Podach,《尼采崩溃时期的作品》(*Nietzsches Werke des Zusammenbruch*),1961。

② 相反可参见 G. Grau,《基督教信仰与知识分子的诚实》(*Christlicher Glaube und intellektuelle Redlichkeit*),1958;以及 E. Biser,《"上帝死了"——论基督教意识的崩溃》(*"Gott ist tot," zur Destruktion des christlichen Bewuβteins*),1962。

在《尼采与基督教》(Nietzsche und das Christentum)中,雅斯贝尔斯把尼采称为一位"不理解自己的上帝追寻者";海德格尔谈到尼采时,认为他是19世纪"唯一的信仰者"。毫无疑问,这些看法都是误入歧途。因为,尼采从一开始所追求的、最终称其为狄俄尼索斯的上帝,不是《旧约》和《新约》中的上帝,而是一个神圣的名称,表示那个永远不断自我孕育和不断自我毁灭的世界。但是,即便从尼采发病时自己署名为"被钉十字架的狄俄尼索斯"的事实,也得不出任何有用的辩护。这个事实仅仅暗示,对于希腊思想来说,受苦属于创造原则的基本特征,却并没有暗示尼采在那个时候拥护基督、救世主之死。尼采未能使用敌基督教之外的语言表达赫拉克利特世界的复归,仅就此而言,尼采才打上基督教的烙印。尼采最后的自述的标题和副标题以及《扎拉图斯特拉如是说》的"驴节"中对基督教圣餐的无与伦比的讽刺性模拟,都符合敌基督教的结果。《瞧这个人》中的"人如何成为如其所是的人",不仅拿宽宏大量的希腊形象以及出于自然的"良好发育"同基督教的人——这种人因为误入歧途而承受自己和他人的苦难——进行对比,而且在副标题中摧毁了基督教的这种要求:通过悔改和超自然的重生而成为新的和另一种人。

尼采在近二十年的时间里探索出一条思路,并且最终在都灵时期的著作(《朝霞》《敌基督者》《瞧这个人》)中,合乎逻辑地完成这条思路。但是,这条思路在早期一部自传性的研究叙述中已经有所预示,尼采把这个叙述当作90年代的计划记录下来。他的出发点是这句耸人听闻的话:"我生为靠近上帝田野的植物,我生为一间教士修房中的人。"现在,抓住发生本身之缰绳并且从生命中独立地凸显的时候到了。尼采以这句话作结:"因此,人的成长已经不需要一切曾经裹在自己身上的东西;人不需要挣脱镣铐,相反,镣铐突然脱落了;

但是,最后依然包围着他的圆环到底在哪儿?世界?还是上帝?"以这个可供选择的方案为尺度,人是什么的问题也得到规定:人要么是一个超世界的上帝之相似形象,要么是一个自然世界的造物。二十年后,作为同一者的永恒复返的"巨大循环"的教诲者,尼采最终选择了肉身和自然(physisch)世界,并且以此反对作为"精神"的《圣经》上帝。尼采选择了自身蜷缩成一团的蛇,而且蛇那种象征着勇敢的狡猾也伴随着骄傲。尼采以蛇来象征这种东西:它作为世界大循环中的小循环,紧紧地裹在尼采身上。尼采反对超世界和基督教的上帝,拥护永远不断地自我创造和毁灭的世界。因此毋庸赘述,站在敌基督教的现代性顶峰,尼采怀着相反的意图,重申了奥古斯丁在基督教意义上对希腊永恒复返思想的批判,重申了奥古斯丁对上帝与世界的区分。"在一切可见者之中,"《上帝之城》(*Civitas Del*,XI,4)中这样说道,"世界是伟大者;在一切不可见者之中,上帝是伟大者。我们看到,有一个世界存在;我们相信,有一个上帝存在。"信仰是对不可见之物的一种坚定信心(《希伯来书》11:1)。信仰的根据只能是:上帝自己通过《圣经》向人言说,并且告诉我们,世界创造于虚无,处在创造开端的并非已经是一个世界,而是一个超世的上帝。

90年代的自传性纲要第一次提出了如下问题:那个包容万物,因此也包含人的东西,究竟是上帝还是世界?与这篇纲要同时,还出现了两篇学术文章,它们都清楚地提出了最初的怀疑:两千年的基督教的传统是否将我们引入歧途,是否到了重新开始的时候?二十年后,"两千年基督教谎言"的断然陈述取代了青年时期的怀疑,而且尼采还区分了手稿和《瞧这个人》:"错误记时中的一八八八年九月三十日——一年的第一天"(也就是新的、不再是基督教的记时)始于尼采的《瞧这个人》和《敌基督者》。从这一新的开端来看,对尼采而言,基督教的欠负和罪意识变成了"病态灵魂史中最重大的事件",变成了"最为祸害的宗教解释伎俩"。与此相对,尼采希望使一切存在者的此在和如此存在(Dasein und Sosein)重新恢复自己的"无辜",希望把人"重新转换"为万物的本性。"无神论"是一种"第二性的无辜"(zweite Unschuld),也就是说,上帝和人都没有犯下这一罪过:万物都如其所是地存在,而不是以别的方式存在。在《扎拉图斯特拉如是说》中,尼采把这种必然性看成"存在的至上命运";这一命运不会实现太人性的愿望,也不会玷污任何"否定"(Nein)。对这种"存在的肯定",对在自我意愿中存在的自我肯定,尼采—扎拉图斯特拉说出了自己的"肯定"和阿门,这与基督教放弃世界和否定世界的做法截然对立。世界既不可能作为上帝的造物而存在,也不可能以其他方式而存在;世界只能作为一切循环中的循环而存在,并且如其所是地存在;扎拉图斯特拉关于同一者的永恒复返的学说同创世的教诲相对立;由于《旧约》中的上帝不再活着,而是死了,尼采就必须重新提出古老的宇宙论问题,追问世界的永恒性。那些在尼采看来由上帝之死引发的问题,全都关系到对一种神学回答的抛弃,而且全部包含在如下可供选择的回答中:

1. 假如对作为世界创造者的上帝之信仰不再有生命力——那么,这就尤其取决于世界的存在。
2. 假如存在并非以令人吃惊的方式产生于虚无——那么,这个总已经在着的世界之存在,就是一个自我运动的、源初的自然(Physis)。
3. 假如自然世界没有源初的开端,也没有目标性的终结——那么,自然世界就是永恒的。
4. 假如一个总是—在着的自然世界之永恒,不是一个超世界和超自然上帝的非时间性永恒——那么,它就是一种永恒的时间。
5. 假如人不是一个超自然和超世的上帝创造的相似形象——那么,人就是来自于自然和世界。
6. 假如对共同造物主的信仰、对上帝给世界与人带来协调的信仰,并没有回答人与世界的关系问题——那么,自然世界的持久存在同人的有限存在之间的关系问题就无可回避。
7. 假如对预定(Vorsehung)及其世俗化形式的信仰都再也不值得信仰——那么,所有事实性此—在的偶然(Zufall)都必然成为问题。
8. 假如人没有被嵌入持存着的自然的永恒整体——那么人、人的偶然性之谜就找不到任何答案。

尼采必须提出在这些论题中所确定的问题,因为他反对超世和基督教的上帝,拥护神的世界、狄俄尼索斯的世界。在这一范围内,尼采彻底地体验到:自哥白尼以来人就从一个中心滑入 X 之中,这一切都意味着现代性存在、世界存在的绝对偶在(Kontingenz)。为了把似乎成为"尘世病人"的"人"从孤零零、绝对的偶在中拯救出来,扎拉图斯特拉的学说教导说:"人",这个孤零零的碎片,应该返回到永远在场、永远生成的世界整体之"偶然"(Von Ohngefähr)中;而且,这个世界的必然循环进程同样远离任意与强制。这个世界不可能受其他东西强制,因为它本身已经是一个整体;它不可能来自任意,因为它本身已经是一个自我意愿的宿命(Fatalität)。最高和无条件的"宿命论"(Fatalismus)等同于"偶然"和"创造"。永恒复返的学说使这样一种宿命论得以"实现"(vollenden),因为这一学说把个别的人安置在既偶然又必然的创造性生命整体中,并迫使他返回到这个整体。因此,尼采不仅质疑人与世界的对立,因为这种对立贬低了世界("人反对世界"),而且质疑人与世界之间毫不相干的并列("人与世界")。我们自身总已经是世界——但这并不是因为我们以非世界的方式存在,也不是因为世界只是人的生存规定,而是因为一切归属、对立和并列都已经获得了沟通;而且,能够使它们获得沟通的,恰恰是活生生的、自然世界的无所不包的存在;这个世界是形成与消逝、创造与毁灭的持续循环进程。人的存在之所以有独特性,并非因为人是一种元—自然(形而上学)的特殊类,而是因为人拥有一个对自身和世界的特殊意识,但这种意识不是某种属己的(eigen)存在,而是属于那些被自我意识到的一切。大多数事物存在并且发生,在人和在世界中皆然,别无他者。

尼采对其计划中主要作品的构想,有着明确无误的意图:表明"一切发生(Geschehen)的绝对同质性"。这些主要作品所进行的价值重估,拥有一个宇宙论的基础,并且在根本上也是生物学的基础。尽管是泛泛而谈,但唯有从存在者的整体中,关于克服偶在之"人"的问题才能找到答案;尼采正是把这个存在者整体称为"生命的整体形象"。永恒复返就是这样一种永远同一的形象,这种形象意味着:在一切活生生之物中保持相同类型和相同力量的生命形象。假如人们以抽象的存在概念为前提,从而没有看到"生命"一词恰恰描述了尼采整个学说的关键,并且就其自身而言,"生命"的目标就是一个承载和支配、创造和毁灭万物的自然,讨论永恒复返学说的结构和困难、讨论永恒复返与权力意志的关系,都是毫无意义的。

尼采最为深刻地感受到,自近代开始以来,现代人就"从中心滑入 X 之中"。因此尼采必然同时要重新问:谜一般破碎的人如何能够重新嵌入世界的整体中?为此,需要对人的存在进行变形。

扎拉图斯特拉的第一句话立刻就涉及这一问题。三种变形的象征分别是骆驼、狮子和孩童。骆驼的坚韧精神象征着面对"你应"（Du sollst）的神圣义务时基督教人（christlich Menchen）的顺从。基督教人不想拥有自己的意志，而是顺从上帝的意志，上帝告诉他应该做什么。狮子的勇敢精神使自己摆脱了一切"你应"，狮子在其自由的荒漠中拥有追求自己意愿的意志。狮子没有骆驼式的敬畏感，狮子强夺自己想要的一切，并且毁灭千年基督教传统的价值。这种自身成为自由的意志，是一种摆脱某物的否定性自由（negative Freiheit），一种对迄今为止的"你应"的"神圣否定"。狮子是纯粹的解放，不创造任何价值，仅仅创造带来新的创造的自由。因此作为单纯的解放，"我愿意"的狮子还需要进一步变形，尽管也是最艰难的变形，成为在游戏中创造的世界孩童（Weltenkind）；世界孩童就是一种"遗忘"，一种新的开端，一种自我蜷缩的开端。意志甚至必须从自身中获得解放，因为意志必须从强盗意志变成感恩意志，这种意志无需任何否定就能够说"肯定"。唯有在世界孩童身上，"我愿意"才能成为一种"我是"（Ich bin）的真正存在。扎拉图斯特拉在最后一次变形中唤醒的这个孩童，在双重意义上暗示了赫拉克利特的世界孩童：他在海滩上游戏，建造复又毁灭。同时，这个孩童还暗示了《新约》中的子嗣关系（Kindschaft）；这种关系属于上帝的国，因为它并非来自这个世界。通过向喜剧式大地孩童的最终变形，"丧失世界者"重新赢得了世界，也就是说，赢得了永恒地自我创造与重新毁灭的狄俄尼索斯世界。这个世界是一个天国世界，与上帝的天国世界对立的大地王国（Erdenreich），一个敌基督教的超人；超人能够对自我发布命令，因此必将成为"未来的大地主人"。

在扎拉图斯特拉第一句话中，也就是说在世界的整体中，存在着某种从"你应"到"我愿意"和"我是"的"变形"的内在关联。前言中有三个被重点强调的主要原则清楚地揭示了这种内在关联：(1)上帝死了，也就是说，再也没有一个制定规范的"你应"。(2)我向你们教示超人，宣扬这样一种人，他在上帝死了之后超越了自己，因为他给自己发布命令并且告诉自己，他所愿望的是什么。(3)仍然信赖大地，也就是说，不是遁入基督教—柏拉图主义的形而上学"地狱"，因为这座地狱把"真实的世界"变成无稽之谈。与整个《扎拉图斯特拉如是说》的敌基督教意义相呼应，前言中第一个原则已经暗示了耶稣的生平，耶稣应该作为上帝的儿子来拯救人类；相反，扎拉图斯特拉却恰恰想要摆脱救世主，从而获得拯救。但是在《扎拉图斯特拉如是说》中，尼采却像一位基督教登山训众者一样说到了拯救，尽管是敌基督教和反瓦格纳意义上的拯救。作为一位反对基督教及其救世主的布道者，扎拉图斯特拉不仅不信上帝，而且还是"应许已久的敌基督者"。《扎拉图斯特拉如是说》具有文学的形式，但在内容上则类似于一部敌基督教的福音书（antichristlich Evangelium），一部颠倒过来的登山训众。我们根本无需解释对耳熟能详的《圣经》话语的这种控诉所具有的丰富性（Fülle）。从初次登场开始，直到驴节上的纪念会，整个《扎拉图斯特拉如是说》就是一部不断遭到耽误的漫长拯救史，这一历史原本应该使人摆脱迄今为止的救世主，从而获得拯救。尼采随后提出的问题是："扎拉图斯特拉是谁？"这一问题并不能通过回溯到希腊形而上学的开端获得答案，而是仅仅让人们不断地看到：一个新的开端与基督教相伴而生，并且在很大程度上支配了尼采的思考，这使得尼采首要和最终的基本原则都是"世界"与"上帝"的对立，或者说"狄俄尼索斯"与"被钉十字架者"的对立。《扎拉图斯特拉如是说》的前言几乎每一行都和基督教有着根本的相关性，尽管和

《瞧这个人》最后一段话相比,这里的相关性不是非常明显。扎拉图斯特拉希望倾空"金色盈光的酒杯";与此相反,三十岁时离开家乡山水的基督也倾空充满苦难的圣杯。扎拉图斯特拉这同一者的永恒复返的教诲者,由一只骄傲的鹰(《约翰福音》的象征)陪伴,让那永恒之蛇朝鹰扬起自己的脖子。这也与那位不同的超人相对,后者的象征是谦卑的祭祀羔羊,教导人们从皈依中获得无与伦比的重生。在《新约》中,鹰与蛇的骄傲和聪明分别对应着鸽子与蛇的谦卑和聪明。扎拉图斯特拉的鹰是野兽,从高空中突然扑向羔羊,因此遭到一切"羔羊灵魂"的怨恨;在撕碎人的上帝、撕碎"作为绵羊的上帝"(agnus Dei)时,这头野兽感到极度幸福。扎拉图斯特拉这超人和永恒复返的不信上帝者的教诲者,想要成为一位快乐的福音使者,成为来自"上帝之死"的"快乐科学"的宣告者。依据尼采的洞见,这一宣告被布道为:在德国只有"一种公开并且大体富有艺术性的言说",也就是从布道坛走下来的言说:

> 唯独在德国,布道者才知道,一个音节、一个词语闪烁着什么内容,一个句子在多大程度上搏动、跳跃、迸发、延宕、慢慢结束;他唯独倾听良知……德国最伟大的布道者的绝技:至今为止,《圣经》仍然是最优秀的德语著作。与路德的《圣经》相比,所有的其他著作不过是"文献"——这样一种东西并非生长于德国,因此同样不曾、不会深入德国从而得以生长:如同《圣经》在德国那样生长。

在语言形式上所能听到的一切,在内容上同样非常清楚:尼采反抗登山训众的全部要求,反抗由此产生的基督教"人性"(Humanität)。没有任何人以正当的形式追求自身、热爱自身,并且因此在面对自己时选择了向邻人之爱逃避。扎拉图斯特拉这不信上帝的人,仍然看重世界并且发现世界是美好的,尽管人们以无穷的恶中伤世界。但是,世界最美好的东西就是三种被中伤得最多的东西:肉欲、支配欲和私欲。

尼采自始至终不遗余力地攻击的不是教义式的基督教,而是其世俗变形:现代市民社会和道德的"潜在"基督教。尼采思考得最多的不是"上帝死了",而是"上帝死了"阴影般的苟延残喘,是古老的基督教展现在现代世界的骗局。这一骗局是"基督教的顺势疗法",是基督教那已经变得谦卑的"唯道德主义",尽管基督教原本反抗"唯道德主义"。因为展现在尼采面前的基督教,不再是一个征服和统治世界的信仰,相反却仅仅成为基督教的文明和道德。尼采曾经用五个"否定"阐述自己的批判,其中第二个"否定"包含了全部其他的"否定":

> 即使在人们经营基督教教义形式不善而破产的地方,我也重新认识并且提取了传统理想、基督教理想。基督教理想的危险潜伏在基督教的价值感之中,潜伏在可能缺乏概念表达的东西之中:我同潜在(譬如音乐和社会主义)的基督教斗争。在一场巨大的洪水之后,我的斗争恰恰通过"残留积水"的图像来审视基督教的历史。基督教生命的一切可能,最严肃与最散漫的可能……最心不在焉与最富反思的可能,都必须予以排除,现在到了发明一种新东西的时候,否则人们必然重新陷入陈旧的循环:当然,当我们被漩涡翻转了两千年之后,很难从漩涡中抽身:哪怕是对基督教的嘲讽、不恭和敌视,都已经黔驴技穷;人们只能看到一块天气变暖时的冰面,冰块到处碎裂、肮脏,不再光滑,布满水坑,到处是危险。因

为在我看来,在这个地方只能小心翼翼,保持完全适当的克制;我因为克制而尊重宗教,不管它是否已经是一种垂死的宗教……对批判的历史学,也就是对病理解剖来说,基督教成熟得太快了。

尼采意识到,"上帝死了"是一个事实;这个事实的意义与其说是事实本身,不如说是其虚无主义后果。尼采对这个已经不信上帝的基督教进行了批判,而批判的本质要素也包含着一篇1862年的文章中的导论性原则;此外,这篇文章仍然完全停留在基督教"本质"的人本化(Humanisierung)道路上。促使并激发尼采批评的东西,不是教会和神学的基督教,而是这种基督教的世俗变形,"滑稽的骗局";正是这一骗局显现了现代世界范围内的古代基督教:

> ……我穿过了整整千年的疯人院,现在叫做"基督教""基督教信仰""基督教会"——我提醒自己,不要让人类为自己的精神错乱负责。但是一旦进入现在的时代、我们的时代,我的这种感受就不可抗拒地发生变化并且终止。我们的时代知道得更多……以前仅仅是病态的东西,现在成了不体面——今天,成为一个基督徒是不体面的。这里,我忍不住想呕吐。——我环视四周:谈论以前所谓真理的话语根本无法存活;只要是一位僧侣吐出了"真理"这字眼,我就对"真理"难以忍受。今天,即使一个人以最谦虚的态度声称自己的诚实性,他也必定会看到:神学家、僧侣、教皇,不仅错误地使用每一个句子,而且用它来撒谎——即使出于"无辜"和"无知"撒谎,也难辞其咎。这一点无人不知,但一切仍一如既往。在一般情

况下,我们的政客都是反传统的人,在行为上都是彻底的敌基督者;但当政客们自命为基督徒并参加圣餐仪式时,这最后一丝体面感究竟从何而来?……年轻的王子走在自己队伍的前面,表达自己的民族自恋和自我炫耀——但却毫无廉耻地承认自己是基督徒!……那么基督教否定了哪些人?基督教把"世界"叫做什么?叫做战士、法官、爱国者:关心自己的荣誉,希望获得自己的特权,因为感到自豪……一切当下的行动,一切本能,一切体现为行为的价值评判,现在都是敌基督的;现代人必定是伪善的怪胎!尽管如此,现代人毫不羞耻地自命为基督徒。

尼采同自己的朋友欧维贝克正是在这一点上会合了;作为教会史学家,欧维贝克认识到了基督教原本是什么,但自很长时间以来基督教早已面目全非。

与费尔巴哈和基尔克果一样,在反抗黑格尔的同时,尼采为我们这个变得世俗的世界同基督教信仰的不协调性进行了最后的伟大辩护。有两样东西在黑格尔那儿达到了顶峰:源于莱辛(Lessing)的激进神学批判,还有莱辛的浪漫保守意志。"黑格尔试图借助我们的第六感官,也就是'历史感',说服我们最终相信当下存在的神圣性"。就这种宏大的企图而言,黑格尔已经成为"诚实无神论"的巨大阻碍者。与这种阻碍诚实无神论的做法相对,尼采认为自己的使命恰恰是,"在无神论问题中引入一种危机和最终决断"。

欧维贝克以旁观者身份从历史的角度考察基督教的终点,尼采则自己投身于毁灭性的战斗。尽管如此,我们还是能够问:尼采"在无神论问题中引入一种危机和最终决断"的意愿,究竟源于一种真正的宗教愤慨($\sigma\kappa\acute{\alpha}\nu\delta\alpha\lambda o\nu$)还是仅仅把自己对基督教道德的批判推向极致,与此同时尼采却最终感到疲惫不堪,并附身于一种使自己成为"自己理想的扮演者"的角色中。尼采对自己不信上帝的真正的自我认识,很可能包含在引导扎拉图斯特拉与末代教皇(letzte Papst)的那段对话中。《扎拉图斯特拉如是说》的前言提到,孤独的扎拉图斯特拉怎样遇到另一位孤独者,一位基督教圣徒,他还没有听说上帝已经死了。后来扎拉图斯特拉遇到一位老者,老者已经得知上帝死了。老者向扎拉图斯特拉显明,自己是"已经告退"(auβer Dienst)的"末代教皇",因为自己的主人死了。他作为一个已经赐福的人,结交了扎拉图斯特拉。扎拉图斯特拉向这位在上帝的事情上比自己更清楚的末代教皇问道:

> 有人说自己被同情扼杀——他看到这人是怎样被绞死在十字架上,他也不能忍受对人的爱变成了自己的洞穴并且最终导致自己的死亡;难道他所说的这一切都是真的吗?——年迈的教皇没有回答,把目光胆怯地……移到一旁。让他走吧,长久的沉思之后,扎拉图斯特拉说……让他走吧,他朝那儿走了。不管你是否对自己仅仅散布这个死亡的好处感到荣幸,你和我都同样清楚地知道,末代教皇是谁,清楚地知道他踏上了非凡的道路。

扎拉图斯特拉提出问题:上帝是否如教皇所说的那样死于老朽年迈,而不是被人杀死的。在对话的最后,教皇重新回到一开始就已经引起自己注意的事实:在所有不信上帝的人中间,扎拉图斯特拉是最快乐的人。不管是哪一位上帝都必然导致自己转而快乐地不信上帝:

难道不正是你的快乐本身促使你不再信仰上帝吗？你的极度诚实必将使自己超越善恶！看吧，还有什么留给你？你有眼、有手也有嘴，它们自古以来就注定要赐福。人并非单单因为眼睛才得到赐福。不管你是否愿意成为最不信上帝的人，在你附近，我都闻到一种隐秘的长久祝福的庄严和快乐气息：让我非常愉悦，并且从我身边吹过。让我成为你的客人吧，哦，扎拉图斯特拉，为了那唯一的夜晚！现在，尘世间没有任何地方比在你身边更让我快乐！阿门！原本就该这样！
（教皇）极为敬佩地告诉扎拉图斯特拉，迈向了扎拉图斯特拉的洞穴所在的地方。

墙上的书写[*]

——《敌基督》与历史语义学

[美] 莎皮罗 著　田立年 译

即使那些对尼采有好评的作者,通常对于他的倒数第二本著作《敌基督》也不敢恭维。和《瞧这个人》一样,在人们心目中,这本著作即使不是那可怕崩溃本身的一部分(有时人们确实这样认为),至少也是尼采精神错乱的前兆。倾向于拒绝这本著作的人所持的观点也许可以引尼采于 1888 年 11 月对勃兰兑斯(Brandes)所作陈述为据:《敌基督》是《重估一切价值》(The Transvaluation of All Values)[原来宣布由四本书组成的系列]的整体,而《瞧这个人》是其必要前奏。读者可能已经看出,我打算为这一离奇文本平反,证明它不是尼采的胡言乱语。如此复原对于某种类型的语文学论述——这种语文学论述使一本书呈现为一个表达或认识的整体——来说,不失为十分规范的工作。但是,尼采是一个怪语文学家,人们今天常常认为他抽掉了这样工作的基础:首先,他挑战了它们的解释学预设(hermeneutic presuppositions);其次,他以一种典

---

[*] [中译编者按]本文原题 The Writing on the Wall: The Antichrist and the Semiotics of History,经授权译自 Reading Nictzsche, Robert C. Solomon 等编, Oxford University, 1990,页 192–217。

范方式提供了不连贯的、片段化或松散的文本范例。关于尼采作品的第二个观点非常古老；在尼采的早期读者中，这种观点乃是老生常谈：他的写作尽管有辉煌的思想，却不讲究秩序和文体，令人难以忍受。这仍然是如考夫曼（Walter Kaufmann）和丹托（Arthur Danto）这样的英美学者的假设，他们因而致力于清理隐藏在文体废墟下的尼采思想的内在秩序。晚近的法国学者，其中最著名者是德里达（Jacques Derrida），则试图表明，片段化和不明确性并非尼采作品的次要特性，而是其根本。德里达令人生畏地建议，就其含义的模糊和不确定以及对于一切结构分析的系统逃避来说，"我忘记了带雨伞"这样的便条乃是尼采所有写作的典型特征。我们有理由怀疑，这样一种解读策略也许正是来自尼采本人在《敌基督》中的释义学策略。在这部著作中，尼采以勾销者（eraser）的形象设定他自己与基督教，与基督教的文本传统，以及与基督教的核心形象耶稣的关系，从而成了海德格尔和德里达的先声。通过将19世纪的语文学和历史学方法发挥到极致，并从而将该方法和基督教一并推翻和重估（umkehren and umwerten），尼采试图重新将历史之书中空白的一页，也就是耶稣的生平，复原为一张白纸（tabula rasa），虽然我们知道，这样一种计划目标的实现只能是一点一滴的。就此而言，尼采的计划与劳森伯格（Robert Rauschenberg）勾销库宁（Kooning）的绘画的做法，以及德里达消解尼采本人的任何确定意义的企图——揭示在尼采赞扬男性的秩序和控制的野心中，也包含女性的不可化约的多元性——有异曲同工之妙。但是，在所有这些勾销中，仍然存在着某种不能勾销的东西，那就是它们的作者的签名（signatures）；否定的否定并不就是否定本身。最后我们看到的是劳森伯格的艺术创作，德里达的解构事业，尼采在基督教文本上留下的蛛丝马迹。这恰恰预示了我的复原工作的结果。

正如勾销总是一种留下自己的印记的行为,复原是可能的,但却不需要产生完整的有机整体,这种有机整体一直是审美思想挥之不去的幻象。但是,如果说复原总是部分的,那么它比较容易,因为,我们在此所看到的尼采的阅读者的行为显然超出了应有的界限。例如,芬克(Eugen Fink)在他关于海德格尔论尼采的书中,通过对《敌基督》的一个简短分析,否认该书可能具有任何哲学价值:

> 在《敌基督》(对于基督教的一个批评的尝试)这一文本中,面对基督宗教,尼采暴跳如雷,破口大骂,其仇恨之强烈为世所仅见。在这里,他对于不遗余力攻击的高雅爱好走向了自己的反面。节制之缺乏破坏了他想要达到的效果;一个唾沫横飞的人很难让人们相信。实际上,这一文本并没有提供任何新东西;尼采将他关于怜悯道德和教士心理学已经说过的话集合起来——但现在他的思想具有了一种可怕的、凶恶的外表,并试图进行侮辱、使传统丢脸和通过一种反基督教的评价方式"重估价值"。①

芬克的评论表明,他认为"这一文本没有提供任何新东西"的理由,可能正是那使他震怒的夸张的文体和成问题的修辞。毫无疑问,他关于这部著作的判断不过是拾关于该文本在尼采作品中的地位的公认意见的牙慧。即使在该书被看作是(按照一种可疑的线性发展模式)一本巅峰之作的情况下,它通常也是被用来证明尼采作为作者和思想家的生涯的悲剧。洛维特将本书称为对基督教信仰的批判的"逻辑结论",这种批判始于关于大卫·施特劳斯——19 世纪第一部伟

---

① Eugen Fink,《尼采的哲学》(*Nietzsches Philosophic*),Stuttgart,Kohlhammer,1960,页 34。

大的耶稣传记的作者——的不合时宜的思考。不过,在洛维特看来,就是在这本晚期著作中,我们也仍然可以看出,尼采并没有从他对基督教的迷恋中解脱出来。如是观之,我们将不得不说,在哲学家尼采身上仍然流淌着他如此激烈地予以抨击的德国神学的不良血液:

> 当我说哲学被神学家血液所败坏时,德国人中间马上就有人明白我的意思。新教牧师是德国哲学的祖父,新教本身是德国哲学的原罪(peccatum originale)。(《敌》,10)①

但是,有人也许会对此争辩说,正是迷恋的发展和增加造成了精神的错乱,这种精神错乱使尼采未能亲自将其付诸出版,并促使他先后将其看作是《重估一切价值》的第一部分,看作整个《重估一切价值》,以及然后看作是需要用《瞧这个人》加以平衡的《对基督国的诅咒》(Curse on Christendom)。② 但是,即使最后一种自我解

---

① 《敌基督》根据节号引用,译文多用 R. J. Hollingdale 所译之《偶像的黄昏》及《敌基督》,Baltimore,Penguin Books,1961。([译按]中译见吴增定、李猛译本。引文据英文本有改动。)

② 《敌基督》和《瞧这个人》在这方面经常被一起考虑。考夫曼认为:"考虑到他后来的精神错乱,看到《敌基督》的结尾和《瞧这个人》的大部分表现出如此奇怪地坐立不安,和包含关于尼采自己的重要性的如此露骨的自吹自擂,我们不难发现他的精神错乱的最初的迹象。"Walter Kaufmann,《尼采》(Nietzsche),第四版,Princeton,Princeton University Press,1974,页 66。丹托的判断要持平一些:"《敌基督》粗话连篇,严厉不绝于耳,如果不是因为在其论战的声音中隐然含有一种分析的结构和一种道德理论,这结构和理论是在另外的地方落成的,并且即使在这本书中对于有见识的读者来说也仍然是可以接近的,人们真要认为他们听到的是疯言疯语了。"Arthur Danto,《哲学家尼采》(Nietzsche as Philosopher),New York,Macmillan,1965,页 182。即使在丹托看来,拯救了《敌基督》的思想结构也是在另外的地方落成的;他显然会同意芬克关于这本书没有提供任何新东西的看法。

释也可以作不同的解说:《瞧这个人》之所以平衡《敌基督》,是因为它表明,伟大的诅咒者和毁坏者是这样一个人,他生活在"完美的日子"的和煦阳光中——在这样的日子里,"一切都臻于成熟,而不仅仅只有葡萄变成褐色"——并且问,"我怎能不感谢我的整个一生呢?"①

丹托所谓该书的"骂骂咧咧"的声音在该书每一个角落都可以听到。在该书的结论中,尼采这样说基督教会:

> 对我来说,基督教会是能够想象得到的败坏中的最败坏者,它拥有终极以及唯一可能的败坏意愿。没有任何东西,不被基督教会的败坏所沾染……(《敌》,62)

尼采还通过捍卫罗马帝国反对基督教,颠倒对于后者皈依前者的文明价值和必然性的通常信念,而将其慷慨激昂的对比加以痛快淋漓的发挥:

> ……基督教是**罗马帝国的吸血鬼**……这种具有伟大风格的艺术品中最值得景仰的艺术品,还只是一个开端,它的设计经过精心计算,可以**证明能经受千年**。……但它并没有坚固到足以对抗最败坏形式的败坏,对抗**基督徒**。……这些隐秘的蛀虫,在黑夜、迷雾和含混的掩盖下,悄然潜入每一个个人身上,吸干他们对真实事物的每一种严肃态度,吸干他们对**实在性**的一般本能。这帮胆怯的、女性化的、藏在糖衣

---

① 《瞧这个人》,紧接着前言一页。([译按]中译本参张念东、凌素心译《看哪这人》,北京:中央编译出版社,2000。引文据英文本有改动。)

下面的粗鄙之徒,一步步地使所有"灵魂"都疏离了这个非凡的建筑……(《敌》,58)

正是这种声音使人们可能认为,尼采思想不过是我们在现代墓室和陵寝中有时发现的标语的第一个作者:

上帝死了——尼采
尼采死了——上帝

这种简化看上去不失为对一种咄咄逼人的权力意志的创造性解释——如果尼采的思想和文体真像批评者要我们相信的那样完全是一种自我放纵的话。但是,面对该书开始和结尾部分存在的某些暗示,我们也许会觉得有必要暂时放慢我们创造的脚步。尼采本人在他的文本的结尾预见到了恶毒的标语将要带来的纷纷扰扰:

……只要有墙,我就要写在所有的墙上,——我要让写下的字母,即使瞎子也能看得见……(《敌》,62)

另一方面,尼采在他的前言中又说,要理解这一难懂的书写,他的读者必须"生来就是要在迷宫中走路"和拥有"听新音乐的新耳朵"。因此,和尼采的所有著作一样,《敌基督》是自我指示的。它关心的是那些根本问题:它将如何被阅读,它如何作为一件作品存在,而它的作者仿佛看到,我们这些后来的读者将以批评者和历史学家的派生和外在的兴趣打量这件作品。写在墙上的话同样是被一种有力的思想和一种复杂的表述策略执笔写下的。

在《瞧这个人》中,尼采想象一个"完美的读者",他将是"一位有勇气的、很好奇的怪物。此外,他也是一位能屈能伸的、有心计的、谨慎从事的人,一位天生的冒险家和探索者"。(《瞧这个人》,3)《敌基督》寻找的正是这样的读者,而下述事实则加重了这种需要并使这种需要更加复杂化:它提供可以被冠之以解释、释义学或语义学等不同称呼的东西的尼采版。为了看清这一点,必须拒绝对于文本的一种表现主义或情绪主义的解读。换言之,我们必须质疑这样的假设:文本话语情感充沛,表明它主要是在发泄愤怒和仇恨。愤怒和仇恨在该书中所在多多;但是我们不应假设,愤怒和仇恨的大量存在使思想的一种有意义的结构成为不可能,或者以这样一种口气说话的作品不可能包含任何新思想。

正如碑铭和尼采的引文所共同表明的,一条标语,无论涉及多么独特的个人和私人的方面,都是刻写在一个公共场所的,常常是对于其他人的回答,并招惹着对其自身的挑战和消除。与其他文本一样,但却是以一种自我意识的方式,《敌基督》只有在与其他文本的关联中才具有意义。这本书令人回想起构成19世纪思想的一个重要部分的许多同类著作(基督传、宗教论争史)。甚至该书的题目,也在此之前被勒南在一本著作中为了多少有些不同的目的而用过(1873),而尼采在写作他自己的《敌基督》前一年读过这本书。值得指出的是,无论是在《敌基督》中还是在同一时期的其他文本中,勒南都是一个经常的对手。在勒南的《敌基督》中,敌基督是尼禄;不仅是作为一个野蛮的迫害者的尼禄,而且是作为一个孜孜不倦的模仿艺术家的尼禄,他的可怕的、真正的美学成就是残忍的戏剧。勒南认为尼禄是一种新型的美的发现者,在这种美中,被野兽撕裂的孤弱的少女取代了完整和优美的雕塑。将罗马帝国和基督教信仰并列对峙是《敌基督》和《论道德的谱系》经常的主题,那么尼采是否以尼禄自许? 也许只是到了后来,当他精神错乱的时候,他才沉溺在皇帝或神圣权力的幻想中不能自拔,并写道:"我就是历史上的全部伟人。"勒南注意到,尼禄的历史野心促使他仿效或模仿古典世界的全部伟大诗歌。①

这些呼应表明,《敌基督》不是简单的一目了然的表达,而是一本引导我们回到其他著作的书,同时也表明,它的写作、解释、阅读、检查和毁坏的过程直到现在仍然停留在人们通常的视野之外,所以对它们的考察构成了厘清尼采对于基督教信仰的攻击的主要手段。尼采的《敌基督》充满了指涉:对于《旧约》和《新约》的文本的指涉,对于它们的文本历史的指涉,对于产生了它们的教士的欺骗的指涉,对于 19 世纪的宗教的自由主义护教者的文本的指涉,对于语文学家的原文辨析的指涉,以及对于可能的文本、比所有其他文本都更好和更准确的文本、陀思妥耶夫斯基或者类似的人生活在耶稣的时代将会写下的文本的指涉。在这一语境中,《敌基

---

① 尼采将勒南称为自己的"对跖人"(《善恶的彼岸》48);这一对立在一年后于现代史学的论战中得到了更清楚的说明,见《论道德的谱系》III,26:"我想不出还有什么比这种'客观的',躺在安乐椅中的学者,这种半是人半是色狼、被勒南撒上香水的香喷喷的历史享乐者,更让人恶心的了,他那表示赞许的高音假嗓立刻就暴露了他缺少什么,哪儿缺少东西,在这种情况下命运女神将会在哪儿同时带着外科手术般的精确挥动她们无情的剪刀!"因此,勒南是尼采的历史学家对手;值得注意的是,《论道德的谱系》和勒南的《基督教的起源》(Origins of Christianity)都是哲学化的历史,集中关注的是从希腊和罗马文化到基督教的转变。尼采不仅给出了事件的一个不同的叙述,而且——更准确地说——当他给出这不同的叙述时,他采用的是种谱系学的方式而不是一种历史学的方式。关于一个有时被视为尼采主义者的作者对无政府—马克思主义的评价,见 Georges Sorel,《勒南的历史体系》(Le Système Historique de Renan),Paris,G. Jacques,1905。也请参见我的论文《尼采反勒南》(Nietzsche Contra Renan),History and Theory,1982,页 193 – 222。

督》重新叙述了耶稣的生平和提供了利科（Paul Ricouer）所谓怀疑的解释学的一个最佳例证。

整本著作或者将读者引到尼采对于犹太教和基督教信仰的文本政治学的关心，或者是发挥这种关心。尼采竟然会如此倾力关注《圣经》之被成功地制作、编辑、重新编辑、解释和批评的方式，他的这种做法可以简单地用犹太教和基督教以该书之宗教自居的事实来解释。但是，尼采的这种关心有更特定的理由。所有道德都是对于身体和社会（body and society）的一种语义学解释；如果需要对价值进行重估，首先需要提供对于那被误读的东西的一个新的解读。所以我们看到，正如在《论道德的谱系》中那样，《敌基督》中的伟大的解释学冲突是教士与语文学家的冲突。尼采的最大敌人是保罗，他认为保罗具有一种撒谎的天才，而教会则不失时机地利用了这种天才；保罗和他们在这样做的同时就是在向语文学家开战：

> ……保罗想要（will）废掉"世上的智慧"：他的敌人就是亚历山大里亚学派（alexandrinische Schulung）的优秀语文学家和医生——，他对他们发动战争。事实上，一个人假如不同时成为*敌基督者*，那就不可能成为语文学家和医生。作为语文学家，他看到了"神圣经书"的背后；作为医生，他看到了典型基督徒的生理堕落的背后。医生说"无可救药"，语文学家说"欺骗"……（《敌》,47）

《旧约》的编纂堪称教士的误读和欺骗的典型。尼采在此接受了《圣经》考据研究的一般结果，虽然他的声音与专业语文学家所要达到的学术客观性相去甚远。就在《敌基督》成书之前十年，威尔豪森(Julius Wellhausen)完成了他的《古代以色列历史绪论》,他在这本书中认为,律法不可能是历史和先知作品的基础,而只能是更晚时候编纂的结果。① 更具体地,他试图表明,只是在流亡期间,随着亚述人在公元前6世纪胜利,才发生了从以色列——一个武士、国王和先知的国家——向犹太教——一个为教士权力保留了一个特殊位置的广泛的律法和仪式的宗教的国家——的转移。正是这些教士试图保存他们民族的生命,即使因此将一种生气勃勃的生活变成仪式主义的循规蹈矩也在所不惜;为这一改变所付出代价的一部分是犹太教内部教士权力的极大加强。为了巩固他们的权力,他们编辑已经存在的神圣文字,添加他们自己的新文字,毫不犹豫地将教士的律法和教士的政治霸权回溯到遥远的过去,给它们盖上神圣和传统的公章。威尔豪森以及其他类似的人的工作在风格上完全不是尼采式的;它不仅仅以当代语文学为其坚实基础,而且提供了一个光辉的范例,表明以精确的方法利用语文学生产最广泛的著作是如何可能的。尼采提到这一学术传统,虽然他从来没有明确提到过威尔豪森。毫无疑问,尼采所描述的犹太教五阶段历史——他宣称,这一历史作为自然价值的去自然化(denaturalizing)的典型历史弥足珍贵——乃是威尔豪森区别流亡时期和前流亡时期犹太教的方法的一个极端化;只不过这一历史描述在此戴上了"好与坏""善与恶"和教士心理学等眼镜。这一简短历史与尼采在他以前的著作《偶像的黄昏》中关于本体论的倒转所写的东西——"'真实的世界'最后如何变成了一个错误"——具有某些相似之处。尼采认为,犹太历史的阶段划分是:(1)"在王国时

---

① Julius Wellhausen,《古代以列历史绪论》(*Prolegomena to the History of Ancient Israel*), New York:Meridian Books,1957。

期,以色列同样处于与所有事物的一种正确的,也就是自然的关系中。他们的耶和华是他们的权力意识的表达,是他们的权力意识的表达所带来的快乐的表达,是他们对于他们自己的快乐、对于他们自己所抱希望的表达。"(2)在内乱和外部压迫摧毁了这种自然状态之后,它仍然作为一种理想———一种为先知所表达的理想存在;(3)当理想不再成其为理想,耶和华在教士煽动者的手里变成了单纯的正义之神,这些教士煽动者确立了一种假定的"道德的世界秩序"解释的最邪恶的模式;(4)在犹太教中掌握了权力的教士重新书写历史以便贬低更早的伟大时代,在那些时代,教士还什么都不是;(5)通过攻击犹太民族(选民)的观念本身,基督教的兴起将教士的怨恨扩散到所有等级和阶层。对尼采来说,该叙述除了扩展和强化了他的历史作为文本的有力解读和重新解读的语文学历史观以外,并不是什么新的叙述分析。当尼采说存在的只有解释时,我们必须意识到,他的意思并不是说,不管什么样逻辑上可能的解释都是可以的,而是要告诉我们,所有意义或意义变化都无一例外地是一种弄权(an exercise of power)＊。只要我们接受了这一原则,我们也就是接受了尼采对耶稣的勾销和理解了这样一种勾销如何可能。在教士的解读中,尼采所不能接受的与其说是这种解读的汪洋恣肆,不如说是所谓"道德的世界秩序"的特定解读,这种解读没有办法看到自己也是一种解读。

请看尼采的五阶段历史对于教士的解读的如下观察:

> "神的意志"(也就是教士维持其权力的条件)必须获得承认——为了这一目的,必须有"启示"。通俗地说:一场重大的

＊ [译按]或译行使权力。

文献伪造就成为必要,一个"神圣的经文"(Heilig Schrift)也被发现,——它们身披教士的所有盛装,浸透着对漫长"罪业"的忏悔与悲怆,终于得以大白于天下。"神的意志"早已确定很长时间:全部不幸仅仅在于人疏离了"神圣的经文"……(《敌》,26)

这段文字因为几个原因值得注意,其中在很大程度上是符号性的。大量使用引号是一种语文学手段,目的是将尼采正在讨论的观念和句子单独标识(bracketing)出来。与胡塞尔的加括号不同,尼采使用引号与其说是为了将其所讨论对象的本体论地位悬隔,不如说是要表明,我们在此所面对的是这样一些东西,它们是某些具体的人在某些具体的场合说过的,这些说过的东西也许通过被重复和重印而获得了力量。与概念分析相反,它不承认它所讨论的对象是一个非人格的观念世界,需要按照它们本身的价值来评价它们。相反,它们是来源于权力和表示着权力的文本;将它们放到引号当中是要表明,这里所使用的方法是文本政治学的方法。在分析《圣经》和《圣经》文化的过程中,这一语文学和权力释义学的综合找到了其最重要和最取之不竭的主题。被加引号的东西常常被加以翻译:"献祭",教士的食物;"'神宽恕忏悔者'——通俗地说:神宽恕服从教士的人"(《敌》,26),重估价值通过翻译而完成。使本书听上去狂热而刺耳的正是这种二重性(duality),我们不断看到它从一个极端旋转到另一个极端。这种二重性在尼采自己关于价值的问答中发端,其中用权力和虚弱来定义善和恶(《敌》,2);在给神学所下的战书中得到铺张(《敌》,9);最后以对于《圣经》语言的对立翻译和对于耶稣生平的对立叙述而结束。在基督教传统本身内,教会是在"与福音对立的基础上"建立起来的

(《敌》,36),而保罗是"肉体化了的'福音的使者'的对立类型"(《敌》,42)。初看起来是风格上散漫浮夸的东西,实际上只是该书的题目所宣布的两极性的连续展开。在致勃兰兑斯的一封信中,尼采自己将重估价值称为一个转喻(trope),从而表明我们在此给出这样一种分析是合适的。① 这不简单地是对于人们心目中的正常思想道路的偏离,而是一个倒立和竖立的运动。

在这急剧的折返运动中,仍然存在着某些令人惊奇的连续性。基督教信仰不过是犹太教的继续,而《新约》所使用的造假手段与《旧约》所使用的造假手段也相去不远。另一方面,看起来差不多的事物最后却被证明是对立的:真正的对立不是犹太教和基督教的对立,而是早期以色列,连同其英雄主义和激情,与这两种宗教的后来发展之间的对立;耶稣不是教会的起源而是教会的对立者。更极端地说,耶稣是基督教的反面,因为"'福音'(glad tiding)的含义仅仅是,不再有任何对立"(《敌》,32)。而基督教却接受尼采在《论道德的谱系》中所分析的"善恶"对立的价值模式。

耶稣是《敌基督》的中心,但是很可能,只有通过对福音和教会之间虚假的对立进行解码和还原才能接近这个耶稣。按照某种说法,以保罗为首领的教会篡改了耶稣的生平,正如犹太教教士篡改了以色列的早期历史。对于历史上的耶稣的更为现代的和更为世俗的追问(尼采明确提到大卫·施特劳斯和勒南的著作,并且表现出对于这一语文学领域的其他耕耘者的熟悉)并没有达到它的目标,因为推动这种追问的假设与构成了早期叙事的假设乃是同一个假设。这个假设就是:关于耶稣的真理必定是一个故事(story)

---

① Georg Brandes,《尼采》(*Friedrich Nietzsche*), New York:Macmillan,未注出版日期,页85。

或叙事(narrative)。无论我们看到的是从一次著名的诞生开始,并为超自然的干预所穿插的奇迹历史,还是一个被解除神话了的耶稣,一个共同的预设是:存在着一系列重要的发生在时间中的事件,这些事件照亮了耶稣的"一生"。尼采主张一种非历史和非叙事的救赎者心理学,按照这种心理学,耶稣,用通常的话来说,是"婴儿之诞生"(blissed out)。尼采的耶稣不是按照一条神学线索发展起来的,因为他不是一个超自然人物;没有神伸手搀扶他走上他的生平的不同台阶。但是他也不是在一种世俗的和传记的意义上成长的,因为他的全部生活和教导在于这样一种观念:天国是心灵的一种当下(present)状态,我们每一个人都可以通过变成一个孩子而立即接近它。"如果说我对这位伟大的象征主义者有什么理解,"尼采说,"那就是:他仅仅把'内心'的实在当成实在,当成'真理'——他把其余的东西,把一切自然、时间、空间、历史之物都仅仅理解为象征,理解为隐喻的契机。"(《敌》,39)通过将耶稣称为"伟大的象征主义者",尼采表示,耶稣既是归之于他的(或者更准确地说,是加之于他的)许多解释的起源,同时也是对所有这些解释的拒绝。耶稣是一个象征主义者,正如在19世纪后期,一个试图通过各种不同手法揭示一种独特、伟大、无时间性洞见的艺术家是一个象征主义者;和耶稣的隐喻一样,所有这些手法都不是它们的内容的完美反映,但是将它们综合起来看,它们指向产生它们的不可消除的经验。象征主义是一种非叙事和非表象的文体;如果它有时使用叙事或表象的成分,如耶稣有时所做的那样,它们也是被隐喻地使用,目的是为了指向它们自身之外的东西。一个如我们现在所分析的这个象征主义者的真正象征主义者,"置身一切宗教、一切崇拜概念、一切历史学、一切自然科学、一切世界经验、一切知识、一切政治学、一切心理学、一切书籍、一切艺术之外——他的'知识'恰恰是一种纯粹的愚蠢"(《敌》,32),基督教的历史是一系列复杂符号和解释的历史。在这个历史中,每一个符号都指向一个更早的符号,并且不能免除后来的符号的怀疑的解释。因此,基督教解释学——从其开始者保罗,直到其精致化的世俗形式——以为这种符号链,如果溯源而上,将不会是一种无限倒退,而是会终结在一个最终的意义即耶稣的生平那里。尼采看到了这样一条链的存在,但认为它最终引导我们通向某种缺乏而不是一种意义的充满。鲍威尔,一个青年黑格尔主义者,尼采将他称为自己很少几个真正读者之一,曾经以一种有些粗糙和直截了当的方式主张同一种观点,认为耶稣从来就没有存在过,而早期教会的文献全都是虚构或幻想。① 尼采接受这样一个历史上的耶稣,这个耶稣在历史上所以重要,只是因为他的实际存在乃是一个极其含混的符号,可以对其做无限的解释。作为一个语文学家,尼采似乎是在问他自己一个康德式的问题:"一种基督教的语义学如何是可能的?"而他的问题是关于一个人的先验演绎,这个人如此远离通常的指示过程(process of signification),以至于对他来说,一切都是隐喻和象征。后来的基督教语义学假定,在符号与符号的对象之间(或者说在能指和所指之间)存在着某种恰当关系,而耶稣的语义学却在于对任何这类关系的坚决拒绝。对于尼采来说,耶稣是一个反符号(antisign)或"漂浮的能指"(floating signifier),如果说他体现了什么东西,他体现的是意义的缺失。耶

---

① 尼采赞许地提到鲍威尔(如《瞧这个人》第 5 章第 2 节),表明他可能知道鲍威尔论基督教历史的著作。施韦泽(Albert Schweitzer)的《追寻历史上的耶稣》(*The Quest of the Historical Jesus*)是对鲍威尔的作品以及十九世纪的其他同类著作最为平易的叙述。

稣所使用的符号一直是单纯的符号(mere signs)或纯粹的符号(only signs):

> 幸福(Seligkeit)不是被许诺,它也不受任何条件制约:幸福是独一无二的实在——其他的东西不过是表达幸福的符号。(《敌》,33)

因此,并非太初有词,而是有对于词的不足的谜一样的指示。耶稣和教会的不同在于,当耶稣使用符号时,他意识到符号对于它们的内容的不适合,而教会相信,福音书是神所启示的,所以是充分的符号。基督教内部的比喻的解释方法的发展,不应该被作为一个反例引用,因为其实践者仍然倾向于在一种字面层次上相信一种非字面的模式,以及因为他们相信非字面的解释方法可以阐明他们的主题。可以将尼采的耶稣看作是隐喻的或象征的原则本身;对于这个耶稣来说,在经验和经验的表达之间总是存在着一个如此巨大的鸿沟,以至于他不能建立意义的任何决定因素。正是这种不确定性使保罗和教会得以将他们自己的意义加到耶稣身上。

耶稣之缺乏历史也引出了同样的结果。如果耶稣拥有一个历史,那么,文本和评论的传统就会受到某些限制,在这种情况下,即使对于耶稣经历的篡改,也会成为指向这种篡改的来源的内在证据。《旧约》的情况就是如此,"这些教士实现了伪造的奇迹,相当一部分《圣经》为我们提供了那种伪造的证据"(《敌》,26)。正是因为在《旧约》中存在着某种建立在以色列历史上的历史叙述,所以像威尔豪森这样的学者才能够发现整体上的内在不一致性和重新构造一种考订版历史,在这种历史中,不同历史叙述本身的形成有其作用。在关于基督教的叙述中,由于其开端的极其不确定性,语文学没有这样的用武之地。尼采对于福音书的语文学研究的前景不抱希望。施特劳斯和其他人则在此投入了大量精力。但是这样做有什么意义？

　　——我承认,很少有什么书像福音书那样让我读得这么困难。这种困难不同于另一种困难,对后者的证明使德国精神的学术好奇心获得某种难忘的成功喜悦。很久以前,我同每一位年轻学者一样,凭借着一位优雅的语文学家所具备的机智和无聊精神,享受着大卫·施特劳斯那无与伦比的著作带给我的快乐。当时我才二十岁；现在,我对这件事要严肃得多。"传统"的自相矛盾与我何干？怎么可能把使徒的传说称为"传统"！《使徒行传》是现存文献中最含糊不清的文献：倘若没有其他的原始材料出现,那么在我看来,用科学方法研究《使徒行传》的结果,从一开始就已经注定了——仅仅是学术消遣……(《敌》,28)

这对于在想象力方面更为出色的重建耶稣生平的努力,如勒南获得的巨大成功和非常有影响的《耶稣传》,也同样成立；对于尼采来说,这本书不啻是一个陪衬,可以用来展示他自己的反传记的更为激进的成就。勒南本人是一个专长闪米特语(Semitic languages)的语文学家。勒南的《耶稣传》在一条细线上行走,这条细线的一方面是大卫·施特劳斯和德国人的语文学关心,另一方面是一种带有浓厚宗教自由主义色彩的虚构传记(最初的心理传记)。意识到文献资料中的歧义,勒南将福音书的叙述解释为混乱、任意的思想,以及门徒和其他人在阅读的过程中将他们自己个人特性的倾向掺杂进耶稣生平的结果。福音书既不是传记也不是传奇,

而是"传奇性的传记"。① 勒南的基本释义学原则是多少有意识地从巧妙构思的19世纪小说的全能叙述者那里借来的:

> 艺术创造的根本条件是,它们将构成一个活的整体,其中的所有部分都是相互依赖和相互联系的。在这样的历史中,我们得到了真理的最伟大的标志是,我们成功地将各种文本以这样一种方式结合起来,使它们构成了一个逻辑的、可能的叙述,整个地是和谐的……任何违反古典叙述原则的例外都应该使我们小心。②

福音书的混乱排列方式应该被克服,理由既是艺术的也是历史的。③ 因此,勒南这样重建耶稣的传记,将他描述成一个自然之子,带着上帝之国在人内心的意识快乐和简单地生活("在几个月里,也许是一年")。不久,他与施洗约翰发生了联系,开始鼓吹人们应该开展一场道德革命。在遇到阻碍后,耶稣宣称自己是上帝的儿子,将他自己与自然分开,主张天国是可及的,虽然它将通过一个神而不是人的机构降临。但是这一极端的声音,处于现存社会和宗教的冲突之中,所以注定是短命的;在这种情况下,耶稣的死亡是必须的,勒南似乎认为,这是一种美学和叙述的必然性。

值得注意的是,勒南将同一种区别,即一种愉快的内在性与对抗和复仇精神之间的区别——在尼采看来,即是耶稣和早期教会

---

① Ernest Renan,《耶稣传》(*Life of Jesus*), New York: Modern Library, 1927,页45-54。

② 同上,页62-63。

③ 同上,页64。

之间的区别——浓缩在耶稣的生平中。通过这一步骤,勒南使耶稣对于他自己的启示的或多或少无意识的野蛮化成为整个基督教传统中的仇恨因素的模型和基础。一个持续流动的生命被用来当作一个理性的(intelligible)历史模型。就此而言,虽然教会反对他的著作,勒南却是一个改良者,而不是革命者;他只是想去除耶稣和教会的理性的历史中的传奇和迷信的成分。如果我们认识到,《耶稣传》仅仅是他的由七部分组成的宏大系列著作——《基督教的起源》——中的一部,勒南著作的这一动机就会更清楚地呈现在我们面前。尼采了解这一雄心勃勃的历史计划。在他写作《敌基督》一年之前,他在给欧维贝克——欧维贝克本人也是一个教会历史学家——的一封信中写道,

> 这个冬天我还读了勒南的《基督教的起源》,这本书使我不胜痛恨——几乎没有什么收获……从根本上说,我的不信任是如此强烈,以至于开始怀疑历史是否真的可能。人们渴望确立某些东西,而当这些东西发生时,它们并没有把自己确立下来。因此,人们想要确立什么?[1]

对尼采来说,勒南代表了通过历史和科学手段来拯救宗教价值的现代努力。勒南利用他的语文学本领在不连续的材料中置入一种连续性的做法肯定使他特别恼火。在《敌基督》中,勒南不止一次地被提到,并且总是作为构造一种虚假叙述者的又一个例子。

---

[1] 1887 年 2 月 23 日致欧维贝克的信,见《尼采书信选》(*Selected Letters to Friedrich Nietzsche*), Christopher Middleton 编译, Chicago: University of Chicago Press, 1969, 页 261。

拯救者一方面是高山、湖泊与草地上的布道者,让人感觉他似乎是一位生活在非印度土地上的佛陀,另一方面是富有攻击性的狂热分子,是神学家和教士的死敌,并被勒南恶意地美化成为"伟大的反讽大师"(le grand maître en ironie)。(《敌》,31)

二者之间的矛盾实在太大了。基于这种断裂,尼采主张,更为合理的看法是,将其看作是发生在耶稣和那些打着他的名字的人之间的极端断裂。这也是对勒南本人的一个勒南式的批评;由于试图将一种叙述形式赋予他的材料,使他破坏了他自己的有机整体原则。

勒南将英雄和天才的叙述类型和人物类型引入他的描述中也是不对的。但是,"用心理学家的严格性来说,一个完全不同的词语用在这个地方似乎更合适:这就是'白痴'一词"(《敌》,29)。这样一个人物不应该这样被描写,仿佛他是一个叙述中的英雄;相反,"遗憾的是,居然没有一位陀思妥耶夫斯基生活在这些最有趣的颓废者身边。我说的陀思妥耶夫斯基是这样一种人:他恰恰知道如何感受那种由崇高、病态和幼稚的混合所产生的震撼性刺激"(《敌》,31)。尼采在心目中将《白痴》(The Idiot)作为他本人分析耶稣的一个文学模型,这完全可能。① 这一著作表现和解决了对于尼采的解说至关重要的叙述问题。长期以来,人们就认识到,小说中一个全然是善的主角的描写肯定是有问题的;因为一个全然是善的人将不会表现出赋予他们以行动和发展的动力的紧张和矛盾。问题可以回溯到柏拉图,他反对传统的关于诸神的故事,理由

---

① 关于尼采对陀思妥耶夫斯基的了解的学术性叙述,见《尼采研究》(Nietzsche-Studien)(1973、1975及1978)上米勒(C. A. Miller)的论文。

是它们将完美的东西描写为变化的;他认为这样一种变化,严格地说,是不可能的,而想象这样一种变化发生就是想象完美开始变得不好,或者想象完美具有一种缺陷,因而必须通过成长来修复。现在,陀思妥耶夫斯基的梅什金公爵是由那些他周围的人对于这样一种"高贵、病态和幼稚"混合的狂热的连锁反应所构成的叙述的一个不动的点。正是因为他不行动和不渴望什么,他才作为某种空洞的空间存在,而其他人物可以将他们自己的行动、愿望和幻想施加到他的身上。通过引证与勒南著作和与陀思妥耶夫斯基著作的这些平行和对比,我希望指出的不仅仅是影响和主题上的一致。尼采的反基督教论战关心的是基督教叙述所作的歪曲。只有通过考虑各种不同的文学模式,我们才能够开始找到我们回到位于基督教语义学核心的事件的道路。对于尼采来说,在较大的文本(也就是身体和本能)和较小的文本(也就是实际写下的文献)之间存在着某种柏拉图式对应关系;但与柏拉图不同,他将使用较小的文本以解读较大的文本。而一个甚至更为令人难忘的区别是,这两种文本都需要广泛修订;像墙上的标语一样,它们并不具有永恒存在的形式,而总是处在被任何足够有力可以挥动一支实际或比喻的笔的人的毁坏和涂抹的危险中。

　　理解基督教就是理解所有有关的历史书写所必须假设的那面可以在上面书写的空白的墙壁。就此而言,尼采的语义学历史观,或者至少是其中的这一部分,与皮尔斯(C. S. Peirce)的观点相似,就程度而言要远远超过与德里达的观点的相似。德里达经常引用尼采,作为他关于一切写作都回溯到一个更早的写作,并且因而回溯到无限的观点的代表;他相信,作品的无限后退意味着,通过追寻一个文本和解释的链索,我们将永远不会达到一个先于写作过程本身的点。① 而皮尔斯却在符号过程的连续性和这一过程的不确定或无限的延展之间,做出了一个决定性的区分。按照他的见解,符号过程之所以是连续的,是因为这一过程没有绝对第一或者最后一项。但是存在着许多连续系列,它们并不是不确定扩展或无限扩展的———一条线段就是这样。我们可以合乎逻辑地设想一个在时间中某一点开始(或结束)的符号过程,即使谈论系列的绝对的最初(或最后)符号是没有意义的。②

皮尔斯和德里达的上述分歧类似于亚里士多德和芝诺(Zeno)在运动可能性问题上的分歧。亚里士多德表明,阿喀琉斯(Achilles)和乌龟之间的无限密度和强度的距离,无论多么短,不能被错误地认为是一条无限延伸的线。芝诺认为,运动不可能,因为穿过任何给定距离的运动都需要无限多的步骤,其中每一个步骤都占据一有限的时间单位。因此,甚至第一步也不可能。但是,正如皮尔斯所指出,运动是一连续的过程,在这个过程中,没有唯一的第一步或第一次运动。但是,虽然运动没有一个唯一的最初项或最后项,但是运动确实是有开始的。德里达在意义问题上是一个怀

---

① Jacques Derrida,《论文字学》(*Of Grammatology*)(G. Spivak 译,Baltimore:Johns Hopkins University Press,1974)和其他著作。在德里达而言一切书写都回溯到一个更早的书写,"回溯"一词不应理解为只是指一条线性的时间系列,而是要表明,书写总是发生在一个无限稠密的书写组织中。德里达将他的书写观与尼采和海德格尔对线性时间观的批评联系起来(《论文字学》,页 86 - 87)。

② 在他于 1868 年对于符号理论的经典讨论中,皮尔斯声称,一种"最初的符号"是不可能的。见《论文集》(*Collected Papers*),Cambridge:Mass.,Harvard University Press,卷五,节 213 - 317,特别是节 263 以下。亦请参见我的论文 Peirce and Derrida on First and Last Things,"皮尔斯和德里达论最初和最后事项",*University of Dayton Review*,1984(17),页 33 - 38。

疑主义者,他认为,如果有任何意义存在,那么就需要无限数目的构成了意义过程的"起点"和"终点"的步骤。但是每一个步骤的距离是如此细密,以至于不可能穿过它们,而所有假定的起点和终点都消失在无穷无尽的排列或先行和后续的交点中。任何东西,如果带有如此不确定的界限,则很难成为我们愿意称其为意义充实的、给定的和明确的东西。因此,没有什么意义存在,虽然在意义不存在的地方,有一最终多元和弥散的书写(écriture)网络的存在。从一种皮尔斯式观点来看,这是混淆强度和广度的无限性。它假定,如果一个事物具有高度内部复杂性,它必然缺少任何定义和界限。尼采为这一观点所增加的解释是强力行动(acts of force)对于限制的确立和消除。分别被尼采称为权力意志,被皮尔斯称为瞬间性(secondness),被福柯(Foucault)简单地称为权力的东西正是赋予意义以轮廓和完整性的东西。这样的权力在不同的写作、解释、重新写作、检查、销毁和勾销方式中被分别行使着。皮尔斯和德里达都认为,在对清楚和明确的观念——即最初的符号——的直观存在的基础上建立全部意义的笛卡尔式解说是不可能的。每一个符号同时也都是一个解释,如尼采和皮尔斯所同意的。但是这并不意味着过程就没有开端、结束或界限。①

---

① 关于德里达对于不决定性的欢呼,见《刺激》(*Spurs*), B. Harlow 译, Chicago:University of Chicago Press,1979;关于将这样的欢呼理解为献祭性的宗教仪式,见《写作与分延》(*Writing and Difference*, A. Bass 译, Chicago:University of Chicago Press,1978)中的 From Restricted to General economy:A Hegelianism without Reserve《从限制经济到普遍经济:一种无保留的黑格尔主义》。在 *Boundary* II 上有阿里森(David Allison)和霍伊(David Hoy)关于《刺激》的讨论。亦请参阅我在 *Man and World*(1981)上关于该书的讨沧。关于皮尔斯从语义学角度出发对芝诺的论述,见《论文集》(*Collected Papers*),同上,卷五,节333 – 334。

在尼采看来,耶稣不是(对应于一种笛卡尔式的直观的)各符号序列的最初符号,如他对于基督教传统来说就是如此,但是他也不是如在德里达的解读中的那样,只是处于一条无限回溯到他的背后的联系之中。他毋宁说是语义学历史的一种中断或断裂,这种中断或断裂构成了这种历史的一个新分支的基础;像白纸一样,他是一个符号的历史的空洞的前提,或者,像标语所涂写于其上的墙壁一样,他是隐没在所有可见东西背后的不可见的背景。在这里,尼采和皮尔斯的重要区别在于,尼采不接受皮尔斯基督教式的最后符号以及最初符号的末世论。皮尔斯关于"最终的解释者"(ultimate interpretant)的观点为他的评论者设置了一个主要问题,他也许比他们更早意识到,只有通过基督教的信仰、希望和爱的美德才可能获得"最终的解释者"。[1]

我们在此也许会看到,在尼采对于耶稣生平的心理学重建和他对于耶稣的语义学使用之间存在着一种紧张。按照后一种立场,追寻历史上耶稣的全部努力都是误入歧途的,无论是沿着正统的路线,还是沿着语文学的路线,或是沿着黑格尔—美学式的路线(勒南属于后一种情况)。但是尼采在《敌基督》中确实似乎不止一次地重写耶稣的生平,为他同时又在原则上嗤之以鼻的事业卖力。如果耶稣本来是语义学历史中空白的一页,那么,为什么尼采还要提供给我们关于一个极乐的天真的人的生动素描?如果我们注意到,尽管尼采反对勒南,但是从某种现代立场阅读这两个人和将他们与正统基督教前辈、优秀的语文学家(诸如大卫·施特劳斯或威

---

[1] 关于皮尔斯的逻辑需要信仰、希望和爱的说法,见《论文集》(同上,卷二,节264-265)及《基督教的问题》(*The Problem of Christianity*)(卷二,上)中罗伊斯(Josiah Royce)对皮尔斯的黑格尔式的扩展。

尔豪森)对比,或将他们与最近五十年来的形式批评对比,在关于耶稣生平的一系列明确的主题上尼采和勒南似乎是共享的,事情看上去就变得更复杂了。但是这可能是对尼采主张的一种生吞活剥的阅读。在《敌基督》中占据主要地位的不是传记的主题而是语义学的主题。语义学叙述的空白,勾销的计划,并不是简单地宣布"耶稣没有意义,没有生平,没有历史"就可以完成的;传记学的爱好,发现理性的成长和性格的渴望,并不会这样轻易就范。为了达到一种语义学的空白感,清除是一种需要不断更新的活动。所以关于一个新生的巴勒斯坦人的书写就是在一种传记计划的框架内接近这样的空白。正如苏格拉底试图通过一系列的比喻让他的年轻人对于"存在之外"(beyond Being)的东西有所理解一样,尼采提到由正统的叙述、语文学家的叙述、历史美学家的叙述以及他自己的叙述所构成的各种叙述套路——所有这些叙述都指向勾销,指向断裂,指向激发性的但不可移动的界限。① 当尼采谈论耶稣时,他仔细地表示,可以写出许多不同的叙述代替标准的叙述。对于一部陀思妥耶夫斯基式的关于耶稣的小说的希望,无论如何不能被以这样的假设去理解:《白痴》(在尼采看来,或任何叙述)应该被看作是模仿性的或影射性的。当尼采求助于安菲特律翁的故事,求助于语文学家和美学家时,这一点变得更清楚了。这样一种方法论上的反思将尼采的进路与勒南的进路区别开来:勒南似乎没有意识到教育小说的要求与历史真实的要求之间的可能分歧。

尼采试图通过表明教会对于耶稣的歪曲叙述与关于教会自身

---

① 德里达在《人文科学论述中的结构、科学和游戏》(Structure, Science and Play in the Discourse of the Human Sciences)一文中解释了渐进的解构过程观,见 *The Structuralist Controversy*, R. Macksey 及 E. Donato 编, Baltimore: Johns Hopkins University Press, 1972。

对文化劫掠的未被讲述的叙述之间的复杂联系说出"基督教的真实历史"(《敌》,39)。即使在可以合理地相信耶稣本人使用了叙述表达的情况下,这些表达必须被理解为他的无时间性的经验;但是教会不仅将它们错误地解释为叙事,而且还写下了一个可怜和陈腐的故事。耶稣按照与父的关系将自己说成是子。这些表达的语义学分析是什么?

> ……但是,"父亲"和"儿子"所象征的东西一目了然:"儿子"一词表达的是进入某种将万物全面美化的感觉(幸福),"父亲"一词表达的是这种感觉本身,表达的是永恒和完美的感觉——当然我承认,这一点不是对所有人都一目了然。——我羞于想到,教会将这种象征主义变成了什么东西:难道教会不是把安菲特律翁的故事(Amphitryon - Geschichte)放在基督教"信仰"的门槛上吗?(《敌》,34)

一个神(宙斯)使一个人类的妇女(Alcmeme)怀孕,生了一个不同寻常的儿子(赫拉克利斯):这个故事已经被讲述了一遍又一遍,正如吉拉道克斯(Giradoux)为他的这个故事的现代版所起的名字"安菲特律翁第三十八"所表明的。毫无疑问,人们本来可以找到一个比这个故事更好的模式,这个故事更适合一出喜剧而不是神圣的记述;当他说上帝奇怪地用希腊语写作然而又写得如此糟糕时(《善恶的彼岸》,121),他的意思可能就是如此。"狄俄尼索斯反对十字架上的那个人"(《瞧这个人》的最后一句话)这句话,除了其他意思以外,还可以指悲剧和喜剧中的真的和假的诸神的对立。然而最令人震惊的是这个故事的产生,而其早期的相信者,即使不是它们的编造者,也许可以被认为是无辜的("我谨使人类不为他们的无理性负责"),但是现代人和现代的教会,他们知道这一传统的虚假,但却仍然一如既往地重新肯定这一传统。现在,"教会的所有概念都被看成是它们本来的样子,被看成是意在贬低自然与自然价值的有史以来最恶意的伪造"(《敌》,38)。和黑格尔一样,尼采相信历史已经产生了一种对于宗教学说的叙事和神话表达形式的不相干性的自我意识;但是这一自我意识却具有使心灵陷入比过去更甚的虚伪欺骗中而不是将其从欺骗中解放出来的效果。因此,说出"基督教的真实历史"就是批评地[在《历史学对于生活的利与弊》(*The Use and Abuse of History*)所发展的批评历史的意义上]说出基督教的历史以便揭露时代的占统治地位的虚假。

尼采的基督教批评史的计划分为三个阶段。《敌基督》以关于权力和关于一种自我确定的道德和一种怨恨的道德之间的区分的重述开始,从他的早期作品起,这种区分就为我们所熟悉。他接着表明,就犹太教的例子来说,教士对于文本的歪曲如何既是怨恨的产物同时又是其重建的一个语文学线索。根据对于误读和误写的政治学的这一一般理解,尼采分析了耶稣本人——一个如此反对叙事模式,以至于在那些将他们自己的意思随便刻写在他的身体上的人面前没有抵抗能力的人——的核心案例。该书最后部分追溯了那些邪恶的作者的历史,他们的虚构叙述掩盖了他们自己对于健康的嫉妒,和他们自己隐蔽的对于权力的追求。要重构他们的所作所为,我们不仅需要了解他们的动机、本能和身体条件,而且还需要知道他们在构造其叙述的过程中可能使用的某些多少本能性的解释学和语义学。因此,一个理性的叙述具有一系列原因和结果作为它的骨架。但是,出于对健康身体的敌视,基督教拒绝承认人类经验的自然的、生理的原因。因此,它建立起一个想象的原因和结果(如灵魂和救赎)的世界,其中居住的也是想象性的生灵;因此"那个整体的虚构世界植根于对自然之物(——现实!)的恨"(《敌》,15,参《敌》,49)。尼采的语义学,正如弗洛伊德的语义学,主要建立在梦的基础上。建立某种想象性的叙述,以解释某些关于事实的经验,如当一阵喧哗要把我们闹醒时,我们发明了某些在隆隆炮声中达到高潮的梦的故事,这是梦的工作机制的一个自然部分。但是,我们在醒来的生活中为我们的感觉好或不好寻找理由时的所作所为,与此并没有什么不同;由于经验本身永远不能使我们感到满意,所以我们感到不得不做出某些叙述来解释它们。因此,通常的叙述往往是十足的昏话(confused enough),但是,当叙述的典型词汇变成了基督教的罪和懊悔、肉与灵等等时,这一昏话就变得登峰造极,完全不可理喻了。

尼采关于耶稣以后的教会历史的叙述可以非常简单地加以概括。耶稣的追随者背叛了建制性的犹太教,因此很自然地,力图更猛烈地报复这一秩序;所以早期基督教会表明自己是以另一种方式延续了犹太教,将犹太教对"现世"的攻击扩展到制度化的犹太教本身。但是因为上帝听任耶稣的死亡,所以这一死亡必须被解释成因为罪而献身。保罗,一个追求权力甚于追求其他任何东西的人,通过虚构复活了的基督,利用怨恨的本能将人们的注意力从这个人的生平中引开。只有到了这个时候,教士们才开始以他们的任意的歪曲,他们用"道德进行诱惑"(《敌》,44)写作福音书。这一文本本身是肮脏的:"在翻阅《新约》之前,最好戴上手套"(《敌》,46)。这些肮脏的标语也是人类的一些更干净的文字的消除或重写的象征,是古代世界、伊斯兰教、和文艺复兴的消除和重写的象征。尼采对于文化之墙上的这些最肆无忌惮的书写的分析,总是与他对为这些书写提供理由和透露了其心理原理的著作的分析联系在一起。《新约》是建立在怨恨原则之上的一个坏梦。在历数他所声称的关于耶稣教导的捏造之后，尼采说："假如刚刚读过《新约》，那么任何一本书都会立刻变得很干净：譬如……佩特罗尼乌斯"（《敌》，46）。对于肮脏的书的观念这一价值重估是《敌基督》中的一个典型策略。我建议，当我们阅读肮脏和干净、身体、血和毒药等随着该书结尾的临近而愈来愈显著的公认狂热的意象时，不是将它们当作失去自制的迹象，而是当作文本策略和文本经济学的内在必需。尼采的重估价值是要为身体作出一个肯定，以反对基督教对于身体的否定。所以它必然公开地成为身体的一个文本，和必然将其以前的文本描述为对身体的亵渎。

值得注意的是，尼采在《敌基督》中提到扎拉图斯特拉，因为要求一种关于最初和最后的事项的观念的元叙述（metanarrative）风格的决裂，将扎拉图斯特拉和尼采的耶稣联系起来。对于两个人来说，经验整体自身就能为自己奠基，不需要任何外在的解释。耶稣对于叙述的反对是本能和朴素的，而扎拉图斯特拉在永恒复返之中的生活是后叙述（postnarratvie）和非常不容易地取得的。永恒复返处于传统叙述思想的反面，因为它知道在所有事件的序列中没有独立的因素，而只有事件的相互联系；它不知道叙述的开始、中间和结束，知道的只是连绵不断的生成的结构；它试图将传统叙述的支柱，即个体因素（individual agent）消融于生成的循环之中。仔细地将自己区别于扎拉图斯特拉，尼采表示，他自己没有达到这样一种极端反叙述的立场，或者如果说他确实经验过永恒复返的话，他也一次又一次忘记了永恒复返。在建立他自己的叙述，如《论道德的谱系》和《敌基督》时，他试图体现一种对于传统叙述的易错性和视角性（perspectival）特点的意识，而这种意识是各种教条的、教士的学说所拒绝的。我们可以这样想像这两种叙述模式之间的区别,它们有些类似马克思可能在意识形态和科学之间所做的区别。关于历史的意识形态叙述对待它们自己的解释原则是教条和非批评的,而科学的叙述的不同之处在于,它们不仅知道原因在哪里(生产关系或身体条件),而且知道它们同样也是这些原因的产物,因而同样要接受从更广泛观点出发所做的解释和修正。因此,将马克思主义看作同样是与资本主义的物质条件相联系,和当资本主义被克服时也要接受修正的做法应该是符合马克思主义的精神的。马克思当然没有构想一种非历史的科学;尼采的多元化叙述(pluralizing narratives)甚至是更为暂时性的,因为它们预定了勾销叙述原则本身。或者,人们也可以说,正如永恒复返会将最后一个人送回到我们面前,所以它也将——虽然违反叙述原则——叙述原则送回我们面前。

尼采在《敌基督》中所以重提扎拉图斯特拉,既是因为他反对教士的用血书写,也是因为他的怀疑主义。正如在为《论道德的谱系》的"解释"(Auslegung)所选择的段落中,尼采选择了显然有关阅读和写作的一节,扎拉图斯特拉两次说到血和写作的联系,一次是声称"我只爱那些用血写下的作品",然后,在被《敌基督》所引用的一段文字中,批评教士用血写作:

> 他们在他们所走的路上写下血字,他们的愚蠢使他们相信,血证明了真理。
> 但是血是真理最坏的见证。(《扎》116)

两段话似乎都适用于《敌基督》,但是引用的只是两段中的一段。在某种程度上,二者的区别与《扎拉图斯特拉如是说》的复调结构或多向性有关。但是除此以外,仍然存在着《敌基督》在其血的内

容之外的血的声音的问题。事实上,该段最后在两种血的写作之间做出了一种区分:

> 那么,如果一个人为了他的教导而走向火堆——这证明了什么?
> 确实,如果一个人自己的教导是他的燃烧的结果就更是如此。

一种用血书写的作品是禁欲者的作品;他精心地撒下他的血,然后想象他用这血书写的无论什么都必然是真理。他通过自我牺牲而付出的东西是如此之多,以至于不允许他怀疑他自己的写作。另一类则不同,是不可遏止的有力和健康的冲动的结果;尼采正是这样描述他自己的《扎拉图斯特拉如是说》的写作。《敌基督》愿意成为流血的,当然是在第二个意义上,而不是在第一个意义上。只有这第二种意义的流血,才是与尼采在此归之于扎拉图斯特拉和彼拉多——他的"真理是什么?"使他成为《新约》中的"一个让人不禁肃然起敬的孤独形象"——的怀疑主义相容的。用血书写,就像《敌基督》和《扎拉图斯特拉如是说》中的书写,如果将热情与对所有发源于身体的言论的情境特性的意识结合起来,可以是怀疑主义的。对于基督教的神圣的文字、信仰和价值的反对,不是一种需要以同样的坚定来坚持的新的神圣的文本和另一种不同的信仰;它是对于所有这类事物的价值重估,而不仅仅是有关内容的一种改变。《敌基督》的目的,是通过像尼采自己的书写那样的自由挥洒,开放一个新的空间而成为基督教的标语的对立;它试图为一种冲破狭隘的报复循环的充分流淌的书写清理墙面,其中将不再有在基督教和道德的支配下的书写存在的余地。

在完成《敌基督》手稿之后,尼采又加上了简短的一节,题为"反基督教通告"。这一页文字似乎被尼采的遗作指定管理者删掉了,但在尼采著作的克里-蒙特纳里版(Colli-Montinari edition)定本中又被小心翼翼地恢复了。这一文本尚未(就我所知)有英译出现,我在此不揣冒昧将它翻译出来。阅读这段文字时应该特别注意它的日期和签名:

《反基督教法令》

发布于拯救之日,第一年的第一天(——错误纪年的1888年9月30日)

对恶的战争:恶就是基督教

第一个命题:——任何形式的反自然都是一种恶。教士是最邪恶类型的人:他**教导**的是反自然。反对教士不需要理由,而是需要收容所。

第二个命题:以任何形式参与侍奉神事都是一种对公共道德的谋杀。应该对新教徒比对天主教徒更严厉,对自由派新教徒比对正统派新教徒更严厉。当一个基督徒靠近科学时,他的犯罪特征就成倍地放大。因此,罪犯中的罪犯就是**哲学家**。

第三个命题:——基督教孵化其妖孽之卵的受诅咒之地,作为地球上让一切后世感到恐怖的**邪恶**之地,应该被夷为平地。应该在这平地上饲养毒蛇。

第四个命题:在布道时宣扬贞节是一种意在反自然的公共挑唆。任何对性生活的鄙视,以及任何通过"不洁"概念使性生活变得不洁的做法,都是一种违反生命之神圣精神的真正罪过。

第五个命题：——同一位教士同桌进餐要受到放逐：由此也要被逐出诚实的社会。教士是我们的贱民——他应该被放逐，被饿死，被驱赶进任何一座沙漠。

第六个命题：——对"神圣"的历史的称呼，应该用它应得的名字，应该用"被诅咒的历史"；应该把"神""救世主""救赎者""圣徒"等词语当作辱骂之言，应该把它们当作罪犯的标记来使用。

第七个命题：——余下皆由此推出。

敌基督者

我们不难理解，尼采著作的编者为什么没有出版这一"法令"，这一法令最后与《瞧这个人》的素材被划分为一类。这部分文字的样式证实和强化了他所宣布的"用盲人也可以看见的巨大字母书写"或"在墙上书写，只要能够找到墙"的意图。通告本身可以作为墙上的海报以大字印刷，就像军事当局在占领一块被征服的领土期间或在戒严时期所使用的海报。这样一种使用最多也只是尼采的计划的适度夸张。按照尼采的计划，《重估一切价值》（他后来将之与《敌基督》等同）将作为对于基督教的全面性攻击，同时以七种文字问世，成百万地发行。尼采所谓《重估一切价值》将人类的历史分成了两半"，从敌基督占领军贴在墙上的海报中获得了一种具体的意义。请看《敌基督》在"法令"之前的文字（我们认为这些文字在克里-蒙特纳里版之前是该书的最后文字）：

而人们从这个开启灾祸之门的不幸日子（dies nefastus）开始计算时间——从基督教的第一天开始——为什么不反过来从它的最后一天开始？从今天起开始？——重估一切价值！（《敌》,62）

正如尼采所认为的,耶稣之进入历史标志着历史的急剧断裂,使基督教的书写成为可能;同样,他现在试图终结这一插曲,使基督教的时代成为和永远成为过去。以采用一种新的历法为标志的新时代和新历史观念有其自身的历史和传统;例如,为尼采所鄙视的法国大革命就传播了一种新的历法。当然,结束或勾销过去时代的努力并不能使历史的平面变得一尘不染。"法令"本身指向从前教会的遗址,假定在某些时间里存在着教士,人们的责任就是要使他们成为过去。甚至,我们可以说,基督教及其历史可以在勾销者的下面找到自己的位置。但是,支持将历史看成一种自然发展的基督教——黑格尔式历史观的连续性假设,将会受到冲击或成为问题。法令下面的签名本身表明,基督教的传统是如何不可避免地被提到。在给勃兰兑斯的一封信中(日期是 1888 年 12 月初),尼采将《敌基督》描述为一场反对基督教的战争的开始,并且写道,他希望这场战争得到犹太教徒和"大资本家"(Grosscapitial)的支持。他引用"反基督教通告"证明战争已迫在眉睫。正如通告的内容一样,信中建议,新的日期所宣布的新时代无论如何不能被理解为一种绝对的开始,而应该被看作是那些可以被称作此起彼伏的现时(temporality)的东西的一个深度,一个看不到绝对的东西,既没有最初的事项也没有最后的事项的时代。非末世论的时间不是作为一种替代的或反映的形象与基督教的现时联系起来,而是通过讽刺和戏弄的方式。即使尼采的战斗呼唤确实成功地"将人类的历史一分为二",用一种非竞争的语言描述从分裂中形成的历史也是没有意义的。"法令"的明显粗野和残忍证实了,甚至是过于证实了将《敌基督》作为一部至少是濒临疯狂边缘的著作的传统解读;但是,如果我们严肃地对待该书挑战我们的某些传统叙事范畴的方式,我们就必须小心,不要轻易接受对于这一荒唐文本的这种传记的简化和归置。我们从《敌基督》中可以学到的最后的东西是，可以有不同于基督教及其哲学同盟的持续末世论发展的现时和历史。《敌基督》的时代不仅是好战的,而且是破碎的和多元化的;它所提供给我们的不仅是另一个名字,不仅仅是一个反名字,在这个名字下,传统攻城略地,而是这样一个名字,它表明所有符号和名称都可以给出多种解释和似真的解释(multiple and parodic);它提供给我们的不仅仅是将我们自己安插(emplotting)到历史中的一种不同的方式,而且是这样一种感觉:所有安插都必须认识到它们在多大程度上是许多不同的故事和故事讲述者的产物,正是这些故事和故事讲述者使我们成为我们现在所是的一吐为快的讲述者。

尼采与帕斯卡尔[*]

[德]沃格林 著 田立年 译

一

在写于1884年的一则关于"智慧之路"(Road to Wisdom)的笔记中,尼采试图解释自己作为一个思想家的个人成长过程。智慧之路的旅行分三个阶段。在第一阶段,人需要尊重、服从、学习;这是精神禁欲时期,热爱和赞美的时期,克服卑下的意欲的时期。在第二阶段,热爱的心灵不得不割断它的忠诚脐带;这是独立的时期,是孤独时期,自由精神的时期。第三个时期将决定漫游者是否真正有能力做出一番事业;这是创造和担大任(creative instinct and great responsibility)的时期,是人必须自己授权自己行动(accord himself the right to act)的时期。[①] 这则笔记所描述的三个时期对应

---

[*] [中译编者按]本文原题为 Nietzsche and Pascal,经授权译自《新秩序与最后的趋向》(*The New Order and Last Orientation*),*History of Political Idea*, Vol. VII, *The Collected Works of Eric Voegelin*, Vol. 25, Jürgen Gebhardt 等编, Columbia and London: University of Missouri Press, 页 251–303。

[①] 尼采,《重估价值时期未刊稿》(*Unveröffentlichtes aus der Umwerthungszeit*),节 93,见 Munsarionausgabe, Richard Oehler 等编,《全集》(*Gesammelte Werke*),München: Musarion Verlag, 1920—1929, 14:39 以下。

于尼采写作的三个时期:处于叔本华和瓦格纳影响下的早期;从1876年到1882年的实证主义、心理学和唯智主义的中期;《扎拉图斯特拉如是说》和重估一切价值的晚期。

三个时期的划分已经成为解释尼采生平和著作的定式。我们不能也不应该无视这一定式,但是我们必须意识到,过分依赖这一定式,很可能会使我们看不到尼采思想的某些特性,这些特性贯穿了尼采思想的三个时期。这些特性中的一种——关于这种特性,在我们看来,人们尚未充分认识到其重要——是尼采通过涉及其他思想家的立场来确定自己的立场的方法。就早期而言,这一特性及其在作品中的表现是众所周知的。《希腊悲剧时代的哲学》(Philosophy in the Tragic age of the Greeks)中对赫拉克利特的描述乃是自我描述;关于论叔本华和瓦格纳的《不合时宜的沉思》(Untimely Meditations),尼采自己强调,"说到底,它们谈论的只是我自己"。①

对其他思想家的精心描述,作为一种自我表达手段,不再出现于1876年以后的作品中,这种可以称之为写生描述的缺乏,一定程度上模糊了下面的事实:这些早期描述在它们作者的精神生活中所起的作用,在后来的年代通过了其他手段来完成。精心的描述不得不消失的原因很简单:怀着热爱和关怀描摹具有与自己相似的构成(substance)的其他个性,对于"崇敬"时期的尼采来说,是达到对自己的清晰理解的恰当方法;但对于"独立"和"创造"时期的尼采来说,却不是一种恰当的方法。一旦禁欲、虔敬的追随和学习使个性得到净化,尼采成其为尼采,他与其他伟大的个人之间的联系就必须通过批评来确立,这种批评意味着对尼采认为值得承

---

① 《瞧这个人》,见《全集》,同前注,15:72。

认者的承认,有如对手之间的承认。这种批评将他自己有时是激烈的和仇恨的立场与其他他认为有害的立场区别开来。随早期的欣然接受而来的是批判的定位;仔细详尽的描述被简短尖锐的即兴评论所取代。

从 1876 年开始,尼采每每在关键性时刻通过涉及帕斯卡尔的立场来确定自己的立场。人们并非没有注意到帕斯卡尔对后期尼采的重要性。整个精神独立的中期以法国道德家的丰富影响为特征,包括帕斯卡尔的影响,以及蒙田(Montaigne)、拉罗什福柯(La Rochefoucauld)、冯塔纳(Fontenelle)、尚福(Chamfort)的影响。安德勒(Charles Andler)在其关于尼采的专著的第一卷中所作的广泛讨论无可置疑地表明,帕斯卡尔的影响最深远,甚至波及如权力意志这样的根本概念。① 但是,令人遗憾的是,安德勒使用的历史方法妨碍了这位杰出的学者告诉我们比学说之间的影响更多的东西。安德勒将帕斯卡尔列为尼采的先驱(Précurseurs)之一。这种划分表明,安德勒的目的是寻找这样一些观念,这些观念出现在较早的思想家的作品中,而后又变成尼采思想的一部分。这样一种联系的讨论本身是有价值的;但是尼采接受帕斯卡尔的激情、想象力和习惯心理学的成分的事实,实际上只是一个表征,帕斯卡尔作为一个榜样和对手对于尼采所具有的切身意义的一个表征。确实,安德勒谈到作为好兄弟(âmes fraternelles)的两个思想家,从而暗示,人格之间的关系构成了他们的观念联系的背景;但除了这句话以外,他并没有深入思考这一问题。② 对于后期尼采的思想和精神生

---

① Charles Andler, *Nietzsche, sa vie et sa pensée*,卷一,《尼采的先驱者》(*Les Précurseurs de Nietzsche*),Paris:Edition Bossard,1920—1931,见该卷的第二本,《法国道德家的影响》(*L1nfluence des moralistes francais*),页 157 – 259。

② 同上,页 171。

活来说,帕斯卡尔的作用就其决定性来说只有早期的叔本华和瓦格纳的作用才能与之相比,停留在学说史的层次上便无法表明这种作用。

为充分理解问题,我们必须使用切合尼采著作结构的方法。首先,探讨必须将大量明确提到帕斯卡尔的文字纳入视野。如果是在遗著的片段中提到帕斯卡尔,那么在大多数情况下,除了它们在一段单独的格言语境中的意义外,我们从这些文字中所能引申出的意义很少。但是,如果是在尼采为出版而准备的著作中提到帕斯卡尔,这些文字的意义范围则要大得多。尼采的著作采取格言的形式,但一条条格言并不是一个个意义的孤岛;它们被极其精心地选择和联系在一起,形成了思想的连贯体系(complex),而——正如我们将要看到的——在一些决定性的例子中,提到帕斯卡尔的文字的意义光芒越过了它们所在格言的可见边界,照射到远方。在某些场合,帕斯卡尔的名字是作为某些连绵的观念群山中的一个顶峰出现的;它被如此巧妙地安插在周围纵横交错的格言中,以至于一提到帕斯卡尔,整个体系就变得活起来,仿佛找到了方向。一旦我们确定了这样较大范围的体系,就有可能认出其他的以帕斯卡尔为旨归的体系,即使其中并没有提到帕斯卡尔的名字,因为它们的内容与前面那些明确提到帕斯卡尔而被我们识别出来的体系有紧密的关系。

尼采从未详细分析过帕斯卡尔的思想;他的评论很简短,假定读者对帕斯卡尔有相当了解,可以迅速领悟其微言大义。这种简洁性带来了一种新的复杂性。帕斯卡尔的《思想录》是他死后留下来的笔记的一个汇聚,这些笔记本来是为一本名为《申辩》(*Apology*)的著作准备的;我们知道帕斯卡尔在晚年拟想的这部著作的计划,①但是我们不知道帕斯卡尔会为单个笔记在整个著作的体系中指派什么用途。尽管帕斯卡尔留下了计划,但是各种不同版本的安排很大程度上仍然是任意的,从而使帕斯卡尔随着安排的不同,以及随着关于这一片段或那一片段被认为应该享有的相对重要性的判断的不同,而呈现出不同的面貌。因此,问题在于:当尼采以帕斯卡尔的名字指称自己的思想时,他看到的是哪一个帕斯卡尔?是波尔·罗亚尔(Port-Royal)编者所描述的正统帕斯卡尔?还是孔多塞(Condorcet)1776年版所勾勒的怀疑主义者帕斯卡尔?抑或是哈维特(Havet)1851年版中护教的帕斯卡尔?这些问题不可能有简单的答案。毫无疑问,尼采没有将帕斯卡尔看作一个正统基督徒。但是他是否将他看作一个怀疑主义者也同样有疑问。当尼采偶然谈到帕斯卡尔,说他如果再多活三十年,也许就会像早年瞧不起耶稣会士那样瞧不起基督教,②他并不是说,帕斯卡尔关于理性在宗教事务上的无能的议论,关于信仰不可避免的理性不确定性的议论,关于解释预言和奇迹的困难的议论,将会使他的信仰融化。这种发展的原动力只能来自尼采所谓帕斯卡尔的"深度"(depth),一个尼采通过提到其他具有同样性质的人物——苏格拉底、凯撒,也许还有弗里德里希二世(Emperor Friedrich II),以及肯定有达·芬奇(Leonardo da Vinci)——而在行文中有所阐明的范畴。在尼采的心目中,帕斯卡尔的怀疑主义不

---

① 帕斯卡尔在朋友面前发展的这一计划见他的侄子 Étienne Périer 的记录,见《波尔·罗亚尔版前言》(*Préface de Lédition de Port-Royal*), *Pensées de m. Pascal sur la réligion et sur quelques autres sujets*, L´edition de Port-Royal (1670)及补充(1678—1776),Saint-Étienne,Éditions de l'Université de Saint-Étienne,1971。

② 《重估价值时期未刊稿》,节800,(1885),同前注,13:327。

是一组哲学信条,而是灵魂拥有的诸种强力(forces)的一种表征,这些强力在帕斯卡尔晚期比在早期更强烈地要求人们倾听它们的声音,最后重新排列了帕斯卡尔思想天空的智力星象。为了解释帕斯卡尔,尼采似乎应用了他在《善恶的彼岸》中所发展的原则:一个人的本质,尤其一个哲学家的本质,在"他的天性的各种最内在的力(Triebe)彼此固化而形成的等级秩序"中得到了集中表现。① "思想"是心灵的不同的力之间关系的结果。因此,"深度"一词指的是按照其等级秩序决定一种个性及其思想的诸种力的强度和丰富性。②

如果尼采感兴趣的不是那些可能会对他的哲学事业有用的帕斯卡尔"学说",而是作为心灵的各种力的结果的"思想",那么,帕斯卡尔的正统主义、詹森主义(Jansenism)*或皮浪主义(Pyrrhonism)**就变得不重要了。观念之所以值得注意,不是因为它们的内容,而是作为一个人格的表达;不是作为事物的直接表达(oratio directa),而是作为人的间接表达(oratio obliqua)。③ 因此,毫不奇怪,我们看到,帕斯卡尔其他不及《思想录》重要的著作,作为尼采

---

① 《善恶的彼岸》,节6,见《全集》,同前注,7:15。[译注]中译本参张念东、凌素心译,《超善恶》,北京:中央编译出版社,2000,引文有改动,下同。
② 《善恶的彼岸》,节36,同上,7:56。
* 重视上帝的预定,反对耶稣会士过分强调自由意志的作用,从而返回奥古斯丁反对过的夸大自由意志作用的错误观点。又认为原罪和欲望给人性带来极大的危害,只有基督给予的恩典才能使人返回真正的自由。——编者注
** 古希腊哲学中的怀疑学派,认为没有任何东西具有确定性,对客观世界和真理是否存在、能否认识表示怀疑。——编者注
③ 下面的一条笔记可资参考:"思想和语词一样都只是符号:不存在什么思想与实在一致的问题。实在是诸种力的一种运动。"(《〈朝霞〉时期"1880/81"文稿》,节317,见《全集》,同前注,11:28)第一句话中的"实在"指出的是直接表达的思想对象,而第二句话中的"实在"指的是在间接表达中透露出来的诸种力的实在。

的帕斯卡尔人格取向的手段,对于他来说如果不是具有更大价值的话,至少也具有同样的价值。遗憾的是,关于尼采在多大程度上使用了这些文献,我们只有有限的了解。一段较早的引文表明,他知道《致外省人信札》(Lettres provinciales)及其目的;但是他关于《致外省人信札》的反耶稣会的立场使一种后来的反基督教立场成为可能的假设似乎表明,帕斯卡尔的其他论述神恩(Grace)的神秘作品,诸如捍卫特伦特会议(Council of Trent)所制定的关于神恩教义的作品,①没有给他留下什么印象。在最详尽地透露了帕斯卡尔的宗教生活的三篇文献中,只明确地提到《耶稣的神秘》(Mystère de Jésus)。② 这篇文献深深打动了尼采,似乎——如我们下面所要看到的——是促使尼采形成关于耶稣人格的看法的主要影响所在。至于《回忆》(Mémorial),我们没有看到任何影响的迹象。而第三篇文献,《罪人的忏悔》(Confession du Pêcheur),虽然没有明确提到,却明显影响了尼采对虚无主义的见解的形成。尼采再没有提到其他著作,但是,短小的《论爱的情感》(Discours sur les passions de l'amour)一文如此强烈地令人想起尼采的某些说法,一种直接的影响似乎非常可能。最后,对于尼采来说具有头等重要性的一个文献是比里埃夫人(Mme. Périer)的《帕斯卡尔传》(Vie de Pascal)。尼采有一次明确提到该书,③而《权力意志》中至少还有一条格言,如果不假定《帕斯卡尔传》为其出处的

---

① 《完成上帝的命令的可能性的书信》(Letter sur la possibilité d'acccomplir les commandemens de Dieu);特别参见其中第一部分。
② 《〈朝霞〉时期"1880/81"文稿》,同前注,11:319 以下。
③ 《权力意志》,节388,见《全集》,同前注,15:421。[译注]中译本参张念东、凌素心译,《权力意志》,北京:商务印书馆,1996,下同,译文有改动。

话,将无法理解。①

使尼采着迷的是帕斯卡尔的人格深度和秩序;这也是一个比尼采早一代的孤独灵魂——温耐特(Alexandre Vinet)——在帕斯卡尔面前感受到的魅力。② 在温耐特的研究工作中——尼采并不知道他的工作,我们看到了一种完美的表达,无可置疑地表明了这位后来的思想家在什么高度上确定自己与帕斯卡尔的关系。在温耐特看来,帕斯卡尔是一个伟大的"个人",他可以穿透传统的厚厚盔甲,直接面对那些真正属于他的观念。开启这口智慧之井的是"某种精神的勇气,以及也许还有某种性格的勇气,而最训练有素的、最有学问的人并非就是这种勇气天然的拥有者"。这种勇气是寻找真理最有价值的工具,因为"为了顺利寻找,首先需要找到一个自我作为寻找的主体"。有些人是我们需要大大感激的,他们能够从一片刺耳之音的嘈杂中听出自己的声音,而我们自己的声音却会轻易地迷失在这片嘈杂中,以至于它成了所有声音中最刺耳的声音。③ 精神的强烈骄傲,对于真理的激情,智性的正直,构成了帕斯卡尔的深刻,温耐特所描绘的这幅帕斯卡尔的画像可能也正是尼采乐于描绘的。帕斯卡尔在《思想录》中曾经描述,一个这种类型的人的"论说"会产生什么魔力:

> 当一篇很自然的文章描写出一种激情或其作用的时候,我们就在自己身上发现了我们所读到的那个真理,一个我们

---

① 《权力意志》,节252,同前注,15:328 以下。

② Alexander Vinet,《帕斯卡尔研究》(*Etudes sur Blaise Pascal*), Pierre Kohler 前言和注释,增补版,第二版,Paris,1846;Lausanne,Payot,重印版,1936。

③ *Pascal, non l'écrivain, mais l'homme* (1845),同上,页304 以下,第十章,《帕斯卡尔不是作家而是人》(*Pascal non l'écrivain, mais l'homme*)。

并不知道它原来就在那里的真理。我们爱那使我们认识到这真理的人，因为他让我们看到的不是他所有的东西，而是我们自己所有的东西。这种有益的指引使他对我们来说成为可爱的，而我们与他的思想的一致也使我们的心灵不能不去爱他。①

二

尼采是一个神秘主义者。但是，他的神秘经验的结构与西方神秘主义主流的神秘经验的结构非常不同，我们甚至几乎找不到合适词汇来恰当地描述。很显然，尼采不具有构成基督教意义上神秘合一的核心的超越经验，就此而言，尼采的精神生活是奇特而残缺的。为了标明他这种神秘经验，我们在此将不加定义地使用内在主义（immmanentism）一词；随着研究的进展，该词将自行显示出它的意义。我们不得不以这种赊账的方式前进，因为每一个阶段的尼采著作都如此充分地表达了他的精神生活，以至于对于他的态度的一种按部就班的处理是不可能的。我们不得不投身它的中心，通过观察活动着的尼采思想（在前面定义过的意义上的思想）而探讨这种经验。

在《格言和警句汇编》(*Mixed Sentences and Epigrams*)中题为"地狱之旅"的最后一段中，尼采描述了他与那些伟大的死者的关系。②他像俄狄浦斯一样置身于下界，为的是同死者讲话，并且为了使他

---

① 《思想录》(*Pensées*)，Brunschvicg 编，节 14。以下所有对于帕斯卡尔的《思想录》的引证所给出的编号是 Brunschvicg 版的编号。[译注]中译本参何兆武译，《思想录》，北京：商务印书馆，1985，引文略有改动，下同。

② 《格言和警句汇编》(*Vermischte Meinungen und Sprüche*)，节 408，见《全集》，同前注，3:183。

们能够讲话而献出自己的血。有四组人接纳了他：伊壁鸠鲁和蒙田，歌德和斯宾诺莎，柏拉图和卢梭，帕斯卡尔和叔本华。他们是他的论说伙伴；他愿意看到他们证明自己的正确或错误；他愿意听到他们在和他的谈话中互相证明正确或错误。"不管我说些什么，我的眼睛注视着这八个人，我还看到他们的眼睛也注视着我。"现在活着的人有时像是影子，徒劳地想要获得生命，而这八个人看上去却是如此真切地生活在这个世界上，似乎他们永远也不会厌倦他们现在已经死去的生活。"重要的是永恒的活着（eternal aliveness）；真正美好的是'永恒的生活'，或者干脆说，是生活。"

显然，这不属于通常智力史的范围。而且，尼采通过将他自己的情感与基督教的情感对立而概括自己的情感，这也不是偶然的，因为我们下面会看到尼采每每在关键时刻极其仔细地使用这一方法。地狱是天堂的反象征，这一段文字所表达的神秘经验是奥古斯丁的朝向上帝的思想紧张（intention animi）的反经验；永恒的活着是存在的目的，正如作为至善（summum bonum）的永恒福祉是基督徒的存在秩序的原则。虽然神秘运动的方向与基督教的神秘运动的方向极为不同，两种运动却都以对尘世的蔑视（contemptus mundi）作为其驱动情感。永生不是尼采的愿望，但是生活同样不是尼采的愿望；"如此苍白和沉闷，如此不安啊！如此渴望生活"的生活，有如幻影。尼采的内在主义不得不使用属于这个世界的（intramundane）范畴，诸如"永恒的生活"，与其他心灵的"谈话"，"权力"等，但是这些词汇不是在它们的经验意义上使用的；相反，它们所代表的是一个美化了的实在（transfigured reality），当灵魂克服了其中的人们渴望生活的现世（world）以后，它就在这个美化了的实在中活动。

《朝霞》中的某些格言阐明了这种经验的结构。关于"逃避一个人的自我"的格言表述了融入一种超出自我的存在（a beyond）的渴望得以满足的三种方式:基督教渴望神秘的合一;某个莎士比亚在与他所描写的热烈的生命形象的结合中得到满足;某个拜伦则渴望行动,因为行动比情感和艺术作品更能将他们从自身引开。①"那么,也许行动欲骨子里就是一种自我逃避?——帕斯卡尔也许会这样问我们。"②但是所有这三种方式都不是尼采的方式。格言"对于力的胜利"(Victory over Force)批评对人类客观的工作成就的崇拜。力可能是某一伟大功绩的原因,但是力本身在多大程度上是可敬的,这取决于力中所包含的理性程度。只有当单纯的力被某种更高的东西所克服,只有当力本身被当作达到某一目的的工具时,我们才能谈论真正的成就。但是,人们的眼睛在真正的才干面前还是盲目的,最美好的成就——即这样一种奇观,一位天才的力不是应用于作品,而是应用于他自身,把他自身当作一件作品,掌握他自己,纯化他自己的想象力,安排和选择纷至沓来的各种任务和观念——仍然无人喝彩。伟大的人值得崇拜的伟大之处仍然像遥远的星一样不为人知:对于强力的胜利。③强力的双重含义是理解这段文字的关键:作为人类生活的原始材料的力,和作为

---

① 《朝霞》,节549,见《全集》,同前注,4:358。[译注]中译本参田立年译,《朝霞》,桂林:漓江出版社,2000,引文有改动,下同。

② 帕斯卡尔在消遣的主题下广泛地讨论了对于一个人的自我逃避。在大量的论述消遣的片段中,特别请参《思想录》中以此为题目的一个较长的片段,节139。

③ 《朝霞》,节548,同前,4:357以下。我将尼采的Kraft一词翻译为强力(force)。这一翻译并不恰当,因为它没有把握Trieb——该词在本书前面同样被翻译成"力"——和Macht,即权力(Power),尼采在他后期的著作中不断地使用该词——之间的意味。Trieb具有一种生物的力量的含义;Kraft指一件作品中所表达出来的力量(strenghth)和生命力(vitality),而Macht,权力,指其中充满有精神的力量。

从精神上驾驭它,将其转化为永远的生活,从而作为克服单纯的自然的手段的力。第二种意义上的强力在尼采思想中所起的作用相当于神恩在基督教体系中所起的作用。不过,转化仍然是内世界的(World‑immanent),没有引进表示某一超越的实在的特殊术语。由此而造成的多义性构成了解释者误解的永恒源泉;而尼采本人并没有总是清楚地将这两种意义域分离开来。相反,我们在他的著作中发现了大量的"转义"(derailments),精神上的训练(discipline)被以一种简单的方式翻译为经验的理想,例如尼采从"对于力的胜利"到"金发野兽"的最著名的转义。①

"我用最虔诚的历史的人……取代了圣人。我用那使人超出他自己的人取代了天才。"②新的虔敬的内在主义要求人将他自己看作是在历史中存在的,和"出于对真正的理解的热爱而建立与其他文化的关系"。③ 我们在此触及了使尼采觉得必须通过取道其他伟大的心灵而发展他自己的"思想"的背后的感情。叔本华和瓦格纳的取向对于他的成熟来说是必需的,在这个意义上,这种取向具有一种教育功能;但是这种取向同时还是一种基本方法,通过这一方法,尼采使自己跻身于他在人类历史中的同侪的群体之中。这一方法有一天会超出教育阶段,但是作为一种方法却不会成为过去,而对于这两个主要人物的关注,甚至在其早期阶段,也并不是

---

① Derailment(转义)一词是雅斯贝尔斯的 Entgleisung 概念的一个翻译。关于转义问题,参雅斯贝尔斯的《尼采:理解他的哲学导论》(Nietzsche: Einführung in das Verstandnis seines Philosophierens),Berlin and Leipzig:Walter de Gruyter and Co.,1936。关于国家社会主义解释者习惯热衷的转义的具体举证,见页391 以下。
② 《〈快乐的科学〉时期[1881/83]文稿》,节452,见《全集》,同前注,12:215。
③ 同上。

一种孤立现象,而是和他与前苏格拉底哲学家的关系平行的,这种关系具有和后来与"八人"的关系一样的色调。而且,尼采并不把人类精神的这一内世界取向看作是他个人的问题。这是一个每一个卓尔不凡的人,"每一个更高的人"(every higher man),在每一个历史阶段所面对的问题。虽然,对于这一问题的解决办法随着个人在历史过程中所处位置的不同而有所不同。"在古代,每个更高的人都渴望声名(fame)。"原因在于,每个人都相信人类从他本人开始,相信只有"通过想象自己作为永恒舞台上的共同行动的悲剧演员置身于后代之中",他才能使自己具有人类范围的广度和长度的情感。在我们的时代,人类历史的发展在我们的后面留下一个漫长的过去。作为人类联系中的一个环节的骄傲不再需要通过对于声名的渴望表现自己;它今天可以通过对世系(ancestry)的骄傲而表现自己。"我有一个世系,所以我不需要声名。"

  在那使扎拉图斯特拉、摩西、穆罕默德、耶稣、柏拉图、布鲁图斯(Brutus)、斯宾诺莎、米拉波(Mirabeau)感动的东西中,我已经是活在世界上的了。在某种意义上,只是在我这个自我中,那些几千年来默默孕育的东西才来到了阳光下。我们现在是精神历史上的第一代贵族——历史感现在才刚刚开始。①

在这段文字中,世系的范围相当宽松,也包括精神的各个伟大的时代。但是我们已经看到,尼采对于世系有他的选择,一个更为属于他自己的特殊选择,如他所列举的"八人";而在某些场合,名

---

① 《〈快乐的科学〉时期[1881/83]文稿》,节 456,同前注,12:216 以下。

单进一步精简为柏拉图、帕斯卡尔、斯宾诺莎和歌德。

> 当我说到他们,我知道我身上流着他们的血液;我为自己可以大声地说出他们的真理而自豪;如此优秀的家族不需要装饰或隐藏……我为人类自豪并通过我的绝对的童叟无欺来表现这种自豪。①

最后一次精简似乎发生在最后几年。在《瞧这个人》中,尼采承认,他一次又一次地回过头来阅读的为数不多的几本书是少数较早期法国作者的作品,特别是帕斯卡尔的作品。说到这里,他还极为概要地说明了他对帕斯卡尔的兴趣:

> 我不读帕斯卡尔,我爱帕斯卡尔,因为他是基督教的最有教益的受害者;一点一滴地被谋杀,首先是身体上的,然后是心理上的;这一非人的残忍的最恐怖的形式的全部逻辑。②

帕斯卡尔是"最有教益的",因为就探索他的灵魂的激情和智力的诚实来说,他正是基督教世界里的尼采。在他与帕斯卡尔这孪生的精神对话中,他澄清了他自己那与基督教对立的精神生活。

三

尼采将他早期的研究命名为《不合时宜的沉思》。沉思(medi-

---

① 《〈快乐的科学〉时期[1881/83]文稿》,节457,同前注,12:217。
② 《瞧这个人》,同上,15:34。

tation)是基督教的一种根本方法,用于调整灵魂的方向,使其指向上帝。尼采的沉思不是基督教的,因为它们的目的是使灵魂指向一种内世界人类的神秘经验。它们不是上升到某种超越的实在的手段,并且因此也就不会否定性地(via negativa)将传统的东西踩在脚下。为了达到他的沉思的目的,尼采发展了一种具体技术:格言方法。

对尼采来说,格言不仅仅是一种文学形式。尼采遗著的编辑者注意到,即使在他的著作仍然以有组织的论文的形式出版的早期,格言也是他思想的方式。① 在1876年以后,尼采有意识地发展格言方法,作为与哲学家的系统思想对立的道德家的思想方式。在一条写于1879年的格言"哲学家的原罪"中,尼采批评他们将道德家的箴言教条化,将仅仅是提示性的东西误解为普遍的真理,从而败坏了道德家的箴言。② 作为这样的败坏的突出例子,他分析了"意志"概念如何通过叔本华而被概括为一条形而上学原则,并将这种滥用与帕斯卡尔对其所作的适当的格言式使用进行对照。③ 尼采1880年代中期的一条格言则将问题更向前推进一步。在时代对某种方法来说还不成熟时钟情于某种方法是学术的虚荣;对于问题做系统的演绎和辩证是"作假",因为系统的表述往往掩盖思想的经验基础。我们不应该将思想来到我们面前的道路隐藏起来。思想表述的第一原则是,这种表述应该诚实

---

① 见 Ernst Holzer 在《全集》中的前言,9:xv。
② 《格言和警句汇编》,节5,同前注,3:16 以下。
③ 另一个伟大的格言思想家阿米尔(Henri Frédéric Amiel)对叔本华进行了同样的批判。见 Amiel 的《私人日记片段》(*Fragments d'un, Journal Intime*)二卷本修订版,鲍威尔(Bernard Bouvier)的导言,Paris:Stork(Delamain et Boutelleau),1927,1:281 以下。

地交代其起源。

> 最深刻的和最不可穷尽的著作可能总是具有帕斯卡尔《思想录》的格言体和不连贯的特点。①

决定性的力量和评价可能长时间隐藏在表面的东西以下;我们所看到的表面的东西只是隐藏在表面下的东西的结果。如果对"结果"做系统整理和排列,它们就会脱离生长它们的土壤,我们也将不再能够追溯造成这些结果的直接经验。格言保存了思想的经验基础,所以是一种以对于内在经验的忠实解说为己任的非基督教沉思生活的合适工具。

一种新的沉思生活(vita contemplativa)的观念,是尼采的第一部格言体著作《人性的,太人性的》的中心观念。第282条格言"感伤"认为,我们时代的巨大便利带来的可能是沉思生活的贬值。不管由于什么原因,我们的时代缺乏伟大的道德家。帕斯卡尔、爱比克泰德、塞涅卡和普鲁塔克几乎无人阅读。劳动和勤奋像疾病一样蔓延;不同意见受到的对待是仇恨,而不是考虑,因为没有思想所需要的时间和安宁。一种独立和审慎的态度被认为几乎是一种疯狂。自由的精神,特别是学者的自由精神,被认为是不名誉的;他们希望将他放逐到某个角落,虽然从他所处的较高的位置为文化指出道路和目标正是他的使命。但是尼采希望,"一旦沉思的精神不可抗拒地归来",时代的性格将改变,这样的感伤也将成为不必要。②

随后,格言283至292详细地说明了"感伤"的主题;这些格言

---

① 《权力意志》,节424,同前注,15:450。
② 《人性的,太人性的》,节282,同上,2:260以下。

只有作为一种与旧沉思生活对立的新沉思生活观念的自然结果才会获得充分意义;关于这种旧沉思生活,在尼采看来,爱比克泰德、塞涅卡和普鲁塔克是其在希腊罗马世界的例证,而帕斯卡尔是其在基督教世界的例证。这些格言组成了一个体系,共同的特征是以帕斯卡尔为最后汇聚的焦点。这一构思内容丰富,整个体系堪称最生动的自画像之一,而一种充分的解释将不得不深入尼采著作的衍生分支之中。因此,我们将限于对某些主要的观念做讨论。

沉思者(contemplative man)的特点更为清晰地表现在与行动者的对比中。行动者缺乏"更高的",也就是"个人化的"行动;学者、官吏、商人是作为平面化的行动者,而不是作为具体的和特立独行的个人。"在这方面他们是懒惰的。"在今天,正如在任何时候一样,人分为奴隶和自由人。

> 一个奴隶是这样一个人,他每天拿不出三分之二的时间给他自己,无论这个奴隶同时是一个多么了不起的人:一个政治家,一个生意人,一个官员,一个学者。①

行动被认为是奴隶的生活,沉思被认为是更高的人的生活。尼采大量关于奴隶和更高的人的言论,从早期的残篇《希腊城邦》(*The Greek State*)到晚期的《权力意志》,如果不是用社会构成的术语来理解,而是根据这种定义来理解,那么,许多关于尼采的严重误解也就可以避免了。格言284和285详细阐述了闲暇(otium)和躁动的意义。闲暇,但不是懒惰,是沉思生活的前提,而现代的狂躁状态则预示了一种新的行动野蛮主义的来临。格言286用关于

---

① 《人性的,太人性的》,节283,见《全集》,同前注,2:261。

行动的人的根本懒惰的一些评论结束了这个话题。行动的生活是千篇一律和无所作为的生活；在一切可以对之形成意见的问题上形成自己意见的道德责任被行动的生活免除了。懒惰妨碍了行动者承担并不总是容易地从自己的井里汲水的任务。①

格言"检察员传记"（Censor Vitae）揭示了通过沉思生活取得的心灵的"状态"，至少是这种状态的一个方面。判断的独立的最初标志是在爱与恨之间的摆动；最后，当灵魂获得了丰富的经验，沉思者将超越对于存在的仇恨、蔑视或热爱。"他将高高地躺在它上面，目光时而欢欣，时而悲哀；和自然的风景一样，他的心情将是一会儿夏天一会儿秋天。"②尼采神秘经验的特殊的风和日丽（halcyonic）状态对某些自然景色极为敏感，特别是对因加丁（Engadin）和地中海的盛夏和仲秋的自然景色极为敏感。③ 自然的符号和某些风景的意象常常被用来表达这种心态，因为在它们和这种心态之间存在着一种由此及彼的联想关系。在与某些人类心灵现象的竞争中，自然构成了尼采的内在世界神秘主义（intramundane mysti-

---

① 《人性的，太人性的》，节286，同前注，2:263。正如我们在下面将会看到的，将行动归结为懒惰并不是尼采在这个问题上的最后结论。几年后，他采用了"逃避自己的自我"的解释，这一解释与帕斯卡尔关于无聊和消遣的观念有密切关系。

② 《人性的，太人性的》，节287，同上。

③ 沉思生活的风和日丽状态是尼采精神生活中的一个常项。尼采的许多评价和喜好其本身看来是令人困惑的，但是如果将它们作为这种心态的表达，它们的意义就会清楚地显现出来，如他对于爱克尔曼时期的晚年歌德的喜爱，对于 Adalbert Stifter 的喜爱，对于 Claude Lorrain 和 Poussin 的风景画的喜爱等等。对于这一类型经验的详细描述，请参 Ernst Bertram,《尼采：一种神话学的尝试》(Nietzsche: Versuch einer Mythologic), Berlin: G. Bondi, 1918, 特别是以下各章：Weimar(181. ff.), Nachsommer(238. ff.), Claude Lorrain(249. ff.), Venedig(261. ff.), Portofino(271. ff.)。

cism)中对应于基督教神秘主义的超越经验的经验来源。

沉思的生活要求与其相适应的外在条件。格言 291 中关于这些条件的描述实际上是尼采自己生活状态的一个描述。自由的灵魂不会使他的外在生活目标成为他的负担。他不会渴望国家和社会中的高位;使他能够维持生活的一小间办公室或一小笔财产就足够了。他将这样组织他的生活,使它尽可能地不受经济和政治领域所发生的事件影响。他从外在问题的纠缠中节省下来的精力将被用来在知识的海洋里自由地遨游。他将限制自己的感情,不使自己过多地卷入世事,在其中虚掷自己的热情。他将确信,如果他受到缺乏爱的指责,正义之神将会为他的弟子出面辩护。他的生活方式和思想方式表达的是一种精致的英雄主义(refined heroism),这种英雄主义并不像它那粗糙的兄弟一样渴望群众的赞美;他将悄悄地走过世界,他将悄悄地走出世界。①

格言 292 通过对于沉思生活的目标的描写完成了对于这种生活的状态和外在条件的描写。它的目标是与在历史中展开的人类的神秘合一。个人必须尽可能地使自己转变为人类的经验的缩影,让历史地展开的精神在他个人身上化身而成为实际的存在;他的人格必须成为一座桥梁,通过这座桥梁,精神向人类的未来走去。我们的时代具有完成这一事业的有利条件。今天,对于宗教和艺术的经验仍然是可能的,而我们的后代也许将不再有这种幸运。沉思者,在这里是尼采,因为具有这样的经验,所以能够用他的理解力的火光照亮人类历史的较早阶段。没有在宗教性和艺术性的文化表现中受过洗礼,一个人不可能成为圣人(sage),同样必须的还有对于整个历史的熟悉。重新走过去的道路是了解未来人

---

① 《人性的,太人性的》,节 291,同前注,2:264 以下。

类应该走向哪里或不应该走向哪里的最好方法。复活了人类经验的自我,将会理解引导我们走到现在的过程的必然性,而在这种复活的引导下,个人也将来到这样一个时刻,在这个时刻,克服现在和进入未来的必然性将会成为可见的。"当你的目光变得足够锐利,可以看见你的天性和知识的基础时,未来文化的遥远的星群也许就会浮现在你的眼前。"你应该全身心地投入这一目标:带着你的错误、失误、幻想、热情,你的爱和你的希望。如果你将你的生命献给了这一任务,你就会发现,随着岁月的积累你的智慧也登峰造极,"放射出一种持续的精神欢乐的柔和光辉——这正是自然所希望于这种智慧的"。[①]

对于沉思的这一描述具有序言的性质。尼采清楚地说明了问题,但是表达问题的个性化声音尚未得到充分发展。这一问题也许可以通过确定它与黑格尔所谓历史作为精神(Idea)的辩证显现的观点的关系而得到最好的阐述。尼采与黑格尔一样,将历史看作精神的一种显现,但他不相信精神的辩证显现。黑格尔观点中的基督教的超验的残余消失了,历史的过程彻头彻尾地成了内在的。内世界的"人类"是这种展开的主体,"天性"(nature)则是运动的源泉和决定因素。此外,尼采还和黑格尔一样具有对于时代的意识;两位思想家都相信,一个伟大的历史时期已经到达了它的终点。但是笼罩黑格尔哲学的是一种终结感,没有任何未来可言;精神的辩证进程在现在中达到了完满和终结。历史整个地成了过去。尼采虽然意识到一个时期的结束,但却是为一种向一个未来过渡的感觉所支配。他对于"体系"(system)的反对,对于"演绎和辩证"的反对,针对的是黑格尔著作中对于历史的体系化。他

[①] 《人性的,太人性的》,节291,同前注,2:266以下。

自己宁愿依靠个人的直接经验构造未来。沉思生活是克服过去的手段：它深入到人类存在的根基，未来的文化将从这一根基中生长起来。

"人类"通过个体的人类存在方式在历史中实现自己。因此，我们看到，关于存在的哲学成为新的后黑格尔历史哲学的核心。问题是明确的，但是它的表述，我们已经说过，仍然是序言性的。我们可以从这种表述与伊壁鸠鲁和斯宾诺莎的态度的呼应看出其尝试性；仍然存在着过于将行动主义无例外地还原为惰性的某种简单性。通过复活过去而克服过去的艰巨任务还只是迈出了最初的步伐，存在的幽深井泉仍然没有照出未来的影子。只有到了随后的年代，到了《朝霞》的时期，才表明他对于尼采的问题有了更切近的把握。

四

筹划《朝霞》的时期留下了好几个题目，尼采打算将它们用作书或者书中章节的题目："沉思生活"；"激情新星，或：关于真诚的激情"；"勇气的宗教"；"权力感"。这些题目指出了一种思想内核的存在，关于知识的分析，关于基督教的分析，关于道德的分析，以及关于社会中的等级秩序的分析等等的外围体系（peripheral complexes）将在这个核心的周围生长。[1] 同一个时期的"计划"透露了尼采思想未来的演化方向。其中的一个"计划"令人赞叹地描述了

---

[1] 有关这些题目见《人性的，太人性的》的编者"后记"，见《全集》，同前注，11：408、411。

灵魂的运动,这种运动使我们发现,激情即使在沉思生活中也是驱动性的力量:"我们相信它是激情的反面:但是这使我们高兴,所以我们奋不顾身地为了理性和正义而向激情开战。我们这些天真的人!我们发现,它带有激情本身的全部印记。这一认识使我们痛苦;我们全力以赴要达到圣人的清澈的真理,像清晨一样宁静的真理。但是我们这些神圣的人:甚至这一真理也是激情的运动,虽然是升华了的和不能为粗人所认识的……我们发现激情是如何起源的,它们又是如何变得升华的。现在,我们从前门送出去的又从后门回到了我们的身边:我们试图将我们自己解脱出来的所有论证、我们的所有错误反戈一击,作用于我们自身……这是一种新的和未知的激情!"①这些计划中的另一个则揭示了一种即使现在也堪称充分的关于沉思生活的社会观,这种社会观后来在《权力意志》中得到了正式的表达:

> 我看见社会主义的团体正在形成,不可抗拒地形成!这些团体的领袖正在萌芽,让我们小心!这些组织和它们的领袖一起将成为未来的奴隶等级——但是在它们之上将站起一个贵族阶级,也许是一个隐士阶级!像所有其他人一样生活和信仰的(作为教会的、法庭的、商业团体的工具)学者的时代已经成为过去!伟大的英雄主义已经再度成为必要的!②

在第三个"计划"中,主要的激情简洁地表现为"为你自己的灵

---

① 《计划》(*Plan*),见《全集》,同前注,11:409。
② 同上,11:410。

魂恢复名誉!"(to restore the honor of one's individual soul)这一目的。① 在1880/1888年格言的迷宫中,这些主要概念和计划将成为指示方向的路标。

更为深刻的沉思生活的观念包含在一条题为"与帕斯卡尔比较"的格言中:

> 和他一样,我们通过自己征服自己(Selbstbezwingung)而获得我们的力量,难道不是如此吗?他的动力是上帝,我们的动力是真诚,是这样吧?毫无疑问,一种将人从世界和从他自己拉开的理想造成了空前的紧张;这是一种直到**存在根基**(im Tiefsten)的永恒的自我矛盾,一种超越一个人自己的极乐的安宁,带着对所有被称为"自我"的东西的蔑视。我们对于世界所感到的痛苦和仇恨要少一些;我们所集聚的力量要少一些,但是如果说我们因此不像蜡烛一样迅速地燃烧,我们持续的时间却更长。②

沉思生活所带来的自我矛盾是一个新问题。沉思状态是激情压倒激情的结果,而只有自我与其自身之间的一种永恒的紧张才能维持这种状态。对于所有被称为自我的东西的蔑视并不能消除这一根本事实:"极乐的安宁"正是通过留在下面的自我本身的一种努力取得的。即使是在沉思的生活中,人们也无法逃避激情的生活;他只能生活在他已经避开了这种生活的幻想之中。

---

① 《计划》(*Plan*),见《全集》,同前注,11:409以下。
② 《〈朝霞〉时期[1880/81]文稿》,节277,同上,11:271。

关于沉思生活之作为激情生活的一种现象，我们将在这一研究的下一节予以更详细的处理。现在我们关心的只是，尼采为了将他自己的立场区别于帕斯卡尔的立场而使用这一概念：

> 帕斯卡尔的状态是一种激情的状态；其中快乐、不幸，以及深刻而持久的严肃特征和后果一样不缺。因此，看到他如此骄傲地反对激情是非常可笑的——这是一种蔑视所有其他人的爱和缺少怜悯的人的怜悯。①

由于尼采对于超越经验(transcendental experiences)格格不入，所以对他来说，接受构成了帕斯卡尔的"幸福"(felicity)的必不可少的成分的神恩现象是不可能的；帕斯卡尔用来超越自我的沉思性经验对他来说具有彻头彻尾激情生活的经验的特性。由于这一扞格不通，尼采只能将帕斯卡尔面对上帝的孤独解释为"自我中心主义"(egoism)，并从而使他能够将他自己的态度表示为不同于帕斯卡尔的历史创造性。同一时期的一段格言如此描述帕斯卡尔：

> 看到的不是有用的爱，而是所有虚掷的爱；对他来说，一切都是一种为了自我的私事。从这种行动的孕育(cumulation

---

① 《〈曙光〉时期[1880/811]文稿》，节278，同前注。关于尼采的这些格言与之对立的帕斯卡尔的"真正的幸福"的观念的最明确的说法，见《思想录》第425节和第430节中关于"人的伟大和可悲"的片段。也可参见帕斯卡尔关于他自己的状态的笔记："这就是我的感觉，我每日都受惠于我的救世主给我的这种感觉，我的救世主用他的伟大的力量，使我，一个充满了软弱、痛苦、贪婪、野心、傲慢的人远离了一切罪恶，所有的荣誉归功于这伟大的力量。"见《比里埃夫人眼中的帕斯卡尔的生活》(*La vie de Pascal par Mme Périer*)，见 Jean Mesnard 编, *Oeuvres complètes*, 卷三, Paris：Desclée de Brouwer，1964，页595。

of action)中,将产生新的一代,带着其激情,习俗,和满足它们的手段(或手段的缺乏)——这是他所没有看到的。什么时候都只是看到单个的人,而不是过程(das Werdende)。①

在这段话中,我们应该注意,沉思生活被概括为一种"行动的孕育"。沉思和行动之间的区别并没有因为这种认定而废除,但是最终用行动因素解释沉思生活的必然性表明了尼采的内在主义的严格性。沉思是历史性的行动,因为沉思过程对于历史性的过去的克服使沉思存在的个人的力量获得了自由,他们由此而成为未来的决定因素。②

按照尼采的解释,帕斯卡尔生命的孕育性行动产生了未来的一代,这与他如何理解自己的工作无关。历史的洪流具有一种内在结构。帕斯卡尔和尼采的两种态度不是学术分类意义上简单对立的两种态度;它们由于历史运动的必然性而相互联系,第一种通过它的行动而造成了第二种的兴起。在论"对于完美的对手的渴望"的格言中,关于基督教的法国类型和世俗理智主义的关系,尼采给出了一个建议,这个建议作为尼采理解自己与帕斯卡尔的关

---

① 《〈朝霞〉时期[1880/81]文稿》,节 279,同前注,11:271。

② 可以将这一态度与关于沉思生活的其他解释加以对比,这些解释与尼采的解释具有某种表面上的相似性。例如,亚里士多德同样将 bios theoretikos(理论生活)设想为行动的一种形式,但却是作为获得人类所能达到的自足行动的形式,以便使人类的存在成为神的存在的一种类似。沉思生活的方向不是属于这个世界的:它和基督教一样具有一个非历史的超越目的。采用了亚里士多德的沉思生活概念的博丹(Bodin)也遇到了类似的问题。但对于博丹来说,沉思生活的顶点仍然是作为来生中对于上帝的充分享受的预期的、飞逝的和非历史的运动。关于基督教的学说,参圣托马斯的《神学大全》(*Summa Theologica*), pt. II–II, qu. 180,特别是 arts. 1 和 2。

系的关键非常重要。他纵览十七世纪以来法国基督教的主要形象:帕斯卡尔,"狂热精神和真诚集于一身,在这方面没有其他基督教徒可以与其匹敌",无论费奈隆(Fénelon)、居雍夫人(Mme. de Guyon),还是特拉普修会(Trappist order)的创始者和波尔罗亚尔的学者,然后他得出结论说,基督教的完美类型的人注定也要产生非基督教自由精神的完美的反类型。① 法国社会中的基督教的完美类型和自由精神之间的关系,是尼采用来理解更大的、欧洲范围内以帕斯卡尔为代表的完美的基督教和以他自己为代表的完美的自由精神之间关系的一个模型。当尼采将他自己的非基督教神秘主义指向欧洲的过去时,他所指向的是"世界上最为基督教化的民族"的基督教信仰,特别是帕斯卡尔的基督教信仰。当尼采谈到他与之对立的"基督教的腐败"时,他将帕斯卡尔,"原初的基督徒"(the first Christian),设定为其标本。②

尼采通过将帕斯卡尔的"类型"作为基督教的第一种类型而与主要由德国新教为代表的第二种类型加以区别而进一步说明这一类型。在尼采看来,新教是"精神不纯和无聊的颓废形式。迄今为止,基督教就是以这种形式在平庸的北国摸熟了因循守旧之法的"。③ "看看德国精神利用基督教都干了些什么!"这种平庸的德国新教"我称之为谦逊的基督教";他的特别的愤怒针对"由宫廷传教士和反犹主义投机家所倡导的不谦逊的新教"。④ 最后,1884 年的一条格言指出了帕斯卡尔与路德的冲突:

---

① 《朝霞》,节 192,同前注,4:182 以下。
② 《权力意志》,节 51,同上,15:177。
③ 《权力意志》,节 88,同上,15:203。
④ 《权力意志》,节 89,同上,15:203 以下。

为了像基督徒那样思考,我们必须想象完全适合这种思考的理想的人,比如帕斯卡尔。对于普通人来说,存在的永远只是一种代用的基督教,这一点甚至对于一个像路德这样的天性也是真实的——他为自己配制了一种暴民的和农民的基督教。①

尼采将法国天主教看作是基督教的典型的事实也许有助于我们理解为什么法国智力史在他的思想中一般总是处于一个重要地位。② 帕斯卡尔是如此不容置疑地被认为就是基督教的理想类型,以至于在尼采的晚期著作中,每当他不加其他限定地谈到基督教,我们完全可以假定,他所说的基督教就是帕斯卡尔类型的基督教。在尼采的后期著作中,帕斯卡尔获得了与其他伟大人物相似的一种典范作用:当尼采说"基督徒"时,他往往是指帕斯卡尔;正如"哲学家"是指叔本华,"艺术家"是指瓦格纳,"政治家"是指俾斯麦(Bismarck)。③

---

① 《重估价值时期未刊稿》,节 752,同前注,13:306。
② 也请参阅《权力意志》,节 87,同上,15:203:"新教的没落:从理论上和历史上看它都是不彻底的(Halbheit)。天主教的实际上的优势;对新教的感觉是如此稀薄,以至于人们甚至也丧失了对于强有力的反新教运动的感觉(譬如,瓦格纳的《帕西法耳》[Parsifal])。法国的所有更高的精神都表现为天生的天主教:俾斯麦认为,再也没有什么新教存在了。"
③ 帕斯卡尔作为尼采的自由精神的基督教反类型在《善恶的彼岸》(1886)中得到了正式确认。第二章和第三章分别讨论"自由精神"和"宗教崇拜"(《全集》,同上,7:39 以下,67 以下)。这两章主要的结论性的格言揭示了尼采所代表的自由精神的类型和以帕斯卡尔为代表的基督教的欧洲的类型。

五

在"与帕斯卡尔比较"中,沉思生活的自我矛盾呈现为一个新问题。自我征服过程中的克服激情的激情构成了探究的新对象,而骄傲、权力、残忍、真诚和英雄主义等词指示了这一对象的各个方面。这一连串情感似乎是因为帕斯卡尔而集合到一起。在没有直接提及和引用证据的情况下,除了这一谨慎的判断以外我们似乎不能再断定其他更多的东西了。但是,考虑到如我们前面所看到的,帕斯卡尔的影子在尼采著作中无所不在;再考虑到尼采的分析和帕斯卡尔的分析的明显平行关系;以及最后考虑到任何其他类似强度的影响的缺乏,与帕斯卡尔《思想录》的一种直接联系似乎是没有疑问的。但是,对于这一观念体系的起源的探索不应该模糊我们对于直接经验——这种直接经验在帕斯卡尔那里以及在尼采那里是通过历史中发展的术语工具加以解释的——的认识。

经验的核心,以及表达经验的符号的核心,可以在《思想录》的一段引文中找到,这段引文引自《约翰一书》,被用作《思想录》中的一个片段的开场白:"凡是属于世界上的一切都是肉体的情欲,或者是眼睛的情欲,或者是今生的骄傲。"帕斯卡尔为这段引文加上了拉丁文翻译:libido sentiendi, lbido sciendi, libido dominandi。①* 这一译文有其重要性,因为它构成了一条术语链和意义背景(shades of meaning)中承上启下的一环,这条术语链从希腊的 alazoneía tou bíou 开始,经过拉丁语《圣经》和教父解释的"今生的骄傲"(superbia vitae),到近代心理学的词汇,最后到尼采的权力意志。将世界的三种成分化约为情欲(Libido),使帕斯卡尔有可能发展出一种系统的人性理论和主要的性格类型。对应于三种情欲的是"三种事物的秩序":肉体,理智(Esprit),以及意志。与这三种因素相对应的则是三种人的类型,每一种类型都为其中一种因素或另一种因素所支配:肉体性的人,即君主和富人,他们的目标是身体;好奇者和学者,他们的目标是智力;智者(圣人),他们的目标是正义。最后,通过看其主导情绪是情欲,还是好奇心,抑或是骄傲,可以找出三种典型的特征。③ 如果我们将这些系列的第三个术语放到一起,我们就会看到,帕斯卡尔的经验与意志、支配、智慧和正义的问题紧密地联系在一起。意志和权力现象与精神的现象相联系,二者共同反对"肉体"的世界,也就是政治的和经济的世界。关于激情的这一划分,——一方面是情欲,另一方面是权力和智慧——值得特别注意,因为,我们在尼采心理学中看到了同样方式

---

① 《约翰一书》二章 16 节;帕斯卡尔,《思想录》节 458。安德罗也从帕斯卡尔那里引用了这段文字(见他的 *Nietzsche*,《尼采》,同前,1:179),并加脚注:"哈维特指出,帕斯卡尔想到的是奥古斯丁的一段话,在这段话中,詹森(Jansen)提到圣约翰(Saint Jean)。"我手边既没有哈维特的研究也没有詹森的《奥古斯丁》(*Angustinus*):由于安德罗的脚注的高贵的含混,关于帕斯卡尔的拉丁翻译和对詹森的可能的引用之间的准确关系,我们不可能得出一种看法。

* [译注]帕斯卡尔的这三个拉丁文短语,可作:"情欲,知欲,控制欲"。

** [译注]希腊文 ἡ ἀλαζονεία τοῦ βίου 语出《约翰一书》二章 16 节,《圣经》中文和合本译作"今生的骄傲",现代中文译本译作"人的一切虚荣"。

③ 《思想录》,同前注,节 460。

的划分。对尼采思想的大量误解来源于这一事实:在我们的唯物主义思想氛围中,中世纪和文艺复兴心理学的伟大传统已丧失殆尽;因此,我们很容易想当然地认为,权力一词只能具有一种暴力和制度性政治的含义。①

对于骄傲和支配的分析通过将虚荣和自我征服的社会方面包括在内而得到了进一步深化。"虚荣如此深入人心",甚至那些身份卑贱的人——兵士,厨子,司阍等等——也想要拥有自己的崇拜者。

> 就连哲学家也在向往它。写书反对它的人是想要让别人说他写得好;读他的人则是想要别人说他曾经读过他;也许,写下这些话的我就具有这种盼望;而读这话的人也许……
> 我们甚至乐于丧失了我们的生命,只要这能让人们谈论它。②

最后,人可以追求痛苦,有意地爱上(succumb to)痛苦,在追求痛苦和爱上痛苦的过程中追求光荣。爱上痛苦并不可耻,但是爱上快乐就可耻了。

---

① 关于构成帕斯卡尔《思想录》背景的传统的傲慢(Superbia)问题,见圣托马斯的《神学大全》第 II 部分,162 题;特别是第一条,答二(ad Secundum),其中引用了圣奥古斯丁;和第三条,答一(ad Primum),关于智慧的高贵。在尼采的著作中,找不到霍布斯影响的任何迹象,这不能不说是思想史上的一件奇事。霍布斯对于骄傲和权力的分析(特别见 Leviathan《利维坦》第 1 部分 11 章,《论品行的差异》)是圣奥古斯丁对于作为一种有害的尘世爱好和作为对于神的一种有害的模仿的高贵分析的直接继续;它与帕斯卡尔的激情心理学紧密平行。

② 帕斯卡尔,《思想录》,同前注,节 150 – 153。

> 因为并不是痛苦在诱惑我们和吸引我们,而是我们自己自愿地选择了痛苦,并且要痛苦做我们自己的主宰。因此,我们自己才是这件事的实际主人;因此,在痛苦中,人爱上的是他自己;在快乐中却是人爱上了快乐。因此,唯一的光荣是主宰和支配,唯一的耻辱是被奴役。①

在这些自传性的思考中,对于支配的情欲的探讨长驱直入,直到帕斯卡尔心爱的对尘世的蔑视和禁欲主义实践的灵魂深处。控制一个人的自我的过程中的残忍的这种升华,吸引了帕斯卡尔的注意力,同时也形成了尼采对于权力丛结(power complex)的分析的一个基本部分。

尼采的格言"追求扬名"看上去就像是帕斯卡尔笔记片段的一个继续。支配的情欲的不同外观又重新出现在我们面前,但是它们现在受到了更为系统的对待。帕斯卡尔所谓虚荣,是希望受到别人赞扬的愿望,现在失去了其相对无害的性质。按照尼采的解释,它们是人追求使其他人痛苦的各种隐蔽形式之一。追求扬名的人希望在他人身上打上他们自己的人格烙印;这是一种君临他人的愿望,即使这种愿望只能以巧妙、温和的形式表达自己。这是一种公开或隐蔽的使自己的意志压倒别人的意志的愿望。这种愿望表达自己的方式的系列从野蛮人的暴力开始,直到文雅的甚至病态的唯心主义。对我们的邻人来说,我们追求扬名的努力意味着一个从其最原始的形式开始的系列的启动:拷打、殴打、恐怖、惊吓、惊奇、嫉妒、赞美、提高、快乐、欢乐、欢笑、讽刺、嘲笑、嘲弄,然

---

① 帕斯卡尔,《思想录》,同前注,节160。

后是进行打击,以及最后,对我们实施折磨。在这架长长的梯子的尽头,站着苦行者和牺牲者,他呼唤折磨,接受折磨作为他的名声的证明,在其中享受到最高的满足,正如他的站在梯子底部的野蛮人兄弟,为了自己扬名而让别人受苦。①

> 作为最生动的权力感的幸福感,也许在这个世界上任何地方都没有像在迷信的苦行者的灵魂中那样强烈。②

这一段文字的含义在其他地方得到了充分的讨论。我们需要追溯的是两种或三种主要概念。最重要的是,这条格言包含了对于通过自我征服而扬名这一"更高的"形式的解释。问题在格言"沉思生活的起源"中得到了明确处理。尼采为我们描述了一条演化路线:从作为悲观主义的最原始表达形式的狩猎、抢劫、袭击、折磨和谋杀等暴力行动,到通过"邪恶的判断"(wicked judgement)表达的悲观主义,这种判断在个体因为各种原因而变得虚弱、疲劳、患病、忧郁或餍足的情况下必须用来取代"邪恶的行动"。

> 在这种心态下,他成了一个思想家或先知,他或者充满想象力地阐述他的迷信和发明新的惯例,或者尽情嘲笑他的敌人。

---

① 关于最高形式的牺牲和殉难及其深渊,可比较基尔克果,《一个人有权为了真理而走向死亡吗?》(*Does a Human Being Have the Right to Be Put to Death for the Truth?*),见 *Kierkegaard's Writings*,Howard V. Hong 和 Edna H. Hong 编,卷二十六,Princeton:Princeton University Press,1978,18:51-89。

② 《朝霞》,节 113,同前注,4:110 以下。

那些将原来只是个别的人在某种状态下所做的事变成了一项长期职业的人——也就是那些邪恶地判断,忧郁地生活和很少行动能力的人——被称为诗人,或思想家,或教士,或医师。这样的人本来会被从共同体中驱逐出去,如果不是因为他们唤起了人们的恐惧,以为他们拥有人们所不知道的权力手段。

以这样暧昧的名声,同时还有恶毒的心肠,以及经常还带有一个生活在恐惧中的头脑,沉思就是这样第一次出现在大地上的。①

但是,是什么使人们尊敬和害怕沉思的人? 尼采给出了两个答案。首先,圣人现象最吸引人之处,是从两种看上去正相反的心灵状态中的一种状态到另一种状态转变的表面的奇迹:人们相信他们看到了"一个邪恶的人"是如何一下子变成了一个"善良的人"。转变也仅仅是表面的,因为根本就没有这样一种转变发生。对于扬名的追求改变了它的形式,但认为文明上"更高的"形式在道德上也是"更好"的信念是没有道理的。但是,这一信念还是被人们所坚持并产生了道德奇迹的印象。② 第二个答案是对第一个答案的补充。撇开道德奇迹的问题不论,圣人现象之所以令人着迷,是因为它代表了自我征服的神秘。作为这样的神秘,它总是要求有权者(在这个词的社会意义上)的敬重。他们看到,圣人身上不同寻常的力量在这种征服中使自己经受了考验,他们通过圣人

---

① 《朝霞》,节 42,同前注,4:47 以下。
② 《善恶的彼岸》,节 47,同上,7:72 以下。

的意志的强度认识了他们自己的支配的强度和欲望。圣人身上那使他们敬重的东西就是他们在自己身上发现的东西:"'权力意志'迫使他们在圣人面前敬畏地停下了脚步。"①

我们勾勒了一个从帕斯卡尔的笔记片段到尼采的格言的派生蔓延的观念体系。但我们在这一节开始就告诫过,不要认为这一类型的关系可以在观念史的水平上完全地描写出来。我们现在必须回到直接经验的层次,以便认识到,学说的平行是建立在直接经验的平行基础上的。《善恶的彼岸》一书"宗教"一章开头的格言这样界定心理学家的猎场:

> 人的灵魂及其限制,迄今为止人的内在经验业已达到的最远的地方,这些经验的高度、深度和广度,灵魂直到现在的全部历史及其尚未品尝的可能性。②

但是在这片原始森林中,一个孤独的猎人能够找到什么?他的助手在哪里?"例如,为了摸索和确定知识和良心问题在虔信之人(homines religiosi)的灵魂中的历史,一个人就也许不得不像帕斯卡尔的智力良心那样深刻,那样受到伤害,那样怪异。"即使拥有这份财产,另外也还需要"一种轻盈的邪恶精神的高耸苍穹,可以俯视乱糟糟的危险的和痛苦的经验,整理这种经验和将其提炼为教条(formula)。"谁有时间等待这样的助手?"为了多少有所认识,最后他不得不自己动手。"尼采在自己身上看到了帕斯卡尔的受伤害性和怪异性——此外还有精神的强度和残忍,这种强度和残忍使

---

① 《善恶的彼岸》,节51,同前注,7:26。
② 同上;第三章,《宗教本质》,节45,同上,7:69 以下。

他能够为他的经验找到教条。

在《善恶的彼岸》后来的一段文字中,他提供了这一教条:

> 几乎凡是我们称之为"更高的文化"的一切,都是以残忍的精神化和深入化为基础的——此乃我之信条。①

当人开始使自己相信自我牺牲和禁欲主义的行动,相信悔悟和懊悔的震动,相信良心的活体解剖(vivisection)或帕斯卡尔的牺牲理智之时,也就是他为"这些以他自己为对象的残酷的战栗"所诱惑和推动之时。甚至迫使其精神违反精神的本能去探索和认识的道德家也同样是一个残酷的艺术家和美化者。每一次敏锐的洞察都已经是一种暴力;它透露了一种伤害不停地奔向幻想和表面的"精神的基本意志"(fundamental will of spirit)的意志;"在每一种去认识的意志中,都有一滴残酷的毒液"。②

我们现在已经到达了由于尼采将沉思生活解释为一种激情压倒另一种激情而提到我们面前的问题的核心。《善恶的彼岸》格言 230 作出了最后的概括:"精神的基本意志"和"良心在智性上的残酷"(intellectual cruelty of conscience)对这种意志的征服。激情之间的冲突最后尖锐化为两种意志之间的冲突。尼采称之为精神的"基本"意志的正是其中的第一种意志。精神基本上是一种统治的、支配的和强迫的力量,就此而言与所有生理学上活的和生长的东西相似。精神的首要"生理学"特性是它的简化倾向。新的事物被同化于旧的事物,立体的经验被贴上平面的标签,尖锐的矛盾受

---

① 《善恶的彼岸》,节 229,见《全集》,同前注,7:186。
② 同上,7:187。

到忽视或驱赶：歪曲和归类成为控制和整合外部世界的工具。精神的另一个生理学特性是作为简化，又以对于新材料的一种自愿的封闭为补充，这是一种停留在无知之中的状态，一种抗拒可知的东西的防卫态度，一种对于黑暗和一个有把握的视野的满足。第三个特性是精神的被欺骗的意愿，也许同时还伴随有对于这种欺骗的隐秘知识，以及因为观点的任意变换而感到的愉悦，因为失重（disproportion）而来的愉快的满足感，因为权力的随意行使而带来的满足。最后，我们可以注意到精神的可疑的意愿：欺骗其他人，把自己伪装起来，对于面具及其保护性的爱好。所谓"基本意志"是简化的、外表的、幻想的和伪装的意志；它是趋于"表面"的意志。

与这种基本意志对立的是思想家深入和彻底洞察事物的"升华嗜好"："智力良心和趣味方面的一种残忍，每一个勇敢的思想家都会在他自己身上认出这种残忍。"有些人可能愿意通过给予它们以诸如真诚、爱真理、爱智慧、为了知识自我牺牲、说真话的英雄主义等等这样一些耀眼美德的名字而将这种激情掩盖起来。"其中有一些使你的心骄傲地膨胀起来的东西"——但是"我们隐士"在这样一些甜蜜的花样下发现，仍然有需要我们解读的"可怕的基本文本：自然人（home natura）"。将人重新转译为自然，揭穿掩盖这一永恒文本的解释和征服他们的虚荣心，让人们按照无情的纪律彼此对待，让我们堵上耳朵，不听那动听的声音："你们有更高的起源！"——这是新的任务。但是我们为什么要选择这一奇怪和疯狂的任务？或者，换句话说，为什么要有知识？"每一个人都会问我们，而我们，如此被追问的我们，已经千百次地问过自己的我们，无论是过去还是现在，都没有找到更好的答案"——没有找到比满足残忍更好的答案。①

尼采关于"沉思生活"的理论面临着严重误解的危险。为了防止这些误解,在此作几点说明是必要的。首先,尼采不是一个唯物主义者。将精神生活解释为激情的生活,这并不意味着,必须将精神现象按照因果关系还原为生理现象。"升华"(sublimation)一词为尼采所创造,但后来该词却被唯物主义心理学家用来解释精神现象,他们将升华解释为被当作是性本能的能量量子的利比多的偏转,这种偏转使其不再指向人,而是指向不具有性欲性质的自然。② 但是,这类解释无论如何不是尼采的意思。对他来说,精神在人类的激情结构中是一个独立的成分,正如较低的本能是独立的成分一样,而支配的欲念、权力的意志,不是可以被等同于人的任何局部领域的一种本能,而是渗透在人类生活的所有表现中的力,既出现在性和消化活动中,也出现在精神活动中。所有有效果的力量,即使是非人的力量,对尼采来说都是权力意志。"权力意志"是世界,它决定了世界的"可理解性"(intelligible character)。③

尼采关于作为权力的精神观念与帕斯卡尔在他的《爱的情欲论》中的观点具有密切的相似性。帕斯卡尔将炽热(de feu)激情与较低的激情区别开来;炽热激情是精神的激情:

> 一个人愈有精神,他也就愈有激情。因为激情不是别的,

---

① 《善恶的彼岸》,节230,同前注,7:187-190。
② 特别参弗洛依德,《对于性理论的三个贡献》(*Three Contributions to the Theory of Sex*),见 *The Basic Writings of Sigmund Freud*, Modern Library Edition, New York: Random House, 1938,页625以下;亦请参见 A. A. Brill 为该书所写的导言,页16以下。
③ 《善恶的彼岸》,节36,同前注,7:58。

就是精神固有的感情和思想,即使它们是由身体引起的。它们显然不是别的什么,就是精神本身,并完全渗透精神的各种能力。①

不过,尼采比帕斯卡尔走得更远。他不仅认为有一种不同于其他激情的精神激情(帕斯卡尔的炽热激情),而且他还作出了一个形而上学假设,假设存在着一种"意志",所有经验的激情都是这种意志的具体显现。人性中的较高层次不是像在弗洛伊德的唯物主义的利比多形而上学中那样,被还原为较低的层次,因为在所有相互不可化约的东西的背后,他假定非经验的"可理解的"意志作为世界的根基(Weltgrund)。

就权力意志的思辨性所作阐发对于"支配的欲念"来说,是一种前进,在帕斯卡尔那里我们看不到同样方式的讨论。但是,关于世界的"可理解性"的观念在功能上与帕斯卡尔的观念相联系。尼采的"可理解性"在功能上对应于基督教的"现世"观念,在现世中,一切都是肉体的欲念,或者眼睛的欲念,或者今生的骄傲。"现世"作为堕落的领域之为外显的、经验的欲念背后的无所不包的假设,正如尼采的"意志"之为各种外显的激情背后的非经验的假设。如果我们认识到在"现世"和"意志"之间的功能上的平行,我们就会更准确地决定"基本文本:自然人"作为一种神秘符号的意义。尼采的自然不是自然科学的自然。它是一个符号,所指出的是——对于尼采来说——人的生命,就他所成长起来的起源来说,而不是就他所奔赴的目的来说,是形而上学地透明的。之所以提出"自然

---

① 帕斯卡尔,《爱的情欲论》(*Disours sur les passions de l'amour*),见 Prosper Faugère 编,*Ocuvres de Blaise Pascal*,Paris:Hachette,1886—1895,2:50。

人"的说法,是为了反对所谓人有一个"更高的来源"的迷惑人的声音。基督教的"现世"概念的结构被接受了,而它的意义却被重新解释:按照尼采的观念,这个"现世"的情欲和残酷不是一种原始的完美的否定,而是一种肯定性的实质(substance),这种实质充满整个世界,直到"最精致的,最隐蔽的,最精神化的权力意志"的绝对高度。① 在尼采的内在神秘主义中,自然人是堕落的人的反符号。

最后一种误解可能因为"精神的基本意志"的概括中所存在的实用主义因素。毫无疑问,实用主义因素是有的,但尼采不是一个实用主义者。实用主义对于方便的分类的爱好,对于伪装的爱好,以及一般地对于"表面"的爱好,受到了"良心在智性上的残酷"的阻击,它们不应该脱离这一阻力而孤立地加以理解。只有在两种互相反对的意志的互动过程中,精神的完整现象才会揭示自己。基本意志似乎是自发地创造了个人存在的"形式"。它在与世界的周围权力结构的关系中坚定地确立个人的权力中心。它决定个人存在看待世界的"观点",以及他在世界的凝视面前所戴上的"面具"。另一方面,智力良心作为通过揭示观点和面具的实用相对性而摧毁它们的实力,并通过这种摧毁引导个人从表面回到他的存在的核心。

同样,如果我们将这一观念与其在帕斯卡尔思想中的功能平行物联系起来,它的结构就会变得清晰一些。尼采的实用性表面的创造相当于帕斯卡尔的对幸福的追求。"所有人都求幸福,没有例外;无论他们使用什么手段,都总是为了这一目的。"他们一心追求幸福,不顾从来没有人得到幸福的事实。

---

① 《善恶的彼岸》,节 227,同前注,7:182。

这种渴求以及这种无能向我们大声宣告的又是什么呢——假如说人类不是曾经一度有过一种真正的幸福,而现在人类却对它仅只保留着完全空洞的标志和痕迹?

永远不可能在有限的目标上得到满足的求幸福的愿望,指向唯一能够带来真正的满足的无限的善,指向上帝。① 追求在这个世界内的幸福是将人同上帝分开的"骄傲的疾病",②一种只有通过将人与上帝结合起来的神恩才可能治愈的疾病。

两位思想家都涉及精神的此世成就的有限性,他们也都同意,对于这样的成就的某种程度上的执着,驱使着人们从一种幸福到另一种幸福,或从一个位置到另一个位置。但是,当他们开始按照他们各自的宗教经验解释这种无争议的现象时,他们就不得不分道扬镳了。对于帕斯卡尔——他的灵魂如此朝向超越的实在的怀抱——来说,对于幸福的不懈追求反映了对于一个无限的上帝的回忆性知识;宁静是可以获得的,只要我们放弃无谓的努力,只要将我们的愿望转到正确方向,因为"对那些一心渴望看见的人,便有足够多的光明"。③ 尼采的内在主义不允许一种永远的宁静。带有其观点和面具的有限位置的建筑不应该被放弃,因为它们不是"疾病",而是精神的权力意志的健康的显现。但是,所取得的观点和面具只能是暂时的,因为它们不能抵抗智力良心对它们的毁灭。这一检查和毁灭的权威驱赶每一个临时立场的俘虏,但却没有透露任何无限的消息。当它的残酷摧毁了"表面",将个人赶回他的

---

① 帕斯卡尔,《思想录》,同前注,节425。
② 同上,节430。
③ 同上。

存在的根源，个人只有通过创造同样暂时的立场而重新从其中心浮出；智力良心的定罪是没有神恩的。① 对于尼采来说，由于他的智力良心的现实，回到一种自然主义或实用主义的哲学立场的绝对主义的廉价小路是不可能的；对于解释者来说，我们由此得到的教训是，不要把尼采的内在神秘主义错误地解释为这种类型的体系。

六

基本意志之宿命是没有救赎的；只有它的具体显现可以被智力良心的镪水一般的残酷所融化。精神中的宿命与毁灭的自由之间的紧张标明了尼采与基督教的沉思生活对立的立场。从这一立场出发，尼采展开了他对文明的批判。批判的武器是怨恨和虚无主义；它们在帕斯卡尔的下述概念中找到了其功能对应物：无聊（ennui），怨恨，消遣和可恨的自我（moi haïssable）。我们将再次采取这样的做法：先描述帕斯卡尔的观念体系，然后决定这种观念体系在尼采的内在主义人类学中所经历的变形。

对于帕斯卡尔来说，情感动力学来源于一种完全安静或不动的状态（repos）的不可能性。

> 对于人来说，没有什么比绝对不动，没有激情，没有事务，没有娱乐，没有对于某些东西的专注更让人难以忍受的了。

---

① 关于尼采的面具问题，见 Bertram 的《尼采》中有关面具的一章，页 157 以下；可参 Jaspers，《尼采》，同前注，页 359 以下。

在这样一种不动状态中,人开始意识到"他的一无所有、他的沦落、他的缺欠、他的依赖性、他的无能、他的空洞"。他的灵魂打开了一个缺口,从这个缺口源源不断地涌来"无聊、阴沉、悲哀、忧伤、烦恼、绝望"。① 帕斯卡尔试图通过这一连串从不同方面指示一种基本状态的词语,描述基尔克果以后的现代存在哲学所谓的"存在的焦虑"。活动带来的专注掩盖了人类存在的现实;当激情的浪潮退去,一种根本的空虚和形而上的孤独无助的经验就清晰地出现在我们面前。当存在的焦虑弥漫发生时,便要求有所减轻,而通常的、"每天的"减轻方法是通过新的活动转移注意力。帕斯卡尔一针见血地指出,我们从来不追求事物,而总是追求追求,②因为人生的所有具体苦难的背后是我们的"虚弱和有死状态"的根本苦难。这一状态极其可怕,如果我们仔细地思考它,将没有什么能够安慰我们。存在的焦虑没有具体的原因;即使你在各个方面都感到称心如意,无聊仍然会从心灵的深处不期而至,不请自来。随时都会降临的没有原因的无聊属于人的存在的体质(constitution)。③

对于持续的不幸的怨恨驱使人离开他自己,投身于外部的工作。人并不认为这一"第一隐蔽本能"(first secret instinct)的努力无用,因为建立在对于"我们的第一天性的辉煌的记忆基础上的"第二隐蔽本能——我们在前面讨论过这种本能——改变了这些职业的有限的目标,于是摇身一变在我们面前就出现了一种无限的目标的奇迹,这种无限的目标一旦实现,就会给我们带来永恒的安

---

① 帕斯卡尔,《思想录》,同前注,节131。
② 同上,节135。
③ 同上,节139。

宁。帕斯卡尔在这个问题上的极端主义应该得到明确的认识,因为尼采对于基督教的深刻反感基本上是对帕斯卡尔的态度的反感。帕斯卡尔并没有苛责激情生活的消遣;他认为这种消遣是人的本性的一部分。

> 我们若责难他们(人们),我们就错了;他们的错误并不在于追求乱哄哄,假如他们只是作为一种消遣而加以追求的话;过错在于他们追求它,譬如对事物的占有,仿佛就会使他们真正幸福似的。如果人们承认,他们追求的只不过是一种猛烈激荡的活动,好转移自己的思念,他们的批评者就没有话好说了。但是人们不肯承认他们的消遣的逃避的性质,因而证明他们其实并不了解他们自己。①

世俗活动的领域因此被剥夺了任何独立的价值。虽然帕斯卡尔可以承认它的消遣的价值,但他却不愿意承认文明成就的领域在超越的实在面前有任何价值。无论是客观的文化创造,如艺术或思想的作品,②还是一种行为方式或一种人际关系,都只能是一种逃避者的消遣。使尼采特别感到恼火的是帕斯卡尔对待他姐姐的有预谋的冷酷做法:这个可怜的女人,热爱着他,但却不知道该怎样做,直到帕斯卡尔死后,发现了一则笔记,在这则笔记中,帕斯卡尔为自己制定了一条规则:他将不对任何人表现出个人的感情,以防止他人对他有所爱慕,因为这样形成的爱慕只能是对一个有死的人的爱慕,所以会将其他人从本来应该指向上帝的爱慕之情

---

① 帕斯卡尔,《思想录》,同前注,节139。
② 同上,节425。

中引开。① 逃入激情生活的原因是对抗存在的焦虑的怨恨。但是消遣为我们的不幸所提供的安慰本身就是我们最大的不幸,因为正是这种安慰本身妨碍我们思考自己并使我们走在逐渐迈向地狱的路上。

> 如果没有它,我们就会陷于无聊,而这种无聊就会推动我们去寻找一种更为牢固的解脱办法了。可是消遣却使我们开心,并使我们不知不觉地走到死亡。②

因此,在情感的现世运动中,人被置于绝望和成就的骄傲之间。在前一种情况下,他看到的是他的腐坏和虚弱;而在后一种情况下,他看到的是他的可能性并将他自己的天性看作是未腐坏的。③ 走出这一困境的道路是意识到我们的灵魂因为与上帝的关系而具有超自然地位。这一系列的情感不能通过一种关于激情的心理学加以讨论。这些情感的动力机制是超验的。

> 上帝在他选定要真正打动的灵魂中首先要唤起的,是一种极为不同寻常的知识和见解,由于这种知识和见解,灵魂以一种全新的方式看待事物和自己。④

这种"新的光线"改变了消遣的面貌:不持久的目标呈现为不

---

① 这一事例以及其他类似事例,可参帕斯卡尔的姐姐所写的《回忆帕斯卡尔》,以及《思想录》,同前注,节471。
② 帕斯卡尔,《思想录》,同上,节171。
③ 同上,节435。
④ 帕斯卡尔,《罪人的皈依》,见《全集》,同前注,2:37。

持久的,甚至呈现为已经毁坏的;在这种光线的照射下,激情的世界作为一个真正幸福王国的幻象消散了。位于存在核心的焦虑也呈现出新的色彩。灵魂经验到它自己最终的虚无,并通过洞察这种虚无的深渊发现自己在上帝,也就是创造者的无限性面前的被造性。① 作为这种意识的一个结果,灵魂将感到一种为上帝所许可的战胜骄傲的神圣的谦卑;灵魂"开始将自己提升到普通人之上;它将谴责他们的行为,它将憎恨他们的原则和为他们的盲目而悲哀";它将踏上寻找最高的善,也就是上帝的道路。②

在已经被上帝所触动的存在景观中,自然的自我及其激情呈现为可恨的。"自我是可恨的"(Le moi est haïssable)是帕斯卡尔关于世俗的自我的学说。③ 自我是可恨的,因为它是不义的;它对于存在的结构来说是不义的,因为它在死亡经验的压力下,将自己说成是"全世界",说成是使世界上的所有其他意义都不再成其为意义的全部意义。

> 每个人对于他自己就是一切,因为他自己一死,一切对于他来说就都死去了。由此而来的是,每个人都相信自己对于所有的人都是一切。④

这种根本的不义可以通过将欲念转向公共服务而在表面上有所缓和。但是从这样的转移而来的伦理学体系和道德行动是"真正仁慈的一种假象"。傲慢在伦理的、社会的行为中采取了一种新

---

① 帕斯卡尔,《罪人的皈依》,见《全集》,同前注,2:39。
② 同上,2:38。
③ 帕斯卡尔,《思想录》,同前注,节455。
④ 同上,节457。

的形式;它并没有被消灭。归根结底,这仍然是仇恨:仇恨其他自我,将他们的自我看作是他自己的膨胀到整个世界的自我的敌手。① 自我之所以可恨,不仅仅是由于它的潜在的危险性,而且也是由于在他们的公正的行动掩盖之下的根本的不义。"每一个自我都是其他一切人的敌人并且都想成为其他一切人的暴君。"②

尼采关于道德情感的理论是上述帕斯卡尔的观念体系的一个变形,这一见解可以使我们一瞥尼采的道德情感理论的核心问题。作为一种伦理学体系的奴隶道德——这种奴隶道德起源于弱者对于强者的怨恨,目的是贬低强大的权力意志的显现——的概念在更为通俗的尼采解释中,被认为是对于真正的道德价值的颠倒和树立"新的价值表"的尝试。这种解释在重估价值这样的用语中,以及在尼采著作中明显具有让资产阶级者惊愕(épater le bourgeois)的色彩的说法中找到了支持。

尼采的价值重估的"令人震惊"的特点和对于传统原则的攻击所引起的愤怒,被证明对于理解尼采为什么要展开这样一种攻击是一个障碍。在尼采个人的和哲学的幼稚中寻找理由,或者在德国人性格的恶毒中寻找理由,提到这种浅显的解释是必要的,它们因为在文献中长期反复出现而具有了社会意义,但是在其他方面,它们可以被忽略。重新解释价值的必要性的主要原因根本就不属于伦理学的层次;两套价值之间的冲突是用一种非基督教的内在主义的人类学词汇重新解释人类经验的不可避免的结果。帕斯卡尔对于存在的分析已经表明了一种基督教的二元论:现世内的存在,只能由激情的心理学来解释,正如宗教性的存在只能用神恩和

---

① 帕斯卡尔,《思想录》,同前注,节451、453。

② 同上,节455。

造物的虚无来解释。我们现在可以将尼采的问题更为准确地界定为仅仅通过这个世界内部的范畴解释人类存在和废除神恩范畴的企图。

无论对于帕斯卡尔还是尼采,神恩都不是一个纯粹神学问题。如果我们关心的是存在哲学的问题,那么教义问题就是次要的了。帕斯卡尔是一个保守分子,在神学上接受特伦特会议颁布的信条;对于尼采来说,教义问题根本就不存在,因为他否认神恩。但是,两个思想家都对神恩的个人以及历史的经验含义极为感兴趣。帕斯卡尔关心的是一场在尼采和我们的时代达到顶点的基督教危机的第一个清晰征象;尼采感兴趣的是帕斯卡尔处理一个同样也是他自己的危机的方法。所谓基督教危机,我们指的是,在宗教改革世纪的建制教会分裂之后,我们清楚看到,发生的不仅仅是一种组织的分裂,而且是——部分是作为分裂的原因,部分是作为其结果——人在社会规模上的宗教迷途(religious disorientation)。17 世纪目睹了一种新的激情心理学兴起的壮观景象,因为它的对象——宗教上迷途的人已经成群结队地出现在舞台上。法国道德家和英国霍布斯的心理学,处理的是这样的人,他们的生活不是指向超越的至善,相反,他们的行为是受激情的动力驱动的结果。①

在 17 世纪的人类学中,自然和神恩开始分离;它们不再像在中世纪文明全盛时期那样,被看成是每一个人之所以为人的两个决定性的因素,而是开始与人的经验类型联系起来。在《罪人的皈依》中,我们可以看到一种意味深长的说法,称"沐浴在上帝光明中

---

① 这种新立场在霍布斯的《利维坦》的第一部分第 11 章中得到了公开的表达。

者将获得对存在的一种见解,这种见解将使他超出于普通人"之上。显然,在帕斯卡尔看来,以纯粹自然的方式存在的"普通人"是"常见的",而沐浴在神的恩典中的基督徒却可以说是难得的珍品。如果使用图克里安-奥古斯丁(Tyconian - Augustinian)的范畴,我们也许可以说,帕斯卡尔看到,他周围的魔鬼团体(corpus diaboli)获得了丰收,而不可见的教会却可悲地缩小了。帕斯卡尔举目四望,发现自己所处的基督教的历史形势已经不再是圣托马斯时期的历史形势,当时基督教精神正处于全盛时期,在西方社会无孔不入,并伴随十字军东征的脚步扩展到东方。《反异教大全》(Summa Contra Gentiles)是作为反对伊斯兰教的传教活动的工具而写的;帕斯卡尔的《思想录》却是对基督教的一个辩护,目的是用来说服西方世界的不信者相信基督教的价值和指导他们获得真正的信仰。

成问题的不是神恩的教条,而是一个令人困惑的历史事实:那些没有蒙神恩的人的数目是如此巨大。作为一个基督徒,帕斯卡尔不敢提出一个解释,因为上帝的计划是不可窥知的,但他明显地感到困惑。无神论者反驳说:"但我们并没有任何光。"①而他只能说:

> 这就是我所看到的并且使我困惑的。我瞻望四方,我到处都只看到幽晦不明。大自然提供给我的,无不是引致怀疑与不安的题材。如果我看不到有任何东西可以标志一位神明,我就会得出反面的结论;如果我到处都看到一位创造者的标志,我就会在信仰的怀抱里安心。然而我看到的既不足

---

① 帕斯卡尔,《思想录》,同前注,节228。

以作出一个否定,也不足以作出一个肯定,于是我就陷入一种悲哀可怜的状态;并且我曾千百次地希望过,如果有一个上帝在维系着大自然,那么大自然就应该毫不含混地将他标志出来;而如果大自然所给出的关于他的标志是骗人的,那么大自然就应该根本不给出这种标志;大自然应该要么是说出一切,要么是什么也不说,这样也好让我看出应该走哪一条路。①

上帝是一个隐藏的上帝,他只对那些全身心地追求他的人显露自己;隐蔽的上帝是帕斯卡尔试图辩护的关键。② 帕斯卡尔的各种说法在整体上所形成的印象,尼采曾出色地加以总结:

> 关于"隐秘的上帝"(Deus absconditus),关于上帝所以如此隐藏自己和只以暗示的方式揭示自己的原因,再也没有比帕斯卡尔说得更好了——这是一种征象,说明他在这个问题上从来没有完全说服自己;然而他的声音是如此从容不迫,听上去就好像在过去的某个时候,他曾经与这位幕布后面隐藏的上帝坐在一起!他在"隐秘的上帝"中嗅到了某种非道德的气味,这使他深感窘迫和大为恐惧,不敢对自己承认这种气味;因此,像每一个心怀恐惧的人一样,他尽可能大声说话。③

---

① 帕斯卡尔,《思想录》,同前注,节229。
② 关于隐秘的上帝,见《思想录》,同上,节194、195、229、230、242、430、434,以及 Brunschvicg 版的整个第三编,《必须打赌》(De la nécessité du Pari)。
③ 《朝霞》,节91,同前注,4:87以下。

尼采本人的立场是没有蒙神恩的人的立场。他的经验是——如他在《扎拉图斯特拉如是说》所宣布的——"上帝死了"。这一表达很容易被错误地理解为一种直白的、唯物主义的和反宗教的立场,特别是由于尼采大声地强调他的无神论就更是如此。只有在帕斯卡尔的经验的语境——当他叙述无神论的论点"我们并没有任何光"时他所关心就是这一语境——中,才可能正确理解这一说法。在尼采的说法中,个人的论述被普遍化为历史性的判断:事实上,上帝对如此之多的人沉默不语,就像他根本就不再说话,就像他已经死了。在"为什么今天会有无神论?"格言中,尼采列举了对于上帝的逐渐增长的不信仰的主要理由。在描述了上帝概念中的人类学因素以后,他继续说:

> 最糟糕的是,他似乎没有办法口齿清晰地说出他自己;他是说不清本身吗?——这就是我在许多讲话……中所发现的欧洲有神论没落的原因;在我看来,虽然宗教本能长势很猛——但是,它恰好会以深沉的怀疑拒绝有神论的满足。①

他还进一步提到从笛卡尔到康德的认识论的怀疑主义,作为对于基督教教义的预设的一种攻击,特别是对于灵魂概念的一种攻击,而且再一次强调,这种怀疑主义,虽然是反基督教的,但却不是反宗教的。② 尼采从未否认过宗教经验的现实性;相反,在宗教经验的强度中,他看到了一种不再能够满足一种强烈宗教本能的

---

① 《善恶的彼岸》,节53,同上,7:77 以下。
② 《善恶的彼岸》,节54,同前注,7:78。

基督教的衰落的一个原因;但是他将宗教经验和象征的历史理解为一个记录神谱的过程,在这个过程中,神可以降生,神也可以死去。他还完全意识到了自己著作的神谱的性质。① 因此,在大量经验证据的基础上,他极其谨慎地坚持认为,基督教如果不是已经死了,那么它的确也是快要死了。例如,格言"基督教的墓床"对比今天的"真正活跃的人"——他们的内心并没有基督教——和拥有一种简化到了极点的基督教的"智力上的中产阶级"。这一中产阶级有的是这样一个上帝,

> 他出于爱以一种最终来说对我们是最好的方式安排一切;上帝给予我们美德和幸福,然后又从我们这里收回美德和幸福,因此从整体上看,一切都是恰到好处的,因而我们没有理由悲观地对待生活,更没有理由诅咒它;总之,顺从和谦逊被提到了一种神圣的高度。

但是,在这种类型的宗教性中,基督教已经变成了"一种甜蜜的道德主义",它是"基督教的安乐死"。② 他注意到,在过去,人们努力证明上帝的存在,而在今天,人们力图说明对于上帝的信仰是如何产生的;作为这种演化的后果,所谓上帝不存在的证明已经变成不必要了。③

关于帕斯卡尔的赌注问题也经历了一场类似的演化。帕斯卡尔认为,即使不能从理性上证明基督教,考虑到这一信仰如

---

① 例见《善恶的彼岸》第56节最后的告白:"怎么? 这也许不是——作为上帝的循环论证?"
② 《朝霞》,节92,同前注,4:88。
③ 《朝霞》,节95,同前注,4:89。

果是一种真信仰而不信仰就会被罚入地狱的可怕的可能性,做一个基督徒仍然是最高意义上的谨慎。我们今天发现了其他证明的努力:即使基督教是一个错误,人们仍然可能在一生中从这错误受益。

这种快乐主义的转变,这种快乐的证明乃是衰败的征象:它取代了**力量**的证明,取代了基督教观念中令人战栗的东西的证明,取代了恐惧的证明。

人们满足于麻醉性的基督教,"因为他们既没有独立、探索和冒险的力量,也不具有帕斯卡尔式的力量:讨厌的自我轻蔑,相信人的无价值,为'也许——被罚'而焦虑。"[1]

反基督教并不意味着反宗教。和帕斯卡尔一样,尼采认识到了基督教的危机,但他不是以基督徒的身份面对危机。从他的内在主义宗教性出发,他试图发展一种对于神恩问题的非基督教的解决方法。这一解决方法的提出,连同其对于道德理论的后果,有其特殊的困难,因为如我们前面说过的,尼采的内在神秘主义没有充分发展出词汇来指称那些对应于基督教的超自然的力。我们说尼采没有"神恩"的概念,如果我们所谓"神恩"是指上帝用来转变堕落的人的自然存在的帕斯卡尔的"蒙恩"(touch)或"灵感默示"或"光"(light),那么这种说法完全真实。但是,尼采知道一种内世界的神恩现象而没有创造一种符号指示它。我们在分析尼采的观念——内在的沉思生活的观念,激情克服激情的观念,对于强力的胜利的观念,精神的制驭

---

[1] 《权力意志》,节240,同前注,15:318以下。

的概念,以及"意志"和"自然人的基本文本"的如果不是超自然的也是外自然的特性的观念——的过程中已经开始意识到这个问题。我们可以在一条偶然的评论中感觉到这个问题,在这种评论中他赞美阿尔金(Alcuin)关于"哲学家的真正高贵的使命"的定义——改恶、扬善、歌颂神圣。① 但在这部著作中还有几条格言,在这些格言中,他直接讨论了基督教的神秘团体(corpus mysticum)的观念和神恩状态的观念。这些格言同样似乎是指向帕斯卡尔的某些笔记片段的。在帕斯卡尔看来,自然的自我是可恨的,无论这自我是一个人自己的还是其他人的。那么,基督教意义上的爱自己和爱其他人又如何仍然可能呢?

帕斯卡尔的回答是一种基督教的回答:自我作为一个神秘团体的成员可以对他自己和对其他人变成可爱的;通过爱那赋予团体以生命的灵,我们可以热爱每一个加入这一团体的成员。

> 我们需要爱的是这样一个存在,它必须在我们自身之内,但同时又不是我们自己;它还必须对于每一个人都是如此。而唯有那位全在(Universal Being)才能如此。上帝国(Realm of God)在我们(us)之中。②

尼采同意爱人的这种条件。

> 为上帝而爱人——迄今为止,这是最高贵,最怪癖,并

---

① 《权力意志》,节997,同前注,16:351。
② 《思想录》,同前注,节483、485。

在人群中业已达到的情感。没有任何神圣的意图的对人之爱不过是一种蠢行和兽性;这种对人之爱的性情,只有在一种更高的性情中才能获得它的尺度、深度和那使它甜美的盐。

谁第一次表达了这种情感,谁就应该"作为飞得最高和迷途得最美的人"受到所有时代的崇敬。① 对尼采来说,这种情感是一种错误,因为它引起超越的实在作为可以在其中达到神圣化的秩序;这种情感又不是一种错误,因为它没有在经验的、自然的秩序中寻找爱人的理由。

如果神恩问题在原则上被这样接受,如果求助于超越实在作为神恩的秩序的来源的做法不再可行,自然的变形作为一种现世内的资源就必须被开发,而唯一可利用的资源是人自己。确实,这就是尼采采取的解决办法。在《朝霞》的一条格言中,他提到帕斯卡尔和他的可恨的自我的概念。如果自我是可恨的,我们如何可以允许或接受任何人爱它,哪怕这个人是上帝? 下面的话表明了尼采对超自然神恩观念的反对的核心:"允许其他人去爱我们,同时又完全清楚我们所配得到的只能是恨,甚至其他更为不堪的感情,这显然不能说是正派的。"②如果任何人回答说,这正是神恩王国的含义,尼采会对他说:

那么,你对你邻人的爱是一种神恩? 你的怜悯乃是一种神恩? 那么,很好,你既然能做到所有这些,就请你也为你自

---

① 《善恶的彼岸》,节60,同前注,7:85。
② 《朝霞》,节79,同上,4:79。

己做点什么吧:出于神恩而爱你自己,那时你就不再需要任何上帝,你自己就可以演出人类堕落和救赎的全部戏剧!①

这段话,如果孤立地看,听上去就像是一种语言玩笑,但在尼采的思想体系中,这段话却是一把钥匙,可以为我们打开魔鬼般地封闭的灵魂赋予自身以神恩的绝望尝试。这是一种深度绝望的行为,因为无力穿透"虚无的深渊"而成为必须,而对于帕斯卡尔来说,在这种深渊中构成了造物与创造者之间的关系。尼采的内在主义的基本力量表现在对于基督教的选择的生动的意识,对于他来说,基督教的选择不是一种不可能性,而是一种不可接近的可能性。

一种不同于绅士之间保持距离的彬彬有礼的关系的与上帝的关系,对于尼采来说是不能接受的。但是这样一种关系是不可能的;我们必须按照上帝自己的条件接受上帝。拒绝掉到虚无的深渊之中,并不能在神圣的战栗面前保护尼采这样一个具有宗教敏感性的人;宗教的战栗在他的著作中无所不在。"但是骄傲者怨恨战栗并报复那使他战栗者:此乃他的残忍的根源。"②那对他自己露出了神恩的笑脸的人,不得不降落到一个与虚无的深渊在深度上不相上下的深渊之中。在《朝霞》中,紧接着关于神恩的格言,我们看到一则关于"圣人的人性"的笔记。"一位圣徒被一群信徒包围着,听够了他们对于罪的仇恨的喋喋不休。"最后他对他们说:上帝创造了一切,但他没有创造罪;所以他不喜欢罪是不奇怪的。但是人创造了罪,他怎么可以仅仅因为这一造物的上帝祖父对它加以

---

① 《朝霞》,节79,同前注,4:79。
② 《〈快乐的科学〉时期》[1881/82]文稿,节173,同上,12:88。

白眼就拒绝接纳自己唯一的亲生骨肉呢?

> 对于值得尊敬者表示尊敬是应该的,但是无论如何,我们首先必须爱我们的孩子和对他们负责——然后才是祖父的荣誉!①

问题在《朝霞》随后的一段文字中得到了分析,这段文字是尼采作品中最为"俄国化"的文字之一。这段文字延续了关于"追求扬名"到追求痛苦的程度的格言中的分析。在对于苦修者通过沉思自己的痛苦而获得的胜利喜悦的心理学分析之后,我们看到了对于将世界的创造说成是一位神的苦修作业的印度教观点的某些思考。"也许这位神希望放逐自己于一个醉生梦死和方生方死的世界,把它当作一种刑具带在身上,从而双倍地感觉他的祝福和权力!"如果他是一位爱的上帝:

> 他创造了痛苦的人类,为的是使自己不断因为看到人类受苦而受苦,神圣地和超越人类地受苦,并因此毫不留情地虐待他自己! 这使他感到了极大的快乐!

对于但丁、保罗、加尔文以及类似的人来说,一度窥见过这样一种滥用权力的可怕秘密并不是完全不可能的。从这些思考出发,尼采回到了禁欲者是否确实代表了追求扬名的努力所能达到的最高程度,或禁欲者的根本性情是否不能与怜悯的上帝的基本性情协调一致的问题。"也就是说,通过伤害别人而伤害自己",以

---

① 《朝霞》,节81,同前注,4:80。

便通过这种自我施加的痛苦战胜自己和自己的怜悯,从而登上权力感的顶峰。①

关于权力的思索这一最后一步远远超出了经验意义上的激情心理学和范围;它也不能被认为是一种系统的关于人的生存哲学的组成部分,因为尼采非常清楚,这种类型的经验不是人类所共有的,而是极少数个人的特权或不幸。② 我们在这些思索中看到的是一个宗教信仰者(a religious)的神学建构,更具体地说,一场反基督教的起义(an anti-Christian rebellion)的神学建构。通过将神恩和神义论的问题移位于内在的人类经验的领域,存在于人的有限性和神的无限性之间的紧张被废除了。确实,自我的神圣化在个人的灵魂内部完整地演出了堕落和救赎的戏剧。

由于——正如我们反复提到的——缺乏一种充分发展的语汇,这一行动背后所隐藏的情感是不容易描述的;但是,我们可以从某些极为分散的评论中拼凑出一幅相对清晰的图画。对于"权力的玩火"(the extreme of power)——出现在《朝霞》第 113 节中的一个片语——的热爱乃是这种情感的核心。后来,在《权力意志》中,尼采找到表达这种情感的魅力的说法:"玩火的魅力"。正是这

---

① 《朝霞》,节 113,同前注,4:111 以下。
② 尼采与系统的存在哲学的关系在雅斯贝尔斯的解释中得到了最清晰的表现[见 Jaspers,《尼采》,特别是《人》(Der Mensch)一章,同前注,页 105 以下]。在他的解释中,雅斯贝尔斯用他自己的哲学体系作为参照系[关于他的体系,参 Jaspers,《哲学》(Philosophie),卷三,Berlin:J. Springer,1932]。与目前的解释相比,雅斯贝尔斯解释的优点在于,它阐述了尼采思想的系统内容,但是,不利之处在于,尼采不是按照雅斯贝尔斯所发展的那种一般存在哲学来确定他的问题方向的,而是按照基督教—帕斯卡尔的存在概念来确定问题方向的。结果,尼采的历史动力在雅斯贝尔斯的表述中是不清楚的。例如,他完全没有注意到,尼采试图提供一种反基督教的对于神恩问题的解决这一根本事实。

种魅力"甚至吸引和蒙住了我们的对手的眼睛……我们,作为非道德者,是玩火"。① 所谓玩火,就其实质来说,是一种取代上帝的权力或统治的"权力"或"统治"的玩火:"去统治——并且不再做上帝的仆人——这是唯一剩下的使人高贵化的手段。"②这一玩火的权力的道路充满了危险。"在两种危险之间是我的狭窄的道路:高度(height)是危险,它的名字是'肆心'(hubris);深渊是危险,它的名字是'怜悯'(pity)。"③在肆心和怜悯之间的狭窄的道路,是"无情"(hardness)的道路:"我爱这样的人,他是如此有同情心,他将无情变成了他的美德和他的上帝。"④在像上面所引的段落中,术语的困难几乎是不可逾越的;如果将"无情"与"不屈"(inflexbility)、"硬心肠"(callousness)或"严厉"(toughness)等词汇的通常含义联系起来,尼采的本意就会完全被误解。"无情"一词在这一语境中并不具有它在一个有限的人类伦理学体系内所具有的含义;不如说,它的意义更应该在对于人类和神的存在的解释的水平上加以确定,如下面的评论所表明的:

今天我爱自己如我爱上帝:谁今天能够申说我的罪? 我只有在我的上帝中才认识罪,但谁知道我的上帝?⑤

自我以神性的爱来爱自己,将他提升到一种没有罪的神恩状态

---

① 《权力意志》,节749,同前注,16:194。
② 《格言和警句》(*Sprüche und sentenzen*,1882—1884),节250,同上,12:282。
③ 《格言和警句》(1882—1884),节261,同上,12:283。
④ 《格言和警句》(1882—1884),节262,同上。
⑤ 《格言和警句》(1882—1884),节263,同上,12:284。

中,而罪——其实并没有被否认——被转移到这一拯救的上帝身上。这样的"无情"可能是难以承受的,而克服怜悯的痛苦也许会变得过于强大;对尼采来说这可能意味着向基督教立场的一种后退:"那受苦太多者,魔鬼将会为之嫉妒,并将他扔回天堂。"①最后,我们需要在这一宗教思考的层次上考虑残忍和英雄主义的定义。

> 残忍是怜悯的欢乐;随着怜悯的泪水汹涌而来这种残忍也就达到了高潮,也就是说:仿佛我们爱那我们使之痛苦的人。②

假设我们最爱的不是别人而是我们自己,那么,我们就会在对我们自己的残酷中找到最高的欢乐和怜悯。通过转移到自己的反面而追求绝对的灭亡,"对魔鬼转造为上帝"——这将是英雄高度的残忍。③

如果我们将上面评论中所反映出来的这种情感概括为自我的"神圣化"(divinization),那么我们只说对了一半。尼采的神圣化不是阿马里克式(Amaurian)或奥特里波式(Ortliebian)泛神论的神秘主义,在这种神秘主义中,神秘主义者觉得自己为上帝的灵(the Spirit Of God)所拥有并因而被神圣化了。在这类经验中,

> 人在获得神圣的性质的同时,一点也没有丢失他的人的性质……圣灵在他的内部运行,使生命充满了神圣性,

---

① 《格言和警句》(1882—1884),节 270,同前注,12:285。
② 《〈快乐的科学〉时期[1881—1882]文稿》,节 179,同上,12:90。
③ 《〈快乐的科学〉时期[1881—1882]文稿》,节 178,同上。

因而不可能再有罪。罪是冒犯上帝的意志,而其意志已经变成上帝的意志,因而他不可能冒犯上帝……一个人可能变得如此完全地具有神性,以至于他的身体本身也得到了圣化,从而使他的身体所做出的每一个行动都是一个神圣的行动。①

在尼采那里,这样一种简便的神圣化并不存在。在泛神论的神秘主义中,神圣化被经验为圣灵在造物中的一种贯注;有限的造物和无限的神之间的紧张是这种经验的前提。在尼采的内在主义中,无限的东西被废除了,超越实在的结构被叠置(superimposed)在有限存在的结构之上。但是,这不仅意味着那些与基督教的上帝观念相应的因素的叠置,而且也意味着那些会与一种魔鬼的概念相应的因素的叠置。因此,有限的自我的变形乃是一种魔鬼化(diabolization),正如其是一种神圣化。在缺乏更适合的词汇的情况下,我们也许可以谈论尼采的内在摩尼教(immanent Manichaeism)。遗作中的一种格言表述了这一问题:

> 最好的人难道不也是最邪恶的人?在那些人的身上,知识和良心得到了最敏锐和最强烈的发展,因而无论他们做什么他们都体验到不公正,而作为一个结果,他们自己也被体验为总是邪恶的,总是不公正的,无可避免地是恶的?但是谁这样经验自己,他同时也就使自己确实变成了

---

① Rufus M. Jones,《神秘宗教研究》(*Studies in Mystical Religion*), London:Macmillan,1936,页193 以下。

这样！①

这格言听上去就像是自传，我们应该竖起耳朵听其弦外之音。智力良心的敏感性无疑是尼采的个人特质之一；对于一个拥有这种良心的人来说，每一个行动都不可避免地呈现为恶的，而这种呈现并不是假象。善与恶是创造性的、强有力的人格行为的组成成分。"最高的善与最高的恶携手：但这正是创造。"②善与恶在创造性行动中的并存以及将两者都作为必然的接受，使尼采不可能谈论一种自我的神圣化。他只能使用一种中性的词汇——"在善与恶的彼岸"——来指称叠置在有限之上的超越的结构，并为此目的而采用了命运一词。套用基督教的"上帝变成人"的意思，他谈论"命运变成人"，并接受这种在他自己身上已经变成人的命运。他的"狄俄尼索斯式的人不知道如何分开行动的否定性和认可的肯定性（Neintun–Jasagen）"。③权力意志是世界的可理解性；行动则是它在人身上所采取的形式；所有善之能存在，皆因创造性的行动；而行动之可能亦因着恶。

尼采在他自己的人格中发展了一种对于存在的魔鬼–神圣命运的高超意识，在这个意义上，他称自己为"非道德论者"。④非道德论者居于善和恶的彼岸。这并不意味着他的行为既不是善的也不是恶的。道德律令之适用于非道德论者，正如其适用于道德论者，条件是我们希望将这些律令应用于非道德论者。"彼岸"只是意味着，对于那命运在其身上已经成为肉身的人来说，道德意义上

---

① 《〈快乐的科学〉时期［1881/82］文稿》，节169，同前注，12：86。
② 《瞧这个人》中引《扎拉图斯特拉如是说》文，同上，15：117。
③ 《瞧这个人》，同上，15：118。
④ 同上。

的善和恶是无关的。尼采的内在主义是一种宗教状态,而不是一种伦理状态,在他的"彼岸"中,正如在基督教的神秘合一中,并没有给伦理学留下位置。一句拉丁格言最为简明地说明了这一问题:Omnia naturalia affirmanti sunt indifferentia, neganti vero vel abstinenti aut mala aut bona[一切肯定的习性都是无可无不可的,否定性的真理既远离恶也远离善]。① 道德问题不是绝对的,只有在与人的一种"否定的或弃绝的"(negative or abstaining)状态的关系中才会产生;在"肯定"(affirmative)的状态中,恶当然并没有变成善,只是它们之间的区别变得不重要。不用说,这种内在论神秘主义可能被滥用,正如在泛神论神秘主义中曾经导致的那种滥用一样。后一类型的宗派对于其中极端的一翼负有责任,这极端的一翼认为,罪行将不再是罪行,如果该罪行是由这样的人实施的,他身上充满了灵,因为上帝不可能犯罪。尼采的神秘主义也有同样的危险。肯定性行动中的创造的无情观念中,包含有智力良心的批判权威作为它的基本组成部分;去作恶并不是行动的目的,但是恶是善的陪伴,并且只有对于在善的方面是创造性的人来说才最充分地展示自己。因此,那只是简单地攻击既成价值体系的人,那一直将被称为恶的东西称为善的人,或者那为了实现可疑的目的而投身于残酷热情的行动中的人,并不是处于善和恶的"彼岸"。"我的敌人:他们希望推翻现存的东西但不想自己从事建设。"②"他们殴打塑像并且说:没有什么是崇高和可敬的——因为他们自己不能创造一个塑像和一个上帝。"③对于最明敏的良心来说,恶被经验为

---

① 《〈快乐的科学〉时期[1881/82]文稿》,节181,同前注,12:91。在此没有说明这条格言是引文。
② 《格言和警句》(1882—1884),节237,同上,12:279。
③ 《格言和警句》(1882—1884),节236,同上。

即使是最好的行动也不可避免的组成成分,这一事实并不是对于非道德行动的任何正当性的证明;相反,从行动中的恶是不可避免的观点出发,我们应该认为,只有最高的创造性的善才能成为总是带有不可避免的恶的行动的正常性的证明。这一点需要反复强调,因为尼采对于非道德论者的经验形象的描述的不足已经成为各种误解的温床,这些误解使人们可能将尼采看成是一个国家社会主义的哲学家。① 一旦放弃神秘的立场和试图想象可以满足这一要求的行动方式,神秘主义就成为无意义的了。只有用灵魂的虔敬运动才能解释神秘的立场。这一灵魂在行动中将会做什么依赖于历史上偶然出现的环境和灵魂的构成。在尼采的情况中,它

---

① 即使是最粗心的观察者也会清楚地看到,国家社会主义者并不是那种会为尼采的智力良心的敏感性而感到苦恼的人,也不会有谁认为,国家社会主义者在折磨人和杀人时会感到克服怜悯的痛苦。这些明显的事实本身足以证明将国家社会主义与尼采的神秘主义联系起来的做法是行不通的,除非是在这两种现象都是基督教的危机的征象的意义上。无论如何,由于系统的原因,这一联结几乎是根本站不住脚的:国家社会主义发展了它自己的一种神秘主义,这种神秘主义在结构上与基督教的神秘主义有天壤之别。我们在此不能提供广泛的文献证明;我们只要看一下 Rudolf Huber 的宪法学教科书就足够了[《宪法》(Verfassung), Hamburg, Hanseatische Verlagsanstalt, 1937]。在论公民投票的一章中,作者解释说人民的意志在领袖身上得到了体现。当领袖下令公民投票,他并没有把他的决策权交给公民投票;公民投票的唯一功能是在人民中唤起一种支持的意志和确立与领袖的一致。领袖是"客观意志"的化身;人民对之只能"主观地"信服(页95)。一种在领袖身上找到化身的"人民的客观意志"的观念表明了作为泛神论的神秘主义的一个变种的国家社会主义的典型特征。它用"人民的客观意志"取代了基督教的上帝,但是个人和这一有限的上帝之间的紧张仍然与在本文中所提到的宗派类型那里是一样的。其他的极权主义运动也发展了类似的符号表达它们的神秘主义。墨索里尼在他的《法西斯学说》(Dottrina del Fascismo)1:9 中与 Huber 主张同一种理论。所有这些概念都与尼采在有限的人类经验上叠置超越的结构的做法没有任何共同之处。

变成了一个语文学教授和写作。

尼采的道德谱系学预设了基督教神恩问题的内在论的变形。这一高度复杂的主题，就我所看到的，从来没有清晰的阐述。下面这句话为理解这一主题提供了最初的一步："在善恶的彼岸——这无论如何并不意味着在好坏的彼岸。"①"善恶的彼岸"表达的是后基督徒的、内在神秘论的宗教立场；"好和坏"是一个统治阶级对情感和行动的分类，这个统治阶级将自己的生活方式称为好，将人民的、非统治者的民众的生活方式称为坏。不过，统治的价值并非只有一种；我们有两套价值，分别对应于历史上出现的两种统治者类型，贵族的和教士的。因此，道德的谱系学在三对概念中运作：善—恶，好—坏，贵族—教士。三种二元论被怨恨理论系统地联系起来。

怨恨是一个帕斯卡尔的概念。帕斯卡尔的怨恨指灵魂的一种状态，在这种状态中，灵魂怨恨无聊，但却不能在追求上帝的过程中克服无聊，而只能在"对于追求的追求"中，也就是在消遣中克服无聊。凭借上帝的神恩，精神上的强者能够潜入造物与造物主之间的关系在其中构成的虚无之中；怨恨乃是一种致命的虚弱的表征，这种虚弱使人除了逃到消遣中不能做任何其他事情。该词在尼采思想中的作用与在帕斯卡尔思想中的作用是相同的，只是其意义因为内在论的变形而有所改变。对于尼采来说，怨恨同样是一种使作为虚幻的满足的逃避成为必需的虚弱状态；但是，虚弱对于尼采的含义与它对于帕斯卡尔的含义是不同的。强和弱现在是根据行动的权力和这样一种权力的缺少来区分的。强者是能够在任何情况下行动和再行动（re-act）的人；虚弱的人则是只能怨而恨

---

① 《论道德的谱系》I;17 同前注,7:338。

之(re-sent)。① 在内在论的系统中,行动并不具有帕斯卡尔式的某种消遣的色彩;相反,行动是存在的积极的显现。另一方面,无能力行动,却迫使我们逃向怨恨的想象。因此,行动和怨恨变成了历史的范畴,而在帕斯卡尔的思想中,为怨恨所决定的神恩状态和消遣状态的相应的范畴则与灵魂指向上帝有关。

尼采关于几种二元论的分析和关于怨恨的作用的分析的出发点是关于在善和恶"之前"的某种前基督教状态的假设。好和坏的价值正是在这种最初的历史状态中由统治阶级创造的。一个统治的贵族阶级政治上的优越地位在于将那些代表统治集团的性质指定为好的;在最初的统治阶级的肯定目录中出现的主要性质是:有权力、下命令、富有、有财产的人、诚实的人(因为他的地位使他可以不依赖于伪装)、勇敢,能够保卫自己的武士。拥有这些性质的人是"好";没有它们的无产者或奴隶是"坏"。② 但是,武士贵族并不是唯一的原始统治阶级;同样重要的是教士阶级。好和坏的二元论反映了一种教士阶级的统治地位,原则上与其反映了贵族阶级的统治地位是相同的。二者唯一的不同是内容上的不同:洁和不洁的二元论流行起来,以及不是武士性质而是一种教士禁欲的教义成分被划分为"好"。③

一个教士统治类型与贵族统治类型的并肩存在构成了紧张的一个根源。教士类型被尼采认为是"更有趣"的类型;通过教士,人类的心灵获得了深度,并在同时变成了"恶的";而深度和恶是人类迄今为止超出所有其它动物的两种基本性质。④ 但是,这种人和文

---

① 《论道德的谱系》I;10,同前注,7:317。
② 《论道德的谱系》I;5,同上,7:307 – 309。
③ 《论道德的谱系》I;6,同上,7:309 以下。
④ 同上,7:311。

明的优越性被一种不行动的、沉思的、沉溺在情感爆发和生理困难中的生活方式的"不健康性"所抵消。更"有趣"的类型同时也是更"危险"的类型。由于这两种类型的共存,当二者之间产生嫉妒时,就有可能导致带有灾难性后果的冲突。文明上优越的类型在纯粹的体力上是较低级的。但是,无能力是产生仇恨的源泉,而在教士的情况下是一种特别有害的和精神上的仇恨。

历史上真正出色的仇恨者总是非教士莫属,它们同时也是最为精神化的仇恨者——与教士的复仇精神相比,所有其他精神都变成实际上无足轻重的了。没有弱者所贯注的精神,人类历史将会成为太乏味的一件事情。[1]

教士的复仇可能借助于"最为精神性的复仇":将价值的等级倒转过来,将在贵族阶级的等级表中被认为是"善"的宣布为"恶",在贵族阶级看来是"坏"的宣布为"好"。[2] 原则上说,这种"价值的倒转"可以发生在存在着两个统治阶级之间的紧张的时期,但在西方历史中,一种特别的倒转获得了决定性的重要意义,这就是由犹太人的"教士民族"所完成的倒转,这种倒转通过其在基督教中的再吸收而进入了西方历史的主流。"感谢他们(犹太人),地上的生活两千年来具有了一种新的、危险的魅力。"他们为"权力""无神""暴力""感性"等定下了否定的基调;他们第一次在一种侮辱的意义上使用"世界的"一词。[3] 以色列的先知所完成的这一价值倒转

---

[1] 《论道德的谱系》I;7,同前注,7:312。
[2] 同上,7:313。
[3] 《善恶的彼岸》,节 195,同前注,7:126 以下。

被尼采称为"道德中的奴隶起义的开始"。①

在此,最重要的是时刻记住尼采的论点,不被他的用语引入歧途。"道德中的奴隶起义"不是一场某一政治上的下层阶级所发动的叛乱;它是由教士主人阶层出于对贵族主人阶层的怨恨而发动的叛乱。起义之所以有其精神上的迷人之处,正是因为它来自文化上更为优越的阶级;它可能被任何处于某种被压制地位的人据为己有和为自己的利益服务,无论他是多么非精神性,但是它永远不会丧失它所出自的主人精神的印记。奴隶道德的人可能受到尼采的仇恨,但他不是一个可以轻视的敌人;在帕斯卡尔那里,他受到了高度的尊重,也许甚至是作为一个兄弟般的灵魂受到了爱。"奴隶道德"是一种教士的态度的产物,是由于怨恨而产生的一种反常;但是教士态度虽然是"危险的",本身却是权力意志的最高级的和最精神化的表现。如果我们忽视这一点,尼采对于一种在善恶之彼岸的新的沉思生活的关心,也就是对于一种新的、后基督教的"教士"态度的关心,就变得不可理解。如果奴隶道德仅仅意味着一场下层阶级针对上层阶级的反叛,一场尼采希望通过重新确立"贵族"的价值而加以逆转的反叛,那么,他关于神恩问题的思考就是不着边际的,而且,认为尼采只是向我们已经超越野蛮理想的文明的一个倒退,就会被视为正确。但是尼采并没有活在浪漫地渴望一个健壮的游牧贵族阶级的时代;他所认真思考的是,如何在一个没有怨恨的新的教士类型——"我们隐士"——的指导下重新确立一种贵族的好—坏价值等级体系。

在这一双重计划中,"善恶的彼岸"的部分比"好与坏"部分要容易执行得多。理由显而易见。尼采单枪匹马就可以实现善与恶

---

① 同上,7:127;《论道德的谱系》I:7,I:10,同前注,7:313,317。

之彼岸的立场,只要这种立场还是可以无矛盾地实现(在这一研究的下一部分,我们将讨论这一实现的失败)。① 一种新的好和坏的"贵族的"立场不能由一个人孤独地加以实现;它的实现需要一个集体的政治革命。在他的以及我们的时代没有提供任何贵族统治集团可以让他作为一个模型的情况下,尼采的目光转向了过去,从过去中寻找描述贵族类型的榜样。最合适的榜样是荷马时代的希腊贵族和迁徙时代的条顿贵族(Teutonic aristocracies)。这就是他赞美可以在这样的贵族的内心发现的"金发野兽"的根源。②

> 我们从来没有想过要否认这一点:那些只认识作为敌人的"好"人的人,他所认识的只能是"邪恶的敌人"。那些被如此严格地束缚在传统、尊卑、习俗、感激之中以及甚至被束缚在相互监视、彼此嫉妒之中的人,那些如此满怀对于别人的考虑、对于自我的克制,如此满怀温柔、忠诚、骄傲和友谊地互相对待的人,一旦面对外界,接触他们的异邦人,他们的表现却不比从笼子中跑出来的野兽好多少。

这样的野兽并没有什么特别可爱的地方。③ 对于他们的赞美只是相对的;由于他们野蛮的原始性情,他们至少比我们自己时代的人要值得尊敬。"人们完全有理由惧怕并防范所有高贵种族的内心的金发猛兽;但是,难道有谁不会千百次地选择赞美而不是选

---

① 见《危机和人的天启》(*Crisis and the Apocalypse of Man*),David Walsh 编。[中译编者按]即 *History of Political Ideal* 第 8 卷的书名,辑为 *The Collected Works of Eric Voegelin* 的第 26 卷。
② 《论道德的谱系》I;11,同前注,7:322。
③ 同上,7:321。

择不恐惧但也不能摆脱歪曲者、侏儒、发育不全者和小人的令人恶心的景象吗?"①"今天,看到人使我们厌倦——这不是虚无主义又是什么呢?人使我们感到厌倦……"②这些段落同样应该提防误解,提防将愤怒的语言与语言背后的精心构思的论点混为一谈。尼采并不比那些批评他赞美金发猛兽的人更少恐惧金发猛兽。但是如果要在一种征服贵族的野蛮人与远不那么惹眼的现代人之间选择,尼采宁愿冒险。

但是,我们并没有什么可以选择。我们并没有被荷马或条顿的无论内心是多么兽性的贵族阶级占领的危险。我们眼下的处境更为暗淡。虚无主义的时代,对人失去信心的时代,是巨大的战争的时代,革命和爆发的时代,这种革命和爆发并没有确立新的贵族阶级,因而并没有产生一种新的稳定秩序。③ 尼采估计这一时期将持续两个世纪左右。④ 通向善恶之彼岸的努力之具有历史意义,只有作为一个时代的准备过程中的一种新的宗教性的发展,一种新的精神态度的发展,在这个时代中,通过一个我们现在还没有看到任何迹象的新的统治阶级,西方人将确定一种新的政治秩序。在这个时代还是一个遥远的未来的今天,智力的和精神的准备必须现在从一种新的人的形象的创造开始。

尼采的道德谱系学是一种历史哲学。历史的第一个阶段以荷马类型的贵族的出现、以权力意志在教士阶层身上达到了更高程度的精神化而代表了更高的文明成分的出现为标志。第二个阶段以教士—贵族的冲突为标志,这种冲突在教士的怨恨的压力下,最

---

① 《论道德的谱系》I;11,同前注,7:324。
② 同上,7:326。
③ 《权力意志》,节130,同上,15:235以下。
④ 《权力意志》,序言,节2,同上,15:137以下。

终导致了倒转贵族价值秩序的道德价值的创造。第三个阶段以虚无主义和一种新的价值重估的时代的到来为标志。但是,这种新的价值重估不是对于前基督教的好与坏的一种简单的回归,而是位于善恶彼岸的一种新的后基督教宗教性的基础上的贵族价值的重新确立。这一三阶段历史与 19 世纪的其他三阶段历史——如黑格尔或马克思的三阶段历史——之间的紧密联系几乎不言自明。

基尔克果与尼采[*]

——对虚无主义的哲学和神学克服[①]

[德]洛维特 著　吴增定 译

你是否愿意成为不信任真理的教诲者？……对一切不信任，犹如世上从未有过的不信任。不信任是唯一的真理之路……不要相信这条路把你们领向丰硕的果园和美丽的草地。这条路上，你们将发现微不足道的坚硬种子——那就是真理：为了不至于饿死，你们几十年来一直吞噬谎言，不管你们是否知道那是谎言。但是那些种子必将播撒，深埋地下……或许有一天就是收获的日子。没有哪个人可以向你们许诺，因为他是个幻想者。

尼采《漫游者和他的影子》

---

[*]　[中译编者按]本文原题 Kierkegaard und Nictzsche oder philosophische und theologische Überwindung des Nihilismus，经授权译自 Karl Löwith，《全集》(Sämtliche Schriften)，vol. 6，Nietzsche，MetzJer/Stuttgart，1987，页 53 – 74。

① 参见笔者，《基尔克果的信仰跳跃》(Kierkegaards Sprung in den Glauben)，现收在《全集》，卷三(Sämeliche Schriften 3)。《知识、信仰与怀疑》(Wissen，Glaube und Skepsis)，Stuttgart，1985，页 239 以下，以及《七十年代之后的尼采》(Nietzsche nach sechzig Jahren)，参见本卷，页 477 以下。

当代哲学中两个独特的基本概念:"生命"(Leben)和"生存"(Existenz),原本是由尼采和基尔克果揭示并且塑造的。尼采的哲学始终围绕着"生命"现象,基尔克果的思想活动则不断地深入到自身的生存问题。作为生命和生存的诠释者,他们二者在虚无主义问题上相遇,犹如相遇在某个交叉点;他们的道路、他们摆脱虚无主义的出路,在这个交叉点上相遇复又分离。这也等于说,正是因为这个"重复",基尔克果的"信仰悖论"才截然有别于尼采那丝毫没有悖论的"同一物的永恒复返"信仰学说。

尼采以"上帝死了"为出发点,并且对此坚信不疑;借助一切形式,最终借助道德绝对命令的形态,尼采希望通过批判性地摧毁基督教道德来重构人之当下存在(Dasein)的自然性"基本文本"(Grundtext)。尼采最终的"生命"观就是:生命是一种多形态的"权力意志"。与此相对,基尔克果视为出发点并且坚信不疑的恰恰是:"人类生存状态"的"原始文本"(Urschrift)始终具有基督教意义;基尔克果坚持人之生存状态的非自然性(Unaturlichkeit),并且希望用这种方式对人进行重构:通过一种遭到怀疑的信仰跳跃(Sprung),基尔克果使人摆脱面对虚无的怀疑,站在"上帝"面前。基尔克果通过基督教来克服虚无主义,而在尼采看来,这样一种东西,也就是基督教及其在某种道貌岸然的道德中的堕落,恰恰是虚无主义的历史源头。在《善恶的彼岸》中,这意味着:

> 从前人们把人献给自己的上帝……现在,在人性的道德时代,人们把自己拥有的最强烈本能、自己的"自然"(Nature)献给上帝……最后,还有什么可供奉献的?难道人们不可能把自身献给上帝?难道人们不可能出于对自己的酷虐……从而供奉重负……命运……虚无?把虚无献给上帝——这种悖

论的秘密留给了现在刚好到来的物种:我们对此都略有所知。

尼采力图以其"同一物的永恒复返"学说解决这一悖论,随之通过这一学说"洞察"叔本华的悲观主义,超越善恶。基尔克果同样非常偏爱叔本华的哲学,因为它昭示了当下存在的虚无。但是在和尼采的对立中,基尔克果多少有些悖论:在某种来自信仰的"致死疾病"(Krankheit Zum Tod)的终有一死者的舞蹈(salto mortale),亦即怀疑中,他恰好想把尼采献给上帝的那种虚无再次献给上帝。因为唯有上帝,而不是有限的人,才能让存在(Sein)重新从虚无中凸显出来。与此相反,诸如此类的人只能提出这类问题:"为何存在者总是存在,虚无却不存在",而人却无法给出答案。无论在尼采的生命哲学中,还是在基尔克果的哲学性生存神学中,这种虚无主义的问题都是源初的敏感核心,都是尼采和基尔克果独有的问题。

在基尔克果看来,人之生存的虚无主义正是基于:以自身为目标的人当然不是在反抗和怀疑中考虑信仰的跳跃;而且,不管他是什么,他都不信上帝。相反,在尼采看来,虚无主义的根据恰恰是:现代人、后基督教的人从来就没有摆脱过上帝,现代人依然没有跳出基督教—道德传统的灾难领地。由此看来,虽然他们两人都对基督教做了某种"修改",结果却大相径庭。基尔克果认为,必须通过"吸收"和"同时代化"(Gleichzeitigwerden)来重新熟悉原始基督教,从而"抛弃1800年的时间",抛弃横亘在我们和原始基督教之间的时间,就好像"根本没有过这段时间"。尼采的结论刚好相反,他说:"基督教存在了两千年之久",而且在基督教中,想要获得我们人的"重要性",就不得不反抗当下存在的虚无主义;现在,正是"我们必须清算这一切"的时候。他们两人对虚无主义及其可能的克服看法各异,因为他们的看法恰恰来自他们对基督教的两种对立态度。

尼采把自我否定(Selbstvernichtung)称为虚无主义的行动,而且事实上虚无主义应该受到复返学说的考验。和尼采一样,基尔克果看到自己重新面临着自我否定的问题;借"隐蔽的知情者"(也是他本人化名的自我)之口,基尔克果在《重复》(*Wiederholung*)中说道:

> 人们用手指触摸尘世,试图凭气味闻出自己置身的是什么样的土地。我用手指触摸当下存在——当下存在没有任何气味。我在哪儿?希望的一切不过是:世界……是谁引诱我走进了整体,让我现在待在这里?我是谁?我如何走进世界;当我被一位灵魂贩卖者购买时,为什么不是问我为何不以道德和习惯而闻名,而是成为整体的一分子。我如何成为叫做现实的大企业参与者?为什么我就应该成为参与者?难道这不是自由的事业?

基尔克果感到自己仿佛"被抛一入"世界,由此从世界中重新自我"筹划",不过,从这种作为"在—世界—中—存在"的被抛入当下存在状态中,基尔克果进行了自我筹划,但这种自我筹划并非借助一种哲学冒险式的"向死的自由",并非基于对有限性(Endlichkeit)的肯定;相反,在对上帝无限性的信任中,这种自我筹划凭借的是对被决断的信仰跳跃。但是,基尔克果首先是在面临"在—世界—中"的焦虑中生存,同时在焦虑中获得朝向虚无的可能自由。在此之后,基尔克果才洞察了这种作为"致死的疾病"的自由,最终通过上帝"仍然"是爱的信仰克服这种"致死的疾病"。具体的生存状态和虚无完全成为一体,并且向基尔克果开启了一种本真生存的可能性。这些具体的生存状态就是:反讽、厌倦、沮丧、焦虑和怀疑。就虚无主义而言,基尔克果对这些现象的分析有三种功能:首先,这些分析应该使人彻底朝向自身,面对自己赤裸裸的当下存在;其次,这些分析应该使人面对世界的虚无,置身虚空;第三,这些分析应该使人面对这一决断:"不是"怀疑,"就是"权衡信仰的跳跃。通过怀疑和信仰的"非此—即彼"(Entweder – Oder),人不是面对虚无,而是面对上帝,面对从虚无中创造存在的上帝。虚无主义的肯定性突变(Umschlag)恰恰发生在对上帝的信仰中。因为唯有"在上帝面前",人才能以肯定的方式"成为无"(zu nichts)。唯此,对于一种"本真"的存在来说,个人化(Vereinzelung)、虚无主义及其所需的决断才具有建构意义。

这种虚无主义的个人化有着自身完全明确的世俗理由和前提。在基尔克果看来,这个前提就是:他生活在这个时代。这个普遍的(allgemein)存在处在一个普遍的崩溃状态;1840 年,现存政治与社会状态的世界从根本上开始崩溃。基尔克果决心从普遍世界的崩溃状态返回到同自身的关系,返回到自己内在的"自身存在"。对他而言,动荡和世俗的外界生活变成了最独特和反思性的生存论循环。在最后一次澄清自己的生存性"个人"(Einzelnen)的基本概念时,基尔克果说:自己的全部可能意义都仅仅依赖于这个范畴。如果说基尔克果因为凸显了"个体"而正确地认识了自己的时代,那么,他和自己的著述都与这个时代休戚相关。唯独以这个"个体"范畴为根据,基尔克果才理解了"自己的时代",并且理解了"时代中的自己":"因此,这是一个崩溃的时代。整个欧洲都在致力于民主化,但在哥本哈根形势根本微不足道,我的观察和预计完全可以掌握这一形势。"正是在这里,在微不足道的丹麦,基尔克果掌握了"一份完备的药剂"。同这种自我崩溃的普遍性根本对立，基尔克果把一个现存的但已经虚无化的世界，完全回溯到最本己（eigenst）的内在世界，回溯到最本己生存的"内在状态"。"个人"是一种个人化的结果，也就是来自时代普遍性的个人化。如此一来，这种面向自身的个人化生存的虚无主义就是世俗性的（säkular），而且这种个人化的生存还决定了世俗时代（Weltzeit）的普遍特征。尽管非常勉强，基尔克果还是证实了黑格尔对道德"主观性"之决断性意义的批判看法：假如人不再处于某个他者中、不再处于"在自己身边"、不再是"自由的"（frei），而是仅仅以否定的方式摆脱（frei）自己的周围世界，这种主观性就成为一种"决断性"（entscheidend）的主观性，因为人并没有什么实质内容好让自己投入其中。1840年的基尔克果和1870年的尼采都处在这种从世界回到自身的状态。

二者都作为自己时代的批判者处身于世界，这个世界两次受到政治的决定：1840年社会运动的激进开端，1870年俾斯麦建立帝国。与此相应，基尔克果发展了个人的虚无主义生存概念。从根本上说，这个概念是反对一切人类普遍性的对立概念：个人同"人类""集体人""世代"、世界历史根本对立，而且个人概念尤其反对黑格尔"实质"主观性的世界历史哲学。尽管基尔克果也想要"实现普遍性"，但他本人却"例外地"离开并摆脱了世界的普遍性。与此并不矛盾、反倒一致的是：基尔克果现在恰恰赋予个人以一种普遍的意义。"他通过赋予个人以普遍意义，来拯救个人。"正是通过威廉法官这个市民基督徒形象，基尔克果建构了一个人之生命的普遍世界。但他本人却借助宗教阶段跃过了"伦理"阶段。基尔克果生存概念的前提正是一个共同世界的崩溃，他把关注焦点从普遍性的解体转移到个人性身上。个人性并不是人的一种源初可能性,毋宁说是来源于一个普遍的现实。基尔克果关怀时代普遍命运的途径和方式非常引人注目。他的关怀体现为一种迫切的参与,在与时代的隔离中和时代保持距离,却又休戚与共。基尔克果通过一个涉及自身的比喻表白了这一点:他把自己的时代比作一艘正在行驶的船,把自己比作一位乘客,尽管与同时代人同船共处,他却"独自拥有一间舱室"。这间舱室的公民实体就是自己私人寓所的四堵墙,窗户安装了窥视孔,好让他把世界筹划为一个纯粹的外在世界。在《或此或彼》(*Entweder/Oder*)中,基尔克果从自己私人封闭生存的隔离房间中创造一座浪漫的"骑士城堡",以及一座"山雕之窝"。从这间孤立的舱室,基尔克果批判地环顾四周,静观自己的时代。基尔克果确认这个时代的主要特征是:这是一个大众此在(Massendaseins)和夷平(Nivellierung)的时代,是"无名"(anoymen)工厂中自我存在之个人的平整化(Einebung)时代。基尔克果的时代,社会政治运动最激进的鼓吹者是马克思。正是从与社会政治运动的对立中,基尔克果获得了自己独特的、虚无主义的立场。时代所提供的一切,不过是社会和政治变革;但在基尔克果看来,这种变革恰恰是自身急迫需要(亦即面向最本己生存内在性的彻底个人化)的对立面。个人性,生存状态所需的形式条件,同一种公共普遍性有着严格相关性,尽管是被否定所掩盖的相关性。在基尔克果看来,公共普遍性在整个欧洲都面临着普遍的解体。正是从这种世俗性的解体中,基尔克果试图获取宗教的有利因素。基尔克果对个人的凸显具有这种功能:个人的凸显把一切公共生活的普遍纽带之崩溃推向极致,唯此才能基于世俗的分离实现人在自身中的整合,并且这种整合首先面对虚无,然后面对上帝。但是,就这方面而言,基尔克果对时代的个人化立场并非特例,而是一种典型情况。基尔克果的同时代人鲍威尔和施蒂纳

(Stirner)虽然没有宗教意图,但都得出了类似的结论。在基尔克果的"个人"中,在施蒂纳的"唯一者"(Einzige)中,在鲍威尔的"自我意识"(Selbstbewußtsein)原则中,社会—政治世界都作为纯粹的"群众"和"大众"得以反映。从历史上看,基尔克果是马克思的对手。对于马克思来说,人不是什么个人,而是一个社会意义的"类本质"(Gattungswesen),现代的个人不过是一种特定国家形式的私人;这种国家形式的社会就是市民(bürgerlich)社会,黑格尔早已将其描述为"个人主义所贯彻的原则"。

基尔克果并没有停留在个人的这种反—政治(antipolitisch)意义上。他的真正意图是要论证一种基督徒的生存。公共政治生活和精神生存(Geistesexistenz)是两个不同的领域;根据这种资产阶级的看法,基尔克果把反政治的个人非政治化(entpolitisieren),变成为一种表面上非政治的"精神生存"。而且,他还进一步从"伦理"和"宗教"上把这种有别于公共和普遍生活的精神生存,作为一种独特的基督教范畴来加以强调。依基尔克果之见,整个世界向社会夷平的发展积极地趋向于个人的"绝对"凸显,个人"恰恰"是基督教原则!世界向夷平的发展,作为个人在上帝面前存在的基督教要求:这两者通过一次幸运的偶然事件同步发生了。"一切都完全契合我的理论(也就是个人的理论),而且应该看到,恰恰是我理解了时代。"在他看来,"殉道者"(Märtyrer)、临终前的基督就是基督教的个人极限:基督为了真理愿意让"群众"杀死。基督教事业成功与否与宗教共同体完全无关,更不取决于教会。如果说上帝应该重新成为人的主人,每个人都必须通过基督教个人化的"关口"成为自为的人。从这一点来看,迄今为止所显示的欧洲灾难不过是"前奏":灾难属于"流水账簿"(Kladde),但不属于"总账"(Hauptbuch)。在欧洲范围内,随着狂热的逐渐消失,人们在诸多问题上不会误入歧途;这些问题应该以神圣的态度来回答,只能由基督教来回答,而且很长时间以来基督教已经做了回答。政治的灾难必将萌发,突变为一种宗教运动;即便是共产主义强人也有基督教的宗教性(Religiosität)成分,尽管是一种包含在共产主义之中的成分。人的平等问题不可能通过世俗性的手段解决,唯有在基督教上帝面前每个人才是平等的。

基尔克果在基督教意义上将个人绝对化为一种反政治的精神生存,从而重新掩盖了个人与社会政治的对立意义(Gegensinn)。假如个人化(Individuation)不同时具有一种普遍的意义,将个别化变成原则就仍然不可能获得成功。就基尔克果而言,这恰恰表明:他从自己的基督教个人化立场出发得出了政治结论。个人化的前提恰恰显现在这种政治结论中。基尔克果最终投入到"政治"中,这也不过是因为他的个人概念同样来源于政治。他从自己的社会个人化中引出了教会政治(kirchenpolitisch)的结论,也就是他对魔鬼般的国家教会(Staatskirch)的攻击。基尔克果在政治上提出的要求就是用更高的权威进行统治,因为自从第四等级(Viert Stand)也获得解放以来,就不再有任何统治的可能。

> 现在非常明显的是,从政治上来看,一个独一无二的词语必须拥有的就是:统治(Regierung)。……一个傲慢、半吊子、因为舆论谄媚而道德败坏的资产阶级(Bourgeoisie),一个公众以为应该进行统治的资产阶级,承受了整体的罪过。但在历史中很可能永远都看不到的恰恰是:复仇女神娜美西斯(Nemesis)来得如此之快。因为正如资产阶级在短短的时间就决定性地攫取了权力……第四等级也在同样短的时间崭露头角。眼下确实有人说:第四等级是罪人;但如下看法则纯属捏造:

第四等级只不过是大量耗掉的无辜牺牲品……而且,牺牲应该是正当防卫,假如正当防卫还有确定的含义:之所以是正当防卫,乃因为资产阶级推翻了等级。

尽管如此,基尔克果却并不关心什么政治神学。世界的真正统治绝对不是通过什么世俗机构,而是通过上帝,上帝通过"殉道者"进行统治;殉道者在悖论的意义上获得了"胜利",因为他用生命捍卫真理。基尔克果最本己的愿望是被授权为殉道者,他还通过如下方式间接地表露了这种愿望:他不断地向我们保证,他是作为一个"没有权威"的"真理代言人"言说。作为一个"天才",他不允许自己像一位"使徒"那样用生命捍卫真理;同时作为一个浪漫的天才,基尔克果站在诗意生存和宗教生存之间的分界线上,只能以否定性的形式拥有绝对(Absolute)。对他来说,无论共同的世界还是教会共同体都不意味着某种东西,能够让自己投身其中并且予以捍卫。作为一个个人化的个人,基尔克果自己捍卫着虚无。对他而言,自己的"宗教运动"的出发点就是虚无,并且以对世俗化的基督性(Christenheit)毫不含糊的攻击告终。

在第一篇论著《反讽的概念》(*Begriff der Ironie*)中,基尔克果极富启发地提出了内在人的(innermenschlich)生存建构,当然,这种生存受政治和基督教的个人化规定。基尔克果建构这种生存的方式是对浪漫派的主观性进行阐释,而且他也是通过浪漫派的主观性来理解苏格拉底的主观性。反讽概念使个人的普遍性轮廓得以具体化。这种对苏格拉底和浪漫派的阐释对基尔克果尤为重要,对尼采同样如此;只不过尼采的批评尺度用前苏格拉底的古代取代了原始基督教。基尔克果的基本论点是:第一种和第二种可能的反讽,苏格拉底的反讽和浪漫派的反讽,是"否定性自由"的出发点,是一种"实质的否定"。真正的反讽者从现存的一切返回到自身,由此他得以超越现存的一切。反讽者仅仅依靠一种反讽式的告诫来应付现存的世界,也就是国家、教会、社会。作为这种实质性否定的出发点,反讽同样是一种可能生存的出发点,一种"绝对状态"(status absolutus)、身位性(Persönlichkeit),并且同"人类物种"的建构状态相对立。反讽主体的这种否定、自由的生存是一种根本性的私人(privat)生存;就与公共、普遍的生命的关系而言,这种生存也是一种欠缺(privativ)的生存。但在这种欠缺(Privation)和否定中,反讽的生存仍然拥有"绝对性"——尽管只是虚无形式的绝对性。与黑格尔对浪漫派主观性的批评不同,基尔克果并没有把这种主观性当作"实质性内容"的尺度。基尔克果批评浪漫派的主观性,不是因为它缺乏一种普遍的世界和客观性,而是因为它缺乏彻底的主观性。"反讽"和"良知"(Gewissen),黑格尔在其中看到的只是道德化主观性的"尖刻"(Spitze),基尔克果却使之成为人的生存基础。就自身而言,基尔克果把犹疑不决的"审美"(asthetisch)或"诗性"(poetisch)虚无主义推向极端,成为一种怀疑人—在—世界—中的决断性虚无主义。因为,基尔克果并没有(像黑格尔那样)在世界历史的语境中或"系统性地",而是在最高的身位性和生存论意义上,来严肃考虑隐藏在浪漫派中的主观性真理。故而在基尔克果看来,对真正的怀疑来说,浪漫派的主观性意味着一种审美的前阶段,一种"潜在"的怀疑,因此也就是这样一种虚无主义:它甚至没有意识到自己是虚无主义。通过怀疑的虚无主义以及向信仰的跳跃,反讽的真正问题就是自我个人化生存的内在人建构。后期浪漫派大多通过皈依天主教的方式完成这种跳跃。基尔克果也考虑过这种想法,但仍然敬而远之。然而,通过怀疑的虚无主义找到通向信仰的道路,不仅是基尔克果第一篇文章的问题,也是所有后来文章的问题。他在《或此或彼》中考察过这个问题,并且依据真正的厌倦和沮丧来证明这一问题。在基尔克果看来,恐惧最终显露为沮丧的秘密,并且怀疑的罪性(sündig)恐惧也显露为恐惧的本义。如果说基尔克果确认了基督教的含义,并且随之确认了虚无主义存在现象的含义,反讽概念就在恐惧和怀疑概念中得以完善。通过这条道路,源自反讽、厌倦、沮丧、恐惧和怀疑的神学意义就向基尔克果昭示了。

恰恰是这种虚无主义的基督教意义,被尼采力图揭露为一种误入歧途的自我阐释。尼采希望透彻地表明:后基督教的人根据某种意义来解释并辩护自己的事实性存在,但他所用的全部基本概念都基于一种对人的真正自然的谬见和拒绝。哪怕凭着自己的经验,尼采也能够怀疑存在,怀疑当下存在的重负;尼采把这种重负称为"沉重的精神"(Geist der Schwere)。但是,尼采不是将这个沉重在宗教上授权为人之生存的基本规定,而是解释为一种致命的堕落和生命历史的颓废症状。在尼采看来,罪意识不过是"病态灵魂史的最伟大成就"和"宗教解释的灾难性杰作"。基尔克果对决断性怀疑及其前形式的分析预设了,这种现象可以赢得一种基督教的意义。相形之下,尼采却提出了一个决断性的问题:当下存在是否因此就获得了一种所谓的意义,是否"需要"拥有这样一种意义。尼采不仅对这种所谓的意义深表怀疑,他还揭示,这种意义恰恰是几千年来一直追求并且已经到来的虚无主义之源头(Ursprung),恰恰是一种"不能":不能发现一个意图、一个目标、一个意义。尼采不但在哲学上怀疑基督教的意义,甚至怀疑一般性的意义。正是由于这种怀疑,尼采不仅抛弃了笛卡尔的怀疑性思考,而且抛弃了基尔克果对怀疑的浪漫—反思的分析。对基督教意义和一般性的人之生存意义的彻底怀疑,应该遵循某种尺度。在尼采看来,这种尺度就是,彻底怀疑是衡量所达到的真实性之标准:人们在多大程度上放弃意义的引入与阐释,就在多大程度上有能力脱离意义并且活在一个无意义的世界,因为"人们构成了这个世界的一个片段"。据此,尼采把"信仰的原则"阐发为,"即使谁没有能力把自己的意志投放在事物中,他至少也在其中投进了一种意义,也就是已经有一个意志在事物中的信仰":基督教当初广泛传播一种"重大的意志疾病",还得归功于一种支配自我的遗产。

> 一个人,当他获得了自己必须被命令的基本信念时,就变得有信仰了;反过来,同样可以设想一种自我决定的重负和力量,一种意志自由;在意志自由中,一种精神废黜了一切信仰……我们用一种支配自己的坚强意志,取代那个对我们来说已经不复可能的信仰。坚强意志确定了一种暂时的基本评判顺序,使之成为启迪的原则;唯此方能看到,人——无名海洋的孤舟,到底能够走多远。的确,所有那些信仰都不过如此。

以此为出发点,尼采进行了这种尝试:超越意义和无意义,因此也超越善和恶,纯粹尝试性地哲学思考,"既不赞赏,也不指责",而是肯定诸如此类(als solches)以及存在者整体中的当下存在。着眼于这个目标,尼采在《权力意志》前言中重新审视了虚无主义问题:

> 我所叙述的就是最近两百年的历史。我所描述的就是那已经到来、无可避免地到来的东西:虚无主义的降临(Heraufkunft)。这个历史现在已经能够叙述:因为这里,必然性本身在发挥作用。这一将来(Zukunft)通过一百个象征在言

说,这一命运的宣告无处不在……长久以来,我们整个欧洲文明一直饱受张力(Spannung)的折磨,强力的增长年复一年,最终成为一场灾难。狂暴而猛烈地翻腾:就像一场风暴,在最终平息时风暴不再思考,害怕思考。……倘若反过来除了思考就别无行动,风暴就在这里开始发言:作为哲人,他出于本能在越位状态(im Abseits)……耐心地寻找领先优势;作为一种权衡和尝试的精神……他在自己叙述那即将到来之物时仍然回首审视;但作为欧洲第一位完美的虚无主义者,他已经在自己身上经历了虚无主义的终结——他在自己之后、自己之中、自己之外都经历了虚无主义。

尼采半个世纪的思考结果就是权力意志。在这条哲学探索的道路上,尼采尽管以欧洲虚无主义为基础和根据,却试图发现一个"灵魂的新大陆"。这种虚无主义意味着:我们迄今为止的一切价值都变得毫无价值,毫无意义。尼采沿着一切可能的方向分析了虚无主义的这种历史特征,以期从中获得对将来有效的结论。假如从尼采开启的视域来看,基尔克果从怀疑跳进信仰就是一种终有一死者的舞蹈,对虚无主义的种种可能性视而不见。

尼采看到,虚无主义的积极意义和必然性正基于:一切伟大的生长同样带来脱落(Abbröckeln)和消亡;因此没落的症状共同蕴含在大胆先行的时期,任何有成就的人类活动都共同创造了虚无主义。"一种向新的存在状态的隐蔽过渡之标志或许是最极端形式的悲观主义、真正的虚无主义获得支配地位。这就是我所理解的虚无主义。"因此与基尔克果不同,在尼采看来,虚无主义不是重新召回基督教信仰的绝望(zukunftslos)前提;相反,虚无主义是在那种信仰的崩溃中获得创造性进步充满希望(zukunftsvoll)的前提,唯此才能在这条道路上达到一种新的当下存在规定性,达到一种新的当下存在,超越意义和无意义。《权力意志》批判性地发展了这条道路,同时也是第一本考察"欧洲虚无主义"的著作,它的副标题是:"对迄今为止一切价值的颠覆"。从欧洲虚无主义的明显事实出发,尼采试图从虚无主义的源头来证明其意义。尼采揭露了虚无主义最终和隐秘的动机,也就是对基督教价值的徒劳信仰,或者说对我们传统的存在阐释与存在评判体系的徒劳信仰。而且,由于在这个已经不值得信仰的价值和价值判断方式中,再也没有什么可坚持的东西,由于这种价值和价值判断方式已经无法挽回地堕落,尼采便引出一个价值重估的结果,也就是这个曾经充当标准但现在已经不合时宜的价值。虚无主义意味着:一切现在都变得毫无价值、毫无意义;在尼采看来,这样一种虚无主义恰恰来自基督教道德的价值。虚无主义只不过是已经变成虚无(Nichtiggewordensein):这种流传、堕落但仍在维持的价值已经变成虚无。随着"这种价值的价值"的降格,也就有可能获得其他完全不同类型并且与存在整体相关的评价方式。

尼采把基督教—道德生存的价值颠覆为一种非道德(amoralisch)的当下存在,将其导向"更健全""更自然"的价值,这种价值符合人之当下存在的原初自然(ursprüngliche Natur)。《权力意志》不仅以心理学区分的方式分析和批判迄今为止的价值,而且包含着新的价值等级序列。所有这些的指导思想就是这种充当尺度的生命观:"下降的"(absteigend)生命和"上升的"(aufsteigend)生命,来自"弱者"的生命和来自"强者"的生命。颓废症状说既没有生存堕落史的意义,也没有生物学退化的意义。毋宁说以强者的上升和弱者的下降为根据,尼采的基本区分涉及一种关于人的生命整体和虚无主义的根本歧异性。说到底,虚无主义可以指两种不同

(Zweierlei)和对立的东西:既可以指一种没落和疲惫的症状,又可以指坚强和上升的过渡表现。因此,虚无主义并不意味着虚无形式的"绝对",也不是人之当下存在的基本规定;因为这种规定把自身绝对化了,并且打上了基督教评估的烙印。相反,虚无主义是一个漫长而含混的堕落史所导致的首要性后果,甚至是这样一种后果:从这样一种历史中,根本不可能获得什么最终结果。我们当前生活的虚无主义绝对不是一种实现和完成的虚无主义,而是一种半途而废、不完善的虚无主义。这种虚无主义和现代无神论一样都是不完善的,因为后者虽然不再信仰上帝,但依然信仰作为上帝替代品的虚无。我们迄今的状态和尺度、价值和价值判断方式(也就是基督教道德)都已经解体。就其本性而言,审美虚无主义也不过是这种解体的最终产物。正是当这种解体被完全清理的时候,一种自我确定的"古典"实证主义,同样作为虚无主义推动力量的可能结果而产生了。

相反,尼采却把19世纪自然科学的实证主义视为一种自身仍然不完善的虚无主义。这种科学实证主义的坚强并非一种新的哲学立场,而是否定此前唯心主义的力量。因为说到底,唯心主义仍然是一种哲学神学。迄今的实证主义仅仅表达了一种徒劳的幻想,一种希望落空的过渡性哲学。由于缺乏一种新的和积极的信仰,这种实证主义首先信仰不信仰。

虚无主义愈没有克服基督教的当下存在解释体系,就愈发成为虚无主义;它拥有愈多的这种解释体系,就愈发不是虚无主义。但人们现在仍然处在一种中间状态(Zwischen-zustand):根本不再信仰任何东西,但却听任既有的一切一如既往。"一切现在都愈来愈虚假,软弱或过分夸张。"不再指望一位审判和公正的上帝带来某种基督教的拯救,却在相同的意义上期待一种社会的"公正"带来尘世的拯救;不再信仰基督教的彼岸,而彼岸仍然在一种世俗终末论的形态中得以维系;消除了基督教的自我否定,但仍然没有肯定自然性的自我决断;不再信仰"基督教婚姻"和"基督教国家",但却没有人妨碍以一种基督教的神圣面具安排出生、婚礼和死亡。

由于这种歧义性,一切似乎都没有值得信仰的意义,一切都变得"毫无价值";根据尼采的理解,这是因为:那些东西,虽然事实上已经不合时宜,虽然长久以来一直违背我们世俗生命的价值判断,违背已经被现实地证实的价值判断,却仍然被视为权威性的价值。

> 我环视四周:谈论以前所谓真理的话语根本无法存活;只要是一位僧侣吐出了"真理"这字眼,我就对"真理"难以忍受。……这一点无人不知,但一切仍一如既往。在一般情况下,我们的政客都是反传统的人,在行为上都是彻底的敌基督者;但当政客们自命为基督徒并参加圣餐仪式时,这最后一丝体面感究竟从何而来?……年轻的王子走在自己队伍的前面,表达自己的民族自恋和自我炫耀——但却毫无廉耻地承认自己是基督徒!……那么基督教否定了哪些人?基督教把"世界"叫做什么,叫做战士、法官、爱国者:关心自己的荣誉,希望获得自己的特权,因为感到自豪……一切当下的行动,一切本能,一切体现为行为的价值评判,现在都是敌基督的;现代人必定是伪善的怪胎!尽管如此,现代人毫不羞耻地自命为基督徒。[1]

---

[1] 参 F. Overbeck,《基督教与文化》(*Christentum und Kultur*), Basel, 1919,第五章。

与这种被基督教掩盖的虚无主义相反,十九世纪激进思想家的公开虚无主义是对所有基督教道德价值的继续堕落的一种反弹。但作为一种纯粹的反弹,公开的虚无主义仍然不是原本意义的行动,而首先是一种纯粹的反—动。

根据这个关于虚无主义的概要性总体,我们还可以理解尼采对科学、艺术、经济和政治中一切个别虚无主义的解释,譬如现代科学活动的虚无主义,并没有对知识充当尺度之目标的真实信仰。

由于尼采的重新审视,他所预见的恰恰是虚无主义的降临;虚无主义之所以降临,恰恰因为基督教信仰已经堕落为市民基督教的道德和纯粹道德本身。"道德意义的世界解释之没落,不再拥有授权……以虚无主义告终。"以前与上帝相关的东西遗留下具有宗教约束力的良知,但当良知作为一种"理性"或"生存"的良知而获得解放时,良知就唯独成为"理智良知""诚实意志"。首先就自身的道德和良知敏感性而言,基督教作为"教义"而走向毁灭,现在又作为基督教道德而毁灭,同时我们正处在两个毁灭的转折点。摆在面前的是:不仅作为基督教道德的道德,所谓的道德本身也走向毁灭;这是近两百年所遗留下来的"百幕宏大戏剧",一切戏剧中最值得追问、可能也最有希望的戏剧。尼采之所以认为这是一场最有希望的戏剧,正基于:在此崩溃基础上,一种新的立场才成为可能。新的立场不再以道德上消灭另一种当下存在的方式来肯定一种当下存在,而是肯定本来如此的和整体中的当下存在,超越一切肢解当下存在的区分。通过对一切基督教道德区分的批判性否定,通过无条件地肯定而非否定自我意愿的生命,尼采发起了一种"逆向运动"(Gegenbewegung)的趋势,反对以信仰虚无的方式对上帝信仰的纯粹"反弹",重新评估那些已经毫无价值的价值。尼采试图以此克服虚无主义。

在《权力意志》前言中,这也意味着:"这种(对迄今一切价值的重估)程式表达了一种逆向运动,无论如何这种逆向运动都必将被完善的虚无主义所代替;但是,完善的虚无主义必须以逆向运动为前提……而且无论如何都能够发现并产生于后者。"唯有当虚无主义完善我们迄今的价值和理想,唯有在虚无主义被设想为目的的逻辑时,我们才需要"新的价值"。

以克服虚无主义为根据和目的,尼采用来表示这种新的价值判断之程式就是:"人以及人之道德的自然化。"就人对世界及其自身当下存在的总体态度而言,一种自然性的"反道德"就成了人回归"自然"、人趋向"自然化"的目标。首先是在古代和文艺复兴中,然后是在歌德和拿破仑这样的个别现代人身上,尼采看到了这一目标的历史端倪。随着我们迄今价值的价值、我们人性道德的道德性遭到颠覆,尼采通过新的、相反的价值判断来寻求克服虚无主义的解放之路。在这条道路上,毫无信仰的虚无主义就是我们眼前的状态,但就历史而言却是一种中间状态,或者说处在如下两种状态之间:一方面是对一种毫无权威的道德的徒劳信仰,另一方面是超越一切"道德"的将来存在方式。作为虚无主义的积极克服而呈现在尼采面前的,正是一种崭新的大地(irdisch)信仰:"生成"存在的"无辜",永恒形成与毁灭的"无辜"。

> 我所经历的这样一种实验哲学,甚至以实验的方式预见到了原则性虚无主义的可能性:这并不是说,实验哲学仍然停留在一种否定意志(Wille zur Nein)。毋宁说,实验哲学想要彻底走向对立面,直至成为一种对世界的肯定,不做任何抽

离、排除和选择;实验哲学希望达到永恒循环……这也蕴涵着,不仅把当下存在中迄今一直遭到否定的方面理解成必然的,而且是值得追求的:被否定的方面,不仅就至今仍被肯定的方面(作为补充和前提)而言,而且还希望使自己成为更坚强、更丰富、更真实的当下存在方面,以便当下存在的意志更响亮地陈述自我。

正是基于肯定迄今被否定者,尼采把这条没有否定的无限肯定之路命名为异教神狄俄尼索斯(Dionysos)。尼采把对存在者整体的全新肯定称为"狄俄尼索斯的肯定";因为这种肯定,从前的一切困难都迎刃而解。对存在者整体的这种肯定,源于一个独一无二但无条件地承认某个独特的存在者的"永恒瞬间"。"的确,假如我们肯定了一个独一无二的瞬间,我们就不仅肯定了自己,而且肯定了一切当下存在。当然,这个瞬间的价值既在我们自身中,也在事物中。"这种一视同仁地适用于一切存在者的"神圣"思维方式,尽管是以相反的预兆,但却已经是完全超然(vollkommen gleichgültig)的虚无主义。通过不带否定的全部肯定,一种最终、最简单的当下—存在(Da-sein)方式就得以实现:说它是最终的,乃因为它不可能被什么东西超越;说它是简单的,乃因为只要以此为出发点,就再也不可能区分存在者及其存在方式的价值与无价值。存在的一切,都应该如其所是地存在,存在的一切都在整体中并且是必然的。

于是,尼采似乎以"狄俄尼索斯"神为象征克服了虚无主义。"反抗被钉十字架者的狄俄尼索斯"(Dionysos gegen den Gekreuzigten)是尼采精神病卡上的署名。但在另一张卡片上,尼采混合了两个神,署名为"被钉十字架的狄俄尼索斯"(Dionysos der Gekreutige)。两个象征的重叠既神志不清，也显得意味深长。这种重叠恰恰显明，尼采显然没有成功地看透基督教"重要性"的界限，毋宁说，这是尼采作为一位纯粹的价值颠覆者和敌基督者的"反弹"，但却不是原来的"逆向运动"。所以，尼采哲学虚无主义的最极端形式同时也应该成为对虚无主义的克服。这种最极端的形式就是永恒复返学说，因为自己的歧义和悖谬性，这个学说也是以无神论为出发点的宗教替代品，尽管尼采自己认为它是无神论的决定性转折。与毫无权威的神圣道德良知相关，这个学说正是对尼采自身的一种"补偿"（Schadenersatz）。借助最终所获得的摆脱一般性意义的自由，尼采希望通过一个永远复返的当下存在之无意义性来补偿永恒复返学说。在价值的道德解释终结处，同一物的永恒复返把人重新安置在一个自我同一的自然的永恒循环中。但对追问的人来说，复归无可追问的自然存在包含着一个自我决断，从这种决断中就产生了对永恒复返学说的双重、对立和背谬的论证：伦理要求提供的论证、自然科学思辨提供的论证。永恒复返学说具有伦理—生存的意义：它希望通过一种"新的启蒙"赋予无神、无意义的当下存在一种新的"重要性"。所谓新的"重要性"无外乎：我的一切行动、我的一切听之任之并非毫无意义。同时，伦理要求也在科学上表达了一种能够被自然科学和数学论证的事实。

通过这一永恒循环学说，尼采开启了一条摆脱自身生存循环的最后出路。在世界的循环中，堕落的循环（circulus vitiosus）通过相反的方式得以重现，同时也构成了尼采本人最为独特的生存悲剧的开端。这一学说的思想是一种"美杜莎的脑袋"（Medusenhaupt），也是一种"绝望的垂死挣扎"。在生命"正午"时分，尼采的扎拉图斯特拉极不情愿地打开了"知识之门"，却发现生命已经成熟到了最终的没落。扎拉图斯特拉的生命面临着自我决断：结束生命的循环。他将当下存在的重负从自己身上远远抛开,但石头又重新落在自己身上。在这个至高和独一无二的决断瞬间、永远关系到存在还是不存在的决断瞬间,永恒复返的思想照亮了自身,"犹如夕阳照耀着末日的灾难"。在这个极端危险的瞬间,黑色的蛇紧紧缠绕住善牧者扎拉图斯特拉使其窒息,善牧者惊恐地咬掉蛇的脑袋。在"健康"时期,尼采把这种"幻觉"之谜解释为对人的极度厌恶;厌恶不仅让尼采鲠骨在喉,而且包含着这种洞见:一切皆为"同一",一切都没有价值。尼采通过预言者得知的并非"快乐的科学":"你的果实已经成熟,但你还没有成熟到享受果实。"在这最后、最隐蔽、最惊险的漫游中,"山顶和深渊"成为一体;但尼采在这种漫游面前退缩了,因为在前后无路可走时,尼采拒绝跳入虚无。只有疯狂真正为尼采开启了一条出路,使他解决了意义问题;但尼采克服虚无主义的最后学说却做不到这一点。

> 没有上帝隐士仍然最年轻,
> 魔鬼的同居者,
> 傲慢的猩红病王子……
> 现在——
> 两位虚无者之间
> 弯曲成,
> 一个问号,
> 一个沉重的不解之谜。

只有扎拉图斯特拉而不是尼采,从致死的疾病中恢复健康,沉浸在光明的深渊。而且就连这位自己克服了人的超人,当他返回自身时很久都宛如一位死者,"仍然患上独特拯救的病症"。

尼采并没有像一个世纪前的卢梭那样,在同自然的和谐中寻找一条"返回自然"的道路,仿佛人就等同于自然。没有人能够决断自己走向自然世界的自然性。自然人不是"被还原为"(zurückübersetzen)自然的人,但有可能是有多重自然含义的自然人。尼采对人的看法当然是一种英雄般超越自身的超人。他的"自然人"(homo natura)是支配自己和世界的权力意志强人,一个自己的主人,一个世界的统治者。作为权力意志,尼采所说的人是一种存在意愿,一种自己所希望的人。

尼采的能够(Können)被这种权力意志打败了,因为权力意志应该是尘世间的(mundan),并在拿破仑、俾斯麦和瓦格纳等人身上拥有了现实的典范。尼采尽管被打败,但还是认识到自己失败的原因。在《权力意志》中,他说:比"你应该"("信仰者"原则)更高的是"我愿意"("英雄"原则);但是,比"我愿意"更高的乃"我是"("希腊诸神")。尼采本人没有能力做到的正是:将信仰意志权力的现代原则,转换为因与自身合一而变得简单的存在整体中当下—存在的原则,正如作为一种关于自然的非任意性存在和人的存在—意愿的分裂学说,永恒复返学说就是以这一原则为目标。作为处在永远预先抛离自身(Sichvorauswerfen)和仍然—永远—不能—赶上—自身(Sich – doch – nie – Einholen – können)的存在—意愿,尼采本人的当下存在就是向超越自身和克服自身的筹划,却不是一种平静和素朴的当下存在,因为后一种当下存在已经随着自己和自己的问题而"消解"(fertig)了。尼采并没有如愿以偿地从"我愿意"的分裂性紧张状态,返回到赫拉克利特式世界孩童的"我是"这样一种自我同一性循环。正因为如此,尼采的"诚实"就变成了他对诚实本身的指责,也就是说,变得毫无节制、超出常规。尼采后来也坦白,"我自己并没有超出一切类型的尝试和冒险、前奏和失信"。

《权力意志》的前言以某种"思考"为起点来分析欧洲的虚无主义,这一思考服从于"极端的魔力"(Magie des Extrems)和最极端的诱惑。依据尼采独特的洞见,极端的诱惑看似来源于坚强,实则来源于软弱:由于自然存在的软弱导致人的意志的坚强。但尼采知道,最极端者不会证明自己是"最坚强者",而证明自己是"最克制者"。"上帝是一个太极端的假定";但这同样是伴随着永恒复返学说的"权力意志"。尼采不属于那些克制的精神:克制的精神必须没有极端的信仰原则,就像任何一种信仰原则一样,因此能够通过对"自己价值的重要克制"来思考人。尼采有这种认识,却没有体现出来。对尼采来说,斯特林堡(Stirndberg)的"贺拉斯的诫谕"(Horazischen Mahnruf)写得太晚了:

> 李锡尼,倘若你不常常足履大海,
> 也不疑心重重地胆战心惊,
> 掠过极为崎岖的海岸,
> 你将会生活得更为惬意。

这种情景和尼采一个世纪以前的描述没什么两样:

> 我们承受年轻犹如承受一场重病。这恰恰造就了我们所抛入的时代——一次巨大的内在堕落和破碎的时代;这个时代通过一切弱者,也通过一切最强者来抗拒年轻的精神。不确定性为这个时代所独有:没有什么立足于坚固的基础,立足于自身的最坚定信仰。人们为明天活着,因为后天已经是非常可疑的。

基尔克果的出发点同样是:他所被抛入的时代是一个"崩溃的时代",由此他获得了自己的"个人"概念。为了反抗时代,基尔克果力图重新为自己的时代召回基督的永恒真理,就好像1800年的时间没有存在过。尼采在可能性中思考,但这并非重复已经有的可能性,而是当一种现实的基督教在我们这个世俗的时代不值得信仰之后,使迄今的不可能变成现实。他以实验方式在敞开的视域中作哲学思考,这种尝试的象征是"行驶的船",船的行驶方向是未知的大海,却不是基尔克果的"舱室"。在对亚伯拉罕的赞美中,基尔克果指责尼采的比喻"令人绝望"(trostlos)。因为:假如真的如此,一个物种不过是另一物种的接替,犹如"孤舟穿越海洋"那般穿越世界,超越时间和人世流转的力量就不复存在,生命多么"空虚和绝望",因为生命不过是"怀疑"。依基尔克果之见,这样一来"世界"只不过是一种"野蛮的涌动力量"。这种力量在黑暗的激情中挣扎,以同样的方式创造着一切:善即是恶,伟大与渺小共生。

对尼采来说,世界是一种力量的庞然大物,没有开端和终结,自我翻腾和汹涌的力量海洋,永恒地流变,永恒地回流,拥有复归的时期,拥有自己形态的潮起潮落,一个存在者的超—然世界,一个永恒地自我创造复又自我毁灭的狄俄尼索斯世界。当尼采如是说时,他也就解放性地肯定了这个超然的一切存在者世界,"超越了善恶"。尼采的世界是一个"双重世界",恰如赫拉克利特看到的世界——他做了判决:狄俄尼索斯和哈得斯(Hades)就是一回事。出于对这个上升与下降、在生成中消逝的同一性世界之信任,尼采在一个堕落的时代勇敢地在大海漂流,随后走向毁灭。对尼采本人而言,自己的尝试失败了,但正如航海遇难不会怪罪大海的航行,尼采没有怪罪自己的尝试。① "我们的使命就是在任何情况下都要漂泊,'向那儿'前进——几乎不关心我们自己是否成功到达!"对尼采而言,太阳已经隐没,"极度的寒冷"开始到来,突然降临的黑夜从寒冷中充满诱惑地凝视他,他对自己呼喊:"坚强起来,我的心啊,不要问为什么。"就在这个时候,他那错乱的精神找到了和解的话语,带着一份最终实现的欢乐:

> 四周只有浪花和游戏。
> 那无比艰难的一切,
> 沉没在蓝色的过去,
> 我听任小船悠闲漂泊,
> 风暴与航行——一切都已荒废!
> 心愿和希望已经沉醉,
> 灵魂和海洋闪闪发亮。

"一条鱼儿,银光闪闪,灵巧地"正游过他的小舟。

---

① 关于尼采疯狂的结局可参 Kierkegaad,《致死的疾病》(*Die Krankheit zum Tode*),Jena,1911,页 67 以下;W. Solovieff,《生命的精神根基》(*Die geistigen Grundlagen des Lebens*),Jena,1914,页 167 以下;André Gide,《尼采—社会年鉴》(*Jahrbuch der Niezsche-Gesellschaft*),1925,页 110 以下;F. Overbeck,《基督教与文化》,同前注,页 136、286 以下。

海德格尔《尼采的话"上帝死了"》一文中所未明言[*]

[德]洛维特 著　吴增定 译　成官泯 校

海德格尔是令其同代人兴奋的思想家,有如当年的费希特(Fichte)和谢林(Schelling),而且原因相同:其哲学思想的力量与一种宗教动机相连。因此海德格尔的"追忆"中有一种激情,使顺从的读者和听众入迷,诱使他们进入到一种虚假的虔诚中。海德格尔愈是通过解释别人的思想间接表达自己的想法,以致其思想微妙地与别人的思想融合在一起,其思想的强度便愈是不可把握。

为了从海德格尔对尼采的论述中揭示和探讨这一解释过程,运用理性的与合理的论证是必不可少的。假如本质的思想只能始于它向理性这位思想"最顽固的敌手"告别之时,始于它"拒不理睬"逻辑和科学(按海德格尔的看法它们并不思想)之时,那么,为澄清问题而批判海德格尔思想方式就根本无从入手。我们也可以不必与海德格尔的思想搅在一起,而是把他的追忆当作一个准诗化的语言体系。然而说到底,甚至"本质性的"思想也并不像它看

---

[*]　[中译编者按]本文经授权译自 Karl Löwith,《全集》,卷八,《海德格尔:贫乏时代的思想家》(*Heidegger-Denker in durftiger Zeit*),J. B. Metzler Verlag,1984,页 193 – 227。

上去那样非理性、那样非概念化和无从反驳，它仍然会与理性的思想联系在一起并向这种思想开放。

尼采说，我们的哲学观的新颖之处在于"我们并不拥有真理"这种信念。由于"再也没有真东西"，于是"一切都是允许的"，因为在他看来一切都取决于"对真理的最后尝试"（Versuch）。与我们并不拥有真理这一事实相应，求真知的意志，也变成了创造性"解释"的意志；事物本身是不可知的，对它有多少种可能的观察角度，就有多少种解释。历史相对主义满足于承认，确定何物自在自为地永真是不可能的，因此只能满足于"理解"每一种哲学真理反映着某个特定时代的生活，因此从时间上说是相对的。

海德格尔思想的新颖之处在于，他首先把存在的真理归结为此在（Dasein）的有限性及其对存在的理解，并最终把真理本身与存在本身理解为真理与存在的历史的发生。但是，因为当存在的真理在存在者中展示自身时，同时也遮蔽自身，使自身退出，因此在海德格尔那里，有关这种真理的知识和表述也变为一种历史的理解和解释。甚至存在这一纯粹超验者，也自行暴露在一种"解释"面前。尽管，思想家现在"言说"实在，然而他并不是从可以得到科学检验的意义上来表述它的神秘性。与放弃科学知识相对应的，是真实存在（Wahr-sein）的退隐。不过，与尼采不同，海德格尔认为，我们之不拥有真理，根本就不是什么"新"现象，而是一种最古老的现象：从柏拉图直到尼采的整个西方思想史，从来就没有体验或思考过，存在本身的真理是什么。

鉴于存在及其真理的退隐，早在 1923 年，海德格尔在"实际性的诠释学"（"此在分析"的最初题目）这个讲座中，提供了仅只"形式的提示"；而在他最后的著作中。指明性的"提示"取代了证明性的证言。从可以交流的知退向形式的指示——在雅斯贝尔斯（Jaspers)的哲学中这相当于"诉诸"存在——其动因来自基尔克果。同黑格尔要求绝对的知相反,他设计出了"生存的间接交流"法,并把他作为一个作家的意义归结为一件事:"让人们注意""不依赖权威的"基督教的生存规定性。当然,在某种情况下这种谦虚也有其自己的傲慢之处。基尔克果认为,身处欧洲历史的一个转折点,唯有他知道真正的、唯一的基督性是什么;海德格尔声称知道,在存在的完整意义上,"现在存在"、发生着的到底是什么,他声称自己知道,存在的本质至今一直被所有哲学遮蔽。他本人关于存在的独断说法是,对于存在,仅仅能够说它就是"它自身",它是相对于一切存在者的全然他者,而此说法的权威性来自存在的"命令"和"呼请",存在引导着存在史思想家手中的笔。

然而,这种思想令人鼓舞的力量,并不是来自一种预知的确定性,而是来自其试验性的提问和探讨,来自它的尝试和在途中(Unterwegssein)。海德格尔坚定而又极为非苏格拉底式的追问,高于一切答案,答案仅仅是追问的"最后一步"。《存在与时间》首先是要唤醒一种对存在问题的意义的理解,并——先于计划中的从"存在与时间"向"时间与存在"的"转向"——在作为所有存在理解的境域的时间中发现了这意义。从时间(它自身为历史奠基)出发对存在所做的阐释,自认为依据于迄今的存在理解史,并把自身理解为对哲学史的批判占有。

对古代本体论的占有,在把某些希腊文本翻译为自己的语言,即德语时,便已开始。为此,只通晓外语并理解它所表达的东西是不够的。翻译(Übersetzen)需要转化(Über-setzen)进西方传统;从语言学—史学的任务中,出人意料地呈现出一种影响世界史的存在史的命运。西方的命运竟然取决于对"$\dot{\epsilon}\acute{o}\nu$"这个字的恰当翻译。正确的翻译——即使不一定是准确的,即字面上准确的翻译——的前提是,在早期思想和我们后来的思想之间存在着一种存在历史的关系，因而存在着思想家之间的对话，但在其中，真正的发言者应是存在本身。

《存在与时间》开篇引用的句子也必须理解为受到存在召唤的思想家之间的对话。他引用了柏拉图《智术师》中的一段话，有如黑格尔在《哲学全书》结尾引用亚里士多德的一段语录。就他们分别思考"存在"和"精神"而言，他们本质上都是以历史和历史学的方式在思想。甚至《存在与时间》中似乎是非历史学的现象学分析体系，其目标也是对西方思想史的摧毁性解释，并且本身就是一种"诠释学"。从最初的"实际性的诠释学"中的形式提示，到他最后的神秘提示，海德格尔始终是个历史的阐释者，他沉思过去已思想过的东西，在形而上学史终结之时对它重新进行翻译，并解释其未曾明言的含义。

兹拉齐（Wilhelm Szilasi）[1]指出，除了谢林和黑格尔，还没有哪个重要哲学家像海德格尔那样一生花费如此多的精力去解释各种哲学文本。他喜欢理解言外之意，并因此反对语言学家，他们只是简单地领会文本，却不察觉其中未明言的内容。在《存在与时间》之前，海德格尔就解释过司各脱，还在讲座和讨论课中解释过亚里士多德、奥古斯丁和阿奎那；在《存在与时间》之后，他解释了康德，在讲座和讨论课中解释了前苏格拉底哲学家和柏拉图、笛卡尔、费希特、谢林、黑格尔和尼采，在演讲中他解释了荷尔德林、里尔克、格奥尔格和特拉克尔。他的学生们，包括本人在内，完全用哲学史解释取代了哲学；他们把一个贫乏时代——在这个时代，苏格拉底求知的愿望以及与这种愿望相伴随的对无知的承认都消失了——的要求变成了一种理解的美德。甚至那些被认为是非历史的早期时代的思想，

---

[1] 见《海德格尔的学术影响》（*M. Heideggers Einfluβ auf die Wissenschaften*），Bern，1949，页73以下。

对于这种现代历史意识来锐,也成了一种受历史条件制约并由历史所决定、其本身仍需解释的理解。它既没有被承认为是可理解的和真实的,也没有被斥为不可理解的和错误的;而是像在黑格尔那里一样,超越了真伪,被理解为真理发展中一个必然的历史阶段。

不管海德格尔在四十年里解释了一些什么,哲学上具有决定意义的,并不是题目的范围,而是始终如一的解释过程。海德格尔是怎样理解"理解"的? 他的解释标准是什么? 狄尔泰把理解概念作为精神科学的一种确定的知识方式,并以精神生活为基础,从认识论和心理学上对它做了阐述;与他相反,海德格尔是基于人类此在的存在结构,根据一种普遍的意图,从基础本体论上来规定理解。理解的可能性的原初依据是:此在作为一个"此",本身既是敞开者也是能敞开者,并且不具备此在之存在方式的存在者被揭示出来。甚至,存在本身及真理的存在所以能够被理解,也仅仅是因为此在本来的"敞开性",即是说,它是"理解着的"。此在本身的澄清,不是因为另一个存在者,也不是因为——像《存在与时间》之后那样——存在,而是因为它本身即是自己的澄清。此在正是作为存在于此的敞开性而是一种理解的存在,先于任何狭义的"解释"和"理解"之区分。此外,此在作为"生存者"而能够存在,因此属于此在的理解也分享了此在的这生存论规定。此在能够根据某物来理解自身,也就是说:它是从其可能性并指向其可能性来理解自身。

与可能性在生存论上对现实性的优先性——这观点来自基尔克果的生存概念,虽然没有接受其基督教伦理的前提和目标①——相一致,理解是"深入到可能性中"。生存论上规定的理解,不知道

---

① 参《非科学的最后附言》(*abschlie Bende unwissenschaftliche Nachschrift*),卷二,第三章。

何物具有不变的本性,其特性是对一个存在者进行指向某物的"筹划"。理解的筹划,与此在一起,事实上是一种被抛的筹划,它"把可能性抛掷在自己前面"。不管此在怎样为了自身的缘故表现自己并指向某物而理解自己,作为一种能够存在,它"完完全全被可能性浸透",或者用萨特的话说,它以"否定"的方式超越所有"自在存在"。把理解的概念定位于指向某物的理解的一种可能的为何和何所向,其结果是,甚至理解的"观看"也原本不是一种无目的的理论观点,而是环顾、回顾和先见。先见的时间性意义是未来,这个未来已经包含在对某物的"有所指向"的每一次理解之中,而且它原初地与作为自我筹划的能存在的理解着的此在并存。但是,最为本己、最高和最不可逃避的生存的可能性,是断然预见到死亡才是本真的整体能在之筹划的最终的何所向。

包含在理解中的可能性的发展是解释(Auslegung)。例如,在我们理解世界时,上手存在者是因其在我们的寻视中所发现的可用性而得到解释的。这里得到明确理解的东西,有着"把某物作为某物"理解的形式特点。例如,当一张桌子被"当作"桌子来理解时,对它的理解是从某用途而来的,比如它是用来写字的东西。对上手用具的这种寻视性解释,是建立在一种"先行占有"上,而后者又为一种特定的视角,即一种"先见"所引导,先见指向一种特定的解释的可能性而把先有的内容带入视野。此外,由于解释总是已经决定了一种特定的概念特性(例如,把一个存在者把握为具有在乎"性质"的现存"事物"),因而先有和先见也有一种"先行把握"。"解释从来不是对先行给定的东西所作的无前提的把握"。因此,在把某物"作为"某物的每一次理解中所包含的"意义",正是"由先有、先见及先行把握所构成的筹划的何所向,从这何所向出发,某物作为某物得到理解"。

我们平日在与在世存在者的关系中对世界的理解方式,也同样适用于对哲学文本的理解和解释。与预先给定的事物一样,哲学文本同样不可能得到无前提的把握。

> 准确的经典注疏可以拿来当作解释的一种特殊的具体化,它固然喜欢援引"有典可稽"的东西,然而最先的"有典可稽"的东西,原不过是解释者的不言自明、无可争议的先入之见。任何解释工作之初都必然有这种先入之见,它总已随解释被"设定",即是说,是在先有、先见和先行把握中先行给定的。(《存在与时间》,页150)

因此,海德格尔着手分析理解的方式,是预先由理解的"先在结构"决定的,先在结构总是预先设置(voraus-setzend)好了自身。但是,这种必然的预先设置并不存在于对某物的理解之前,以致成了在理解过程之外的东西。相反,它总是与过程同时存在并引导着过程。一切解释都必定对有待解释的事物多少有所理解,而且自行保持这种前理解。但是,由于科学证明不可以预设它所要建立的东西,先在结构也就意味着,同科学的要求相反,一切理解都是在"循环"中进行,根据科学的逻辑规则,这循环是一种需要避免的恶性循环(circulus vitiosus)。"然而,"海德格尔说,"从这一循环中看到恶并竭力避开它,或即便只把它作为一种无可避免的不完美而'接受'下来,都是对理解的彻头彻尾的误解。"关键不在于摆脱理解的循环,而是要以正确的方式进入循环;这意味着不允许先行的概念受到"人们"通常假定但其实并不知之的前设的误导,而是使我们的理解真正成为我们自己的、透明的,从而使理解的科学主题得到彻底的"维护"。

以这种方式得到维护的理解之循环，不是某种特定类型的认识所进行的循环，而是此在本身的生存论先在结构的反映。一个作为烦着的在世而与其自身此在相关的存在者，且有一种循环性的本体论结构。理解的先在结构基于此在的存在，只要此在作为烦——即烦其最本己的能在与能整体在——是一种"先于自身之在"与"先行的决断"。凡是拒不承认这种基于筹划与烦之特性的循环结构的人，只不过证明他堕落为常识中的"常人"，他让自己滞留于"事实性的"现存存在者，拒绝超越它们。

基于这种根据特定的"存在"观念的标准而对理解所作的解释（《存在与时间》，页43、310、312），我们首先可期待的是，甚至海德格尔对哲学文本的解释也是先天地通过先有、先见和先行把握来保证的，而为了从无典可稽与未曾明言的方面来筹划要解释的东西，它将超出"有典可稽"者。但是对海德格尔来说，对以往形而上学的一切本质性解释的最初和最终的何所向都是"本体论的差异"：存在与存在者的区分，执着于后者而忘记前者。海德格尔对哲学史的解释标准，也就是《存在与时间》中所预设的提问立场。若这种预设作为解释的产物而再次出现，这不过是很自然的，并且印证了海德格尔自己关于此在之理解的循环性阐释。从各种不同的文本中竭力得出的断言始终是一个相同的并同时是海德格尔自己的断言。① 这样

---

① 见 H. Kuhn,《海德格尔的〈林中路〉》(*Heideggers" Holzwege"*)，载 *Archiv fur Philosophie*, IV, 3, 页253。海德格尔对康德《形而上学基础》的解释，显然是通过他人的文本的自我解释。据说这有助于把解释带到其自身的"更原初的可能性"中；然而实际上它有助于海德格尔通过解释康德可能要说些什么，从历史的方面证实《时间与存在》的提问立场，并把过去对康德的所有理解当作非原初的而置之不理。关于这一点，见 H. Levy,《海德格尔对康德的解释》(*Heideggers Kantinterpretation*)，Logos, 1932。

一来,若人们想要理解别人的也许不同的思想,这种展开性理解的封闭式循环,岂不会自相矛盾？或者说,这种被维护的理解所想要的只是在别人的文本中遇见自己？

虽然理解的先行把握是个难以逃避的起点,不过这起点并不是要维持的东西,因为这里的任务毕竟只能是:根据有待解释的文本质疑自己的起点,以便能够无偏见地按照别人自己的思想来理解别人。这要求对别人的主张以及别人就他所面对的我们的自我理解可能提出的驳斥和反对,保持开放性。为了不至于把循环的必然变成一种更佳理解的美德,我们必须在这种循环中自由运动,而且如果必要的话,能够放弃自己的立场。理解中的循环"问题",不在于以循环方式与自身相关的此在是不受质疑的,而在于一个人自身与他人的关系是相对的,并且要重视对别人思想的真正占有与对它的偏离之间的准确界线[Te totum applica ad textum, rem totam applica ad te(Bengel)]。这意味着为了使整个文本求教于我们自己,我们必须使自己彻底转向文本；或者像布尔特曼所言:"是这么回事:我们对文本的询问,正是让自己被文本所询问。"[①]我们所带着的前设于是很少会得到维持,正如在另一方面,为了获得无偏见的理解,有待解释的文本的前设也很少得到承认和认可。

海德格尔在"循环"这个题目下,以令人敬佩的敏锐阐述了普遍得势的偏见,认为不仅不可能有无偏见的理解,而且这种理解会有悖于理解的意义。阅读现代解释的现代人习惯于同意,需要解

[①] 《释义学问题》(*Das Problem der Hermeneutik*),见 *Glauben und Verstehen*,卷二,1952,页228,并参 H. Gadamer,《论理解的循环》(*Vom Zirkel des Verstehens*),见 *Festschrift zu Heideggers* 70. Geburtstag,1959,页24及以下。针对这一点,请参海德格尔对循环谈话的"表面性"的论述,见《通向语言途中》(*Unterwegs zur Sprache*),页134、页150及下页。

释的对象对于具体的解释者的相对性是显而易见的,例如,雅斯贝尔斯把尼采的哲学解释为一种"哲学活动",它本身表现为一种"超越活动",使每种确定的立场及其相应的否定处在一种"平衡"中,以致不剩任何可让人们坚持的"学说"或"立场",而另一方面,海德格尔对尼采的解释则没有平衡性可言,并最终得出尼采就像他之前的形而上学一样,极少理解存在和虚无的本质——这样一来,现代读者通常会得出结论说,虽然雅斯贝尔斯的尼采不是海德格尔的尼采,然而他们两人都是以自己的方式解释尼采,就像人们一般来说可能达到的对别人的理解,也就是从每个人必须自我"决定"的自己的前设出发的。尽管存在着现代理解的所有历史反思,却始终未问及尼采本人是如何决定和理解的,因为人们假定,只有这种超越文本的充满前设的做法,才能够解释文本。在各方面都得到保持的单纯文本,始终都是"沉默的",如果我们不以解释的方式让它说话——因为文本本身不会由自身并替自身说话。

有必要根据作者本人的理解来解释文本并澄清他本人或多或少明确地说了什么以及没有说什么,①这一点乃基于有待解释的事物,也即作者所致力于的事物的权威性。凡是不想以别人的自我理解方式来理解别人思想的人,也不可能对别人采取一种批判的,即让自己有别于人的立场,而只能在一种实际上是再阐释的阐释中作出

---

① 这里我们没有处理根据未言来解释所言的特殊可能性和必要性,即为了在公开的背景下表达隐秘意会的东西,故意不说出、隐蔽或伪装真实的思想。教会或政治迫害的后果常常是这样,在公开发表的东西中的真实思想成了私下里的东西,只能透过字里行间说出来,因此阐释从一开始就必须区分言说公开的和秘传的意义。关于这一点,参见 Leo Stuauss,《迫害与写作艺术》(*Persecution and the Art of Writing*),The Free Press Publishers,Glencoe,III,1952。

批判。这种阐释可以被认为是"创造性转化",然而这丝毫改变不了这一事实,即它不是一种恰当的、批判性的解释。像别人理解自己那样去理解别人,这一要求虽然有困难,但仍然是合情合理的,只要我们不先天地假定历史过程使我们超出了迄今的一切思想。

在活着的人之间,满足这项要求非常困难,在我们的对话中,一方给另一方的问题提供的是无法预见的回答,而这回答显然不是我们问答的最后一步。在对话中,当我们一味根据自己的意思和标准来理解别人,从而固执地误解了他时,他可以纠正我们。因此在我们不被理解或产生误解的关键问题上,我们至少——这一点当然意义重大——能够使自己被人理解。如果对话的另一方不在场,思想家之间的"对话"便事实上是一人独语,因为另一方只存在于文本中,这样的可能性就会大为增加:在利用被解释的文本时,我们只是重复自己的思想,而未了解别人真正的思想。但是,文本即使对于前理解也是先行给定的,它之存在并不是为了确证我们不言而喻的,甚或是透明的先入之见。相反,我们必须假设:它有些东西要告诉我们,教给我们,而那是我们从自身无从得知的。

假定可以表明,海德格尔对一个哲学文本的解释作了不同于作者本人的理解,造成这种结果的,不是一种具体的误解,而是他的解释所采用的方式,那么随着对一个特定阐释的失误的证实,其方法论前设的成问题的性质也可以得到间接证明。但是,它的最终前设却是存在于"对此在的分析"乃其基本原理中,即,人的"本质"不是自然的固定物,而是一个总是属于自己的能够存在,它在筹划和理解中以循环的方式与自身相关。因为对文本的理解就是通过自我对另一个人的理解,所以至为重要的是此在的生存论分析如何理解本真的与他人的"共在",即把他人"释放"到他的总是属己的各种可能性中。① 但是,这种"释放"表达的并不是一种纯粹的约束或义务,而是对总是属于我自己的,与别人有别的能在的强化。它释放他人,让他自己独立和无所牵涉地存在。在《存在与时间》中,最本真的能在是一种属己的能整体存在,它与别人"无关",而且无法逃避,因为死亡是自由的生存者之最高的和无法回避的事。

海德格尔以自己的方式意识到他的解释的无关联性和任意性。为了进行辩护,他反对所谓"强夺"的指责,指出与另一些更容易受到损害的原则的思想对话仅仅构成了历史学—哲学的阐释。② 但是,在哲学—历史学研究和存在史的对话之间的区分,就像年代不定的存在史和有历史年代的世界史(它的实际灾难应来自非存在着的存在事件)之间的相似区分一样,是很成问题的。即使思想家对思想史的经验,也不得不从在历史中传下来并经过编辑的文本,不得不检查这些文本;并要比只有史学兴趣的语文学家做得不仅不能少而且要更多。归根到底,海德格尔当然是想通过利用现存文本中作者的明确所言和意图,去理解它"未曾言的"的事情,以便理解那些未明说或未说出的内容。取决于未明言的事情愈多,对文本的思考就愈要倾听它说了些什么。

无人可以否认,海德格尔实际上比任何当代解释者更为敏锐,

---

① 《存在与时间》(*Sein und Zeit*),节26。另见 Karl Löwith,《作为邻人的个体》(*Das Individuum in der Rolle des Mitmenschen*),载 *Sämtliche Schriften*,卷一,页9及以下,尤其节21。

② 见海德格尔论康德的著作第二版序言。在第35节最后(德文版,页196)讲道,强夺的必然性是以这样一种思想为基础的:解释并不取决于理解作者的明确所言,而是取决于从他那儿"夺出"他未言而又"欲言"的东西。为了做到这一点,解释者对于一部著作中被隐藏的激情必须有信心,使自己强行深入到其所未言。因此,对文本施暴的解释的正当性是来自那从被解释的文本发出的暴力。使自己批判地有别于文本自身意见的解释,被一种双重的暴力所取代。

当他把一个思想家或诗人的语言体系仔细地重新分解组合时,他是个阅读和解释艺术的高手。然而谁也不会看不到他的解释之粗暴。事实上,他的解释完全超出了对有典可稽的内容的澄清。这是一种说明性的其中掺入了别的东西的阐释;是把文本翻译成旨在思考"相同物"的另一种语言。因此,他对文本的精巧揭示,与他贯彻自己的先入之见的断然决心一样严重。人们可以从他的强夺中发现过失而又赞赏其精巧,然而它们是互为补充的。强夺对先入之见的贯彻,掩盖在精巧解释之下,这种精巧是为强夺服务的。它们在各不相同的程度上决定了解释的恰当与失误。

《黑格尔的经验概念》一文中的讨论与其说是一种说明性解释,不如说是一种伴随进行的评论。对里尔克的一首诗("诗人何为?")的讨论,除了某些具体的歪曲以外,堪称一篇精巧解释的杰作,它只是在把里尔克的所言做了更诗化的解释并进一步思考它。对阿那克西曼德(Anaximander)的讨论则是这样一种解释,它不仅超越了所要解释的箴言,而且干脆撇开它去解释箴言所未言,结果把所要解释的箴言弄得面目全非。对尼采"上帝死了"一语的讨论,是以粗暴地超越了尼采本人思想的方式,有选择地对尼采文本的审视。柏拉图的"$τὰ……μεγάλα\ πάντα\ ἐπισφαλῆ,$",这句话,是海德格尔担任校长时就职演说的结束语,此言肯定不像他在那个暴风骤雨的年代所翻译的那样,是说一切事物都"矗立于风暴中",而是说一切伟大的(高贵的)事物都处在危险中(不稳固),或者——按施莱尔马赫的翻译——是"令人忧虑的"。①

---

① 这是个希腊人特有的思想,希罗多德在《原史》卷七中对它有所解释,尼采的诗《松树与闪电》(*Pinie und Blitz*)也提到过它。[译注]此语原出自柏拉图,《王制》,497 d9。

海德格尔经常谈到尼采——在《存在与时间》中,在《林中路》中的论文中,在"尼采的扎拉图斯特拉是谁?"的演讲中,在《何谓思?》的讲座中。在对历史学在此在历史性中的生存论源头之分析的末尾(《存在与时间》,第 76 节),他对尼采"历史(Historie)学对生活的利与弊"的不合时宜的沉思的真正意义,提供了一个简短的解释。他的思考过程除开无比尖锐的概念运用,在很大程度上与尼采一致。两人的共同之处在于,通过返回属于"生命"或"此在"的历史性,及其与我们自己的能在的前瞻可能性的联系,而批评历史学和历史主义。批评的要点是,历史学疏离了与历史的真正关系;因此,以非历史学形态而生活的时代并不就是非历史的。就历史的行为和理解"重复"着生命过去的可能性而言,它们把过去的事件再次带给我们,从而把曾在带入我们自己的可能性之中。

海德格尔同意尼采的基本观点,即我们只有作为"未来的建筑师"和"现在的启动者"才能破解过去的箴言,他认为,过去的真正历史学的开展,是在从将来而来的当下瞬间中实现的。它同过去和当下的结构性关系,以及与相应的历史学之为"纪念的""好古的"与"批判的"三重体的关系,虽然尼采并没有明确揭示出其必然性,但是他的思考的起点却让人可以猜想:"他的理解多于他的表达"。

海德格尔要理解这些"多出来的内容",在这一点上,他要比尼采自己更好地理解尼采。这种解释的结果是,历史史学的三种方式的统一基础是本真的"历史性",而历史性的本源乃作为烦之生存论意义的"时间性"。但是海德格尔的前设,即人本质上是一种历史地"生存着"的,自我筹划与操烦着的此在,却正是尼采所没有的。如果说有什么东西标明了尼采思想的起点和终点的话,那便是他看待纯粹存在(Dasein)的非历史的方式,这种此在能够"忘却"其"曾是",能够无烦无忧地献身于当下瞬间,毫无保留:动物和——非常亲近的——孩童。两者都不同于成年人,后者是为自己的能整体存在操烦的"绝对不可能完美的不完满之物",而前者却在嬉戏中而为完美,而为其存在的整体,并因此是幸福的。

历史地活着的不完美的人,也要求这种完美。不过对尼采来说,与动物亲邻的孩童,很难说就是一种此在的前人类方式,相反,在《扎拉图斯特拉如是说》中他成了这样一种人的象征:他克服了自身,在经过最后的变形之后,成为一个"纯洁"而"无记忆"的世界之子,成为一个"新的开始",一个"自我旋转之轮"。在童稚的此在与赫拉克利特式的世界亦子的积极关系之外,[①]童稚的此在与上帝国的消息还有一种论辩的关系,后者只向那些像孩子一样相信的人开放。《扎拉图斯特拉如是说》以同样的方式提出了"瞬间时刻"的全部意义,没有它便不可能有幸福。这是一开始伴随绝望然后是至福的"最高时刻",它是时间"凝滞"的时刻,作为一个"正午"的瞬刻,它意味着"永恒"。对海德格尔来说,从时间而来的存在规定性,只是在本真与非本真的时间性和历史性之间的选择,而对于尼采来说,至关重要的是通过在一个永恒地意味着同一的存在中扬弃历史过程,从而重新获得失去的世界。

因此,在其"一个不合时宜者的漫游"中,尼采对历史学的批评便是双重的。海德格尔仅仅考虑到这种批评中限于历史学意识的一个方面,尼采本人把这个方面称为非历史学的生命能力。对于历史地生活的人来说,问题在于在适当的程度上既能够记忆(历史

---

① 尼采,《语文学》(*Philologica*),卷三,1913,页184及下页。

学地)也能够忘却(非历史学地),以便从"曾是"中只占有与自己的能力相适合的东西。但是除此之外,尼采的思考还不断地提到一种超历史学(überhistorische)的生存方式,①就这种方式而言,没有什么本质上新的东西需要从历史过程中学习,因为在纯粹此在的成功完成的瞬间,世界也在它的每一瞬间都"完成"或完满了。与所有三种历史学的思考方式相反,这种超越历史学的人将把过去和未来、"以前"和"某一天"与"现在"一起视为一个同一物,②它是一种"意味着同一的"不朽的"遍在"。只有这才是"智慧",即完美的知。

尼采从一开始就踏上了通往这种智慧的道路,对于这种智慧,我们对历史学的估计不过是一种"西方的偏见"。然而,对于那些历史学地和相对非历史学地生活的人,这种智慧首先是"令人憎恶的",因为它看起来与忙于前行的生活相矛盾。"一个不合时宜者的漫游",把那明白只有永远意味着同一者才是真理的智慧,交给了"艺术和宗教",即唯一"使事物不朽的力量"。尼采的扎拉图斯特拉只有作为同一物的永恒复返的导师,才把自己从其时代的批判者,变成了永恒的宣告者,他不再以不合时宜的方式局限于时间和历史。

因此,尼采思考的起点和相应的终点都不允许我们假设,尼采已经以海德格尔解释他的方式不明言地理解自己,相反,我们必须作另外的假设。尼采用作评判历史利弊的标准的"生命",并不是历史的"生存",而是接近于宇宙的自然,同样,"文化"是一种新的

---

① 尼采,《全集》(大八开本),卷一,页292及下页,298、379及下页。
② 同上,卷六,页324。

"自然",①而尼采所追求的"智慧"也绝不是一种历史理解。尼采最终的和首要的问题,在他的两篇论"历史"(或"意志自由")和"命运"的中学论文中已有表达,在第二篇"不合时宜的思考"中又有进一步的说明,在《扎拉图斯特拉如是说》中②则通过从一切"曾是"中的"拯救"而获得了解决。这个问题不是存在与时间,而是生成与永恒。

永恒就是向同一物的永恒复返这个主题,自始至终规定着尼采的哲学。它最初出现在他十九岁时的一篇自传提纲中,其中间及在人们摆脱一切过去的历史权威之后,能够拥抱他们的"圆环";它决定着非历史学与超历史学的历史态度的区分;从《朝霞》结尾处的问题中可以清晰地听到它的声音,它完全支配着《扎拉图斯特拉如是说》。但是,即使在《权力意志》中把时间作为一种虚无主义史的评论;也是以先于"存在之永恒肯定"的"肯定"为基础的。③若说尼采在严格的意义上谈论过本体论问题,那是他偶尔称为"存在",而大多数时间称为"生命之整体性"的东西,它本质上和虚无无关,而是指一切存在者的永远同一的存在,它作为一种生成既毁灭又创造,然而它作为一种永恒生成的存在就是肯定。对于海德格尔来说,"被假定为永恒者",仅仅是"一种被抛弃,即被抛弃到无持存之现在的虚空中的暂时物"。④

在《林中路》的讨论中(页203,300),就尼采的思想被理解为一种历史性思想而言,海德格尔变成了尼采的一名姗姗来迟的学

---

① 尼采,《全集》(大八开本),卷一,页384;并参卷九,页377及下页。
② 同上,卷六,页206及下页。
③ 《荣誉与永恒》(Ruhm und Ewigkeit)这首诗,尼采曾计划把它用作《瞧这个人》的结语。
④ 《林中路》(Holzwege),页295。后面引用《林中路》,只注明页码。

生。在他们两人那里,对后来者的意识都转换成一种对未来的意志。尼采对超感性价值之衰落("'真实的世界'如何最终变成一种寓言")的历史—哲学的建构,被无保留地接受,只是换了一下说法。虽然,海德格尔没有像尼采那样明确地讲直到扎拉图斯特拉出现才告结束的最古老"错误"的历史,但是在这个问题上,他对整个过去的传统的立场,也是指向关于这最古老错误的新开端与价值重估,就像人们在把存在者当作存在者来思考时对存在本身所作的沉思那样。

为了根据海德格尔对尼采的亲近程度来评价他是否公正地对待需要解释的文本,我们要提出以下三个问题:1. 一般而言尼采对他意味着什么;2. 他对解释尼采持什么看法? 3. 他是怎样解释尼采"上帝死了"一语的?

1. 在他看来,尼采不仅仅是"充满激情寻找上帝的最后一名德国哲学家",[1]还是个形而上的思想家,他保持着与亚里士多德的亲近,像亚里士多德一样深刻而严谨地进行思考。平常人也许会奇怪,《一个不合时宜者的漫游》《快乐的科学》《扎拉图斯特拉如是说》《善恶的彼岸》《权力意志》《敌基督者》和《瞧这个人》的作者,竭力想在各种警句、寓言、未竟的计划中形成自己的思想,因此总是使自己面对语言,他怎么会和亚里士多德那些严格的科学著作,与他的物理学和形而上学、伦理学和政治学、地理学与天文学有密切关系呢? 尼采的思想实际上只是"以历史学的、表面的方式"表现出一种不同的、现代的表情吗? 或者,是否对于尼采来说写作有关"疯人"的文章至关重要,就像对于亚里士多德来说至关重要的不是他的神无生无死,而是至上的天界之自然运动的永恒原则,因

---

[1] 《校长就职演说》(*Rektoratsrede*),页12。

此根本不存在人们能够为之由衷(de profundis)恸哭的事情？说到底,尼采和基尔克果之间"已经习以为常的"结合,还是较之把颠倒了的登山宝训的作者与亚里士多德、莱布尼茨、谢林和黑格尔扯在一起这种为海德格尔所要求的思想更为恰当(页233)。

2. 海德格尔以这样的话开始他的尼采解释:"以下的阐释试图指出一种立场,在此之上,某一天可以提出关于虚无主义的本质的问题。"他所谓的"阐释"(Erläuterungen),是指《荷尔德林诗歌之阐释》的前言中那美好而简短的陈述:它力求"在某些方面使诗歌更为清晰",为了诗歌本身,它必须努力使自己成为多余的。"解释的最后一步,也是最困难的一步就是,在面对诗的纯然存在时,解释和阐释一起消失。"做到了这一点,我们再读一遍时就会觉得"我们向来是以这种方式在理解这首诗"。一般说来,这种忘我的意图并不是海德格尔解释思想产物的特点。凡是阅读他对尼采的解释的人,在反复阅读之后几乎都会感到,披着尼采的伪装出现的,是海德格尔的思想——因为这其中的部分原因显然是,尼采本人的思想没有得到纯正的思考。

海德格尔的解释显然是想超越尼采的所言,不想停留于"以空泛的方式重复报告";据其目标和主旨,他持守着在《存在与时间》中得到思考的那一种经验框架。尼采的思想被纳入存在之遗忘史中,并根据那历史来解释。为了以预设的两千年存在史为背景来阐明尼采"上帝死了"一语,海德格尔也必须"从他自己的事情出发"表明他本人的思想。当然,"俗人"会认为,这种补充是一种强词,并批评它是对所处理文本的实际内容的粗暴臆断。针对这种普通理解的并不理解,海德格尔坚持认为,对文本的本质性阐释,并不比其作者的理解更"出色",而是对文本有"不同的"理解,虽然这不同理解所处理的,与被阐释文本所思考的,必定是"同一物"。①

尝试比尼采本人所能说出的更清楚地领悟其思想,这便预先假定了他对我们来说有了"更多的意义"。然而,更多的意义却是未明言者,它是一个思想家的真正"学说"(页215;参《柏拉图的真理学说》的第一句话)。② 在解释阿那克西曼德的箴言(341)时,海德格尔进一步说,所有与另一位思想家的存在史对话都基于存在的吁请。当然,凡是在这种关系中思考的人,都可能偏离另一个人的思想,尽管如此,或者"也许只能以这种方式",他仍可能在思考同一物。谁会断定海德格尔对"上帝死了"一语的解释是来自存在

---

① 在1927年"现象学的基本问题"讲座中,这一点说得更为明确:"因此我们不仅仅是想要,而且是必须比希腊人自己更好地理解他们,唯有如此,我们才能现实地拥有我们的遗产。只有这样,我们自己的现象学研究才不至于只是一种拼凑物,一种偶然的改变,改进或恶化。"[译注]《海德格尔全集》,卷二十四,页157。

② 海德格尔表现得就像一位深层心理学家(虽然在他看来这种"分析"方法最不切题):他从所言中听到了未言,它是所言之真正的、虽然被遮蔽的本源动机,即已被遗忘的开端失当行为,作为开端,它通过无意识规定着生命的整个历史,决定并超越人类所有随后的命运——直到出现一个拯救者,它大胆地"复述"这一命运的漫长历程。

存在和发生的这个匿名的"它",与那无意识者的非人格的"它"相一致。弗洛伊德和海德格尔都把自我意识者的"我"投入到一种更深层的关系中,他们都在自我显明与被明言者中注意到了自我退隐与未曾明言者,它在与观念的联合游戏中以并非任意的方式进入语言。

海德格尔的这种做法也与心理分析在方法论上相近,他利用 argumentatio ex privativo(私人论证),通过把可能的反驳纳入他自己的前提而事先打败它们。例如,如果谁否认"有典可稽"的只是解释者的先人之见,那么他必须承认,他自己虽然也以这种方式思考,但因为他陷入"常人"中,所以拒绝超越这有典可稽的先见。一种本体论解释在所有情况下都是正确的,因为要反对它便不过是证明了自己来自一种有待显明者的"有缺陷的样式"。

的吁请呢? 唯一可以肯定的是,他的所思超出了尼采所言,从自己的思想出发,又进入了自己的思想:本体论的差异。

3. 对尼采"上帝死了"这句话最初的引用,出现在海德格尔1933年的就职演说中。我们必须牢牢把握这种"当今人类在具体存在者中被遗弃"的局面。如果在这里存在者中的存在之遗弃是至关重要的,那么这种上帝之遗弃的状况又包含着什么呢?显然,当尼采在青年时代摆脱基督教遗产,①并最终以"敌基督"来攻击《新约全书》中的基督时,他是在热情地追求着"那个"上帝,即"未知的"上帝。尼采相信,他已经在狄俄尼索斯身上发现了这个未知的上帝,即已被杀死然后又复活的上帝,他相信自己通过对比"受苦的解释",区分了基督教的上帝和异教的上帝(《权力意志》,第1052条)。

但是,对于无疑以同情的方式复述这个宣布上帝死了的疯子的故事,同时又把上帝问题带回到本体论差异的问题上来的海德格尔,尼采的热情追求以及似乎天赐的发现,又意味着什么呢?因为对上帝最严厉的打击,并非来自不信上帝的人,而是那些信徒及神学家,他们把上帝作为一切存在者中"最高的存在者"来谈论,却没有思考"存在本身"(页240,246)②。然而,由于海德格尔把思想看作一种福佑、神圣、神性者之可能的场所,由于他追问存在是否

---

① 见他年轻时的诗:Du hast gerufen – Herr, ich komme, Vor dem Kruzifix, Gethsemane und Colgatha, Dem unbekannten Gott ("你已呼召——主啊,我在这里","基督受难'被钉十字架'像前","客西马尼园与各各他","致未识之神"),以及《扎拉图斯特拉如是说》里"魔术师"一章中的诗。

② 参 Volkmann-Schluck,《尼采的上帝问题》(*Zur Gottesfrage bei Nietzsche*),见 *Anteile. Zu Heideggers 60. Geburtstag*,页212及以下。此文试图证明,尼采"上帝已死"的消息表达了一种虔诚,它和海德格尔一样,拒绝相信一个存在者上帝,因为它是存在之被遗弃的产物。

能"再一次"接受一个上帝,《存在与时间》(页306脚注)中的中立立场——生存论分析不可能用来对罪作出支持或反对的证明,因为信仰提出的证明始终是在"哲学经验"之外的——也就不再是恰当的了,同样,《根据的本质》(页28脚注)中的立场①——有关此在的本体论解释,对上帝之存在的可能性既不会得出肯定的断言,也不会得出否定的断言——也不再是足够的了。

当然,海德格尔在文章结尾明确宣布,与那些公开的旁观者、那些没有信仰的人划清界限,"因为他们自己"已经放弃了信仰的可能性——只要他们再不能追求上帝。然而他接着说,"他们再也不能追求'上帝',是因为他们再也不能思想"。但是,只有存在才是真正需要思想的,而为了能够思想,必须向"理性"告别(页247)。对存在的思想当然是一种领悟,甚至是对思考的一种"聆听",但是这种倾听式的领悟,并不像在黑格尔那儿一样是理性和信仰的共同基础。另一方面,海德格尔向理性告别是为了思想,因此不同于路德为唯因信称义而反对"婊子理性"的斗争。

人们会问,海德格尔一方面赞成追求着的信仰可能性,另一方面又把这种信仰归结为一种反理性的思想,这意味着什么? 如果思想中根本没有信仰的位置(页343),并且思想堕落进科学和信仰中正是存在的一种需要改变的厄运(页325),那么"诸神的消失"(页70)怎么能够从本质上被思想为失去诸神所取代——除非探索的、"怀疑的"求知和顺从的信仰被一种本身是忠诚而虔敬的却既非哲学也非神学的"思想"所取代? 所以,真正有信仰的将是这样

---

① 参《论人道主义的信》(*Humanismus-Brief*),Bern,页101及以下。在那里同样既不是要决定支持也不是要决定反对有神论,然而也不是对信仰与非信仰漠不关心,因为至关重要的是这个问题,即如何在"本体论上"建立"此在"与上帝的关系。

的人——在对存在者上帝的信仰与不信仰的这边,他转身把自己系于存在,并因坚持作为"思想虔诚"的"追问"而是"宗教性的"。①当然,在后来追问也被带回到对存在与语言的允诺的"聆听"中,而且不再声称是思想本身的真正表现。

海德格尔关于思想和信仰的含糊区分与联系是极难维持的,假使本质思想家的思想和真正信徒的信仰都声称知道,存在或——在后者那儿——上帝历史地显现并遮蔽自身。海德格尔这位从前的基督教神学家是不是用一种超越形而上学的方式思考了对启示的信仰,从而只给神学家们留下了没有思想的信仰,仿佛基督教神学和神秘主义并不是从一开始就认为上帝不可能像他的创造物那样"存在"?在被尼采称为一种"狡猾的神学"的德国哲学的历史上,某个哲学家自认为是更好的神学家,从而把神学家的任务接过拿到哲学中,也似乎不是第一次了。虽然在另一方面,也总存在着这样一些神学家,他们认为对启示的信仰能够从虚无的体验和对存在的思想中获益。

尼采的"上帝死了"这句话在海德格尔的解释中确实处于中心位置,然而不是作为单个的学说,而是作为一个主导思想,以它为基础,尼采的另一些基本词汇,如"虚无主义""生命""价值""权力意志"和"永恒复返"得以显明。海德格尔的五十页文章是对关于尼采的五个学期讲座的总结,因此应严肃对待。在海德格尔看来,"上帝死了"意味着理念、理想和价值的超自然世界不再有活动,因此形而上学也走到了尽头。虽然海德格尔并没有否定,尼采的话指的是《圣经》所启示的基督教的上帝,但是"上帝"一词首先包含的是对一个超感性世

---

① 参 Karl Löwith,《知识、信仰与怀疑》(*Wissen, Glaube und Skepsis*),1956。

界的权威之衰微的认识。尼采所理解的基督教，根本不是只影响了不长时间的原始基督教生活，而是教会的世界政治表现。

不过，关于尼采如何与基尔克果相比很少反对教会，不仅是道德价值中"潜伏的"基督教，而且是《新约》和圣保罗的基督教本身，这并不需详细的证明。《扎拉图斯特拉如是说》是一部彻头彻尾反基督教的福音书。要把满溢永恒欲望的琼浆一饮而尽，并有一双雄鹰相伴的超人扎拉图斯特拉，从一开始就是神—人基督的对立形象，后者就像献祭的羔羊那样温顺受难，并饮尽受苦的圣杯；扎拉图斯特拉在结束自己的讲话时，亵渎性地膜拜一头不断狂叫的驴，那个杀死上帝的最丑恶的人还给它酒喝，因为和基督教的上帝国相反，扎拉图斯特拉意欲一个"地上的王国"。只要看看《敌基督者》以及尼采和帕斯卡尔的关系就可明白，与尼采有关的，是基督教的灵魂、基督教所理解的受苦与基督教的上帝，而他对"上帝"的反对则关心的是"世界"以及基督教柏拉图主义超感性"隐藏世界"的最终消灭。尼采与亚里士多德自然神学相距万里，同帕斯卡尔和基尔克果却关系密切，可由这样的事实得到最深入的证明：在《瞧这个人》的结尾处，他自称"反对被钉十字架者的狄俄尼索斯"；在陷入精神错乱时，他又自称是"被钉十字架者"。

尼采自始至终真正追求的，根本不是希腊哲学意义上的"理论"知识，也不是任何现代的理解，而是一种"拯救"，一种对更高的人——甚至那个不希望上帝看到自己的卑鄙，出于报复心杀死了上帝的最丑恶的人，也被算在他们当中——发出的"哀号"的回答。扎拉图斯特拉是彻头彻尾"无上帝的人"。尼采从不宣讲平常的、自由思想的无神论（页202），这一点如此明显，以致根本无法否认；他把自己理解成现代无神论史上的一个"转折点"，他认为自己的使命就是"引起某种危机,使无神论问题有一个最终了结"。①

海德格尔根据两千年的存在史与世界史来解释尼采的话,他的解释大大超出了以上所言,"上帝死了"这句话,在整个为形而上学决定了的西方历史中,"总是暗示性地"说出的(页196)。怎么会是这样?在某种程度上也许是因为古代晚期的人已在说大神潘死了,或者因为基督教西方是建立在对一个钉死在十字架上的上帝的信仰上?然而大神潘与《圣经》中的上帝有什么关系?根据上帝拯救人类的意志而被钉在十字架上的基督,与上帝被最丑恶的人杀害又有什么关系?海德格尔对此只提供了少得可怜的说明,他声称,黑格尔在援引帕斯卡尔(《思想录》,第441节)并谈到对上帝之死"无比痛苦"时,他所想到的是"上帝之死",虽然与尼采"有所不同";但是这两种说法之间,也即在他的说法与尼采的说法之间,大神潘死了的说法有一种"本质性的关系",这种关系"隐藏在一切形而上学的本质之中"。

因此,异教徒(普鲁塔克)、基督教徒,宗教哲学家(黑格尔)和反基督的人(尼采)对上帝死了的不同理解之间的关系,也许是基于这一点:在海德格尔看来,从基督教以前的起点最终直到尼采,整个西方史都是一部存在的遗忘史,在其中"没有任何东西与存在相伴",因此甚至基督教也可能是这种原始"虚无主义"的副产品(页204)。然而与此相反,尼采认为虚无主义是我们杀死基督教的上帝、对上帝的信仰变得不可靠的结果。海德格尔并不打算如帕斯卡尔那样,把自己对基督教的思考集中在上帝经由基督发出的启示上;他也不想像黑格尔那样,利用"思辨的耶稣受难日",赋予上帝之死一种哲学的存在;他也不像尼采那样,声称基

---

① 尼采,《全集》,同前注,卷十五,页70。

督教史是一部"两千年的谎言史"。然而,虽然出于不同的理由,他确实同尼采一样说,基督教在最大程度上分享了现代之"诸神的消失"(页70)——这种论点与基督教本身只是为本质地在在之中的虚无主义所造就的论点,很难一致。在这里,谁的思想更为清晰明确呢,是既从基督教吸取思想又同样抽掉其根基的海德格尔,还是尼采?

尼采成熟的思想是一以贯之的,它的起点是上帝之死,中间是由此产生的虚无主义,终点是虚无主义的自我克服,走向超人的同一物的永恒复返。扎拉图斯特拉的第一篇演说"论三种变形"是和这种一贯性相一致的:圣经信仰的"你应",变形为"我要"这种解放了的精神;在这通向虚无的信仰自由的沙漠上,最终和最困难的变形出现在"我欲"变为一个孩童的世界游戏的永恒复返的存在之"我是"(《权力意志》,第940条)。随着这最后一次自由走向虚无的变形——这自由宁愿意欲虚无也不愿无所意欲,它走向自由选择的万物之永恒循环的必然性——尼采认为其时间性的命运达到了"永恒":对他来说,他的"自我"变成了"命运"。

在"必然性的指引"下,在既不会提出请求,也绝不容忍任何"否"的"存在之最高星辰"下,真正的此在的偶然性,再次返回到现世存在的整体之中。那条道路,尼采在其中找到了此在的偶然命运——它在意欲自身之前总已"存在"——的拯救的道路,正是一条摆脱基督教创世观的道路。他把它称为"虚无主义的自我克服"。扎拉图斯特拉是"上帝"和暂时取代上帝位置的"虚无"的"征服者"。基于这种在虚无主义的"预言"与完全不同的永恒复返的"预言"之间的明确关系——它们虽然在对立的意义上,但都是一种"枉然"以及"万物都一样",都是一种无意义、无目的与无价值——尼采的全部学说呈现出两副面孔:它是虚无主义的自我克服,在其中"克服者和被克服者同一"。在同样的意义上,扎拉图斯特拉的"双重"意志(《全集》,卷六,页210)、狄俄尼索斯对世界的"双重观点"以及狄俄尼索斯的"双重世界"本身实为一种意志、一种观点、一个世界。虚无主义和复归的这种统一来自,尼采求永恒的意志正是其求虚无的意志之"颠倒"。①

在海德格尔看来,尼采的颠倒只有消极意义,因为一切颠倒都是在被颠倒者的领域里进行的(页200,214,242)。尼采的颠倒只是把形而上学颠倒入它的非本质(Unwesen),因为超感性世界的取消同时也取消了单纯感性的世界;并因此抹煞了两者的区别。然而在尼采本人看来,"真实世界"及其感性反面的取消,丝毫不意味着终结于无本质世界,而是一个新的起点,时当"正午",阴影最短,存在与知识的太阳处在最高处。② 尼采的这种自我解释并没有阻止海德格尔宣称,尼采几乎谈不上克服了形而上学,即基督教的柏拉图主义,相反,他不过是在做反对虚无主义的"反向运动",这使他无可救药地陷入了形而上学及其虚无主义的前提和结论。海德格尔认为,虽然尼采在这颠倒过程中经验到了虚无主义的"若干特点",但是他以虚无主义的方式来解释虚无主义本身,因此就像他之前的形而上学一样几乎没有认识到虚无主义的"本质",即存在之真理的遮蔽(页244)。他对以往价值的重估,最终实现的仅仅是以往最高价值已遭到的贬值。在意欲自身的权力意志的视界下,即在价值和价值确立的观点下,尼采没有认识到自己对价值的重新确立变成了一种毁灭与虚无主义。

---

① 我想指出,我在1935年发表的著作在这个思路上把尼采哲学解释为一种同一物的永恒复返的哲学。此书的增订本出版于1956年。
② 《"真实的世界"如何变成了寓言》(*Wie die "wahre Welt" endlich zur Fabel wurde*),《全集》,同前注,卷八,页82及下页。

人们不免奇怪,一个经历过一次"转向"、坚信一切揭示和理解行为有一种循环结构、把对比如怀疑主义之形式辩证法的反驳仅仅视为"大惊小怪的努力"而置之不理(《存在与时间》,页229)的思想家,竟然没能认识到,即使是克服虚无主义的努力,也不可能无前提、非历史地从虚无主义这方面开始着手,而是像尼采所知所说的那样,它在自身中扬弃被克服的东西。"克服有不同的方式和途径:你就等着瞧吧!但是只有一个爱讲笑话的人想:'人类可以被跃过。'"(《全集》,卷六,页291)所有现代思想家,谁不是在一个"反对某某东西"的框架内,以时间或非时间的方式思考,只要他根本上依然是历史地思考,并像海德格尔那样"面对"他的"现在",或像尼采那样要使一个决定性"瞬刻"变为永恒?如果说有过一个针对正在接近其终点的现代进行历史思考的哲学家,他深入地思考了过去所有时期、时代和现世需要中的历史思想,并指向一种永恒的同一物,其必然性不是来自任何"将来的需要",而是来自所有生成着的存在之永恒定律,那么,这个哲学家就是尼采,他努力把已经变得反常的人类"重新置回"自然之永恒的"基本关联"中。

针对尼采对虚无主义的克服,海德格尔说,其实这只是虚无主义的完成,因为它没有让存在如其自身存在。然而,他本人却极少让尼采的思想和其自身存在,他在讨论尼采本人的虚无主义言论时"预先"确立了自己的观点(页201),以便能够以他自己的方式研究虚无主义问题。根据这种先入之见,与"什么是形而上学?"一文中的论述相一致,他断定,从本质上讲虚无主义是一部与存在一起展开的历史,而且它只能以这种方式出现在西方历史和现代。这里人们肯定会问:以这种如此明显地预先设定的观点,怎么能让我们看到,在尼采谈到"上帝之死"和虚无主义,谈到存在就是任何"否定"都无法触及的"对实存的肯定"时,他本人所想的是什么?

海德格尔的主要用心所在,是对选自《权力意志》的那些尤其与"价值思考"相关的若干言论进行解释,以便从价值以及价值设定的立场构想出有关上帝之死的主要结论。"价值设定把一切自在存在者置于自己底下并杀死它们,从而自身是自在存在者"(页242;亦参《论人道主义的信》,页34及下页)。与海德格尔一起强调学院式的价值哲学不是哲学,"各种价值"并不是最有价值的东西,没有人会"为单纯价值"也即为了"存在"这个词而死——这是肤浅的。海德格尔在同一地方还认为,我们必须努力在尼采的价值观点之外来把握他的思想,以便获得理解其著作的正确立场。

但值得注意的是,他本人的批判性解释虽然完全盯着尼采的价值思考——这种思考是受时代制约的,它来自19世纪的国民经济学。与他本人要把未明言者带进语言的倾向相反,在这种情况下他是从字面上理解尼采关于价值的论述,以便根据这种有关价值的先入之见,批判地过渡到上帝之死,这应就是存在的死亡,因为存在被价值思想贬低为一种纯粹价值,并遭到粉碎。但是,尼采真的一直在思考价值吗?他何曾把存在理解为价值?或者,他在思考此在的"价值"("意义""目的")这个问题——它是因为基督教的此在解释的衰败而出现的——时,没有使自己从一切价值、目标和目的的设定中,从一切"何所用"和"为之故"中解放出来吗?由此得出结论,生命或生成的"全部特征",也即以本体论公式表述为"一切存在者的存在"之所是者,岂不恰恰可能得到评估或评价吗?① 甚至尼采对《圣经》中的上帝观点的批判,也取决于这样的思想:这个造物的上帝本质上是意志,他为了人类把世界创造成为

---

① 见《全集》,同前注,卷六,页243;《快乐的科学》(Fröhliche Wissenschaft),节1与357;《全集》,同前注,卷八,页100及下页。

某种东西,并在这样做时剥夺了这个世界"因为偶然"而存在的"最古老的高贵性"。整个存在处在我们的评价之彼岸,因此也在"善恶的彼岸""人与时间之彼岸",它是一个由生成与消失、存在与幻象、必然性和游戏组成的而人也混杂其间永远重复着的世界游戏。①

在尼采看来,"确立价值"并不意味着把柏拉图的观念转化成价值,而是意味着提出目的和目标,因此"确立价值"是意志的一部分。但是,这种意志首先要通过"转身意欲"一切总已存在的事物,从自身中解放出来而获得自由,意志由此重新得到的这个"世界",用《扎拉图斯特拉如是说》和《权力意志》中的描述,"假如没有"一个意求自身的善良意志的循环,"假如没有"一个在循环的幸福中的目标,它就是一个没有意志和目标的世界。《权力意志》最后的警句所描述的狄俄尼索斯"世界",并不是海德格尔在谈论历史时代和世界需要时所想到的世界和时间,而是一个自然或生命的世界,它的时间是"无目标的"。② 如果生生不息的世界的永恒存在是一种不断的生成,如果时间是一种自我重复的循环,那么在生命或不断生成的存在的全部性质中,也不可能存在指向未来的意图、目的或价值确立。总是具有同一力量的生命的"永恒复返"于是更不可能从现代技术及其飞旋不止的机制本质这个角度得到理解。③

---

① 尼采的诗《致歌德》(*An Goethe*)。
② 可译为:尼采的诗希尔斯·玛丽亚(Sils Maria)。《权力意志》最后的格言保留在两种十分不同的文稿中,其中,较早的一个文稿(见《尼采大八开本全集》卷十六,页 515)并非以"权力意志",而是以自我意识——或者说——以赞美上主的表达结尾。这本身就可以从永恒复返出发理解为"一次又一次的意志"。
③ 见《什么叫做思?》(*Was heiβt Denken?*),页 47。另见《演讲与论文集》(*Vorträge und Aufsätze*),页 126。

海德格尔《尼采的话"上帝死了"》一文中所未明言 **183**

与所有这些相反,海德格尔把尼采的哲学解释成"价值形而上学",并把价值解释成一种"立场",且对它的意义做了巧妙的歪曲。尼采对"价值"的理解体现在《权力意志》第715条中。海德格尔这样解释其中的第一段:

> 就生命在生成中的相对持存的复杂形式而言,'价值'的立场就是关于保存与提升的条件的立场。

从紧随其后的论述以及《权力意志》的相关段落看,这一段的意义以及它反对什么,是显而易见的。

与海德格尔的解释相反,它并不是说:价值的"本质"本身就是一种立场,且价值应被理解"作为"立场,因它是通过一种看透、认出和计算而以表象的方式确定的;而是:价值的立场在这里就像在别的地方一样(如567条和1009条),意味着我们必须从保存与提升的条件的立场上提出价值问题,这意味着根本上是从"生成"和成长,从损与益的角度,而绝对不是从这样一种同一、单调且不变的"存在"——正如"原子"和"单子",甚或(708条)像"物自体"和"真实世界"——的非本质立场上提出价值问题。尼采认为,这是对从错误的立场对活生生的生成所做的评价进行"价值消解",或是对关于一种固化的、仅仅保持自身的"存在者"的"假设"进行"价值消解",以便为生成做辩护,因为从单纯存在者立场上对生成所做的判断是"一切谤世说的根源"(708条;参见617条)。

但是,生成本身是"纯真的",即是无根据和无目的的,或者没有"为什么"和"何所向"的,它表明了生命的整体特征,关于这生成,"价值"的立场原则上是不适用的(711条),因为生成根本上是没有"最终状态"的(708条,另参见1062条),不会汇入一种非生成的"存在"中,从这存在的角度上,生成仅仅是一种"假象"。

> 生成在任何瞬间都具有相同的价值:它的价值总和保持不变:换言之,它根本就没有价值,因为不存在用来衡量它,并使'价值'一词有意义的事物。世界的整体价值是无价可定、无值可贬的(unabwertbar)(708 条)。①

尼采心中的以及他在《权力意志》中试图以《扎拉图斯特拉如是说》为基础提出的"世界观念"表现为:作为权力意志的生命是不会贬值的,因为"每一瞬间"它都完整地是其所是,在它的所有变化中有着同样的力量(1050 条)和同样的意义——没有从过去而来的残余,也没有指向未来的线索。"绝对不允许为了未来的缘故而为现在辩护或为现在的缘故而为过去辩护"(708 条,参《全集》,卷六,页 295 及下页)。

根据尼采,为了获得这种世界观念,不仅需要排除我们的人性的价值评估,尤其重要的是,要消除掉设定手段和目的的关于生成的"整体意识",这整体意识设定着目的与手段,把生成设想为就像在上帝中一样。有自我意识的世界不能作为价值的起点,而且"假如"我们想为全部生命确定一个目的或价值,那么这目的也不可能"与有意识生命的任何范畴"相一致(参《从道德之外的意义看真理和谎言》;707 条)——因此也不可能与任何有关看透、认出、表象和计算的范畴相一致。

所以,"那唯一性"(das Eine)或尼采价值概念的"本质性"不

---

① 最后的话,即"结果哲学悲观主义被打入闹剧之列",指的是杜林的《生命之价值》(*Der Wert des Lebens*)一书,尼采曾以反驳的口气一再提到它。

可能是:价值总由一种观察且为了这种观察而确定,仿佛被确定和表象的"视线中心"的价值,是为了观察以及受其引导的行动而存在似的;毋宁说,尼采价值学说的特性在于,他超出了一种原则上对价值的重新确定,而对价值概念对生命的整体性质的适用性提出质疑,这就是在海德格尔作为起点的句子中,尼采把"价值"一词加上引号的原因。尼采并没有通过把存在评估成一种"价值"而剥夺了其尊严(页238),倒是海德格尔通过把尼采的根本思想放回到"主体性完成的时代"加以解释从而剥夺了它的特点。① 他这样做时把尼采的思想悄悄地融进了笛卡尔的思想,或者更确切地说,融进了笛卡尔主义的思想(页220、236、266)。海德格尔正是把自己对笛卡尔的解释("世界图像的时代")放入尼采的思想,以便他能够统一地、单线地解释"现代"的开始与完成。

与自己的最终意图和见解相反,尼采有时说,甚至作为权力意志的生命本身,也是一种评估价值并被我们授予价值的生命,即如我们确定价值时的情况(《全集》,卷八,页89),这时他便没有完全摆脱他那个时代流行的价值思想。这只不过证明他没有能纯粹地发展自己的思想,摆脱他对叔本华的贬低"生命意志"和杜林的"生命价值"的反驳倾向。假如他的思想能够像亚里士多德那样朴实、清晰而严密,他的思想中许多晦涩之处和由此造成的误解便不会存在。不过这一点也是很清楚的,在尼采看来,一切存在者的存在,或作为权力意志与生成的"生命",绝对不是一种"价值",而是

---

① 现代的主体性在费希特那儿便已完成了自身,他把绝对"自我"翻译成唯一绝对的"上帝",并由此开启了由荷尔德林、谢林和黑格尔所进行的转折。与此相一致,谢林和黑格尔对笛卡尔"消灭自然"或精神做了相应的批判(黑格尔,《著作集》[*Werke*],卷十六,页47)。"虚无主义"一词最初正是出现在关于费希特的阐释中(F. H. Jacobi,《著作集》[*Werke*],卷三,页44)。

我们之价值评估的活生生的自然基础，因此它本身是不可能贬值的。《权力意志》的语录仍然与他那个时代流行的对知识和价值理论的究问纠缠在一起，在其中，尼采根本没有以准确的方式进行思想；他的准确思想体现在《扎拉图斯特拉如是说》的寓言式言说中，它是一种得到很好安排的"思想经验"的体系。

尼采断言，为生命"价值"提供标准的立场，是关于"保存与提升之条件"的立场，海德格尔从中解读出：保持"即自我的稳定保障"，是作为权力意志的生命的本质的一部分，并因此是一种必然的价值。权力意志为一切存在者中的"保障"之必然性提供确证，因此它仍处在把真理作为"确实性"的笛卡尔式的定义中（页220）。据说这澄清了在何种程度上现代形而上学是在尼采哲学中完成的。

但是在第715条的上下文中，有关保存与提升的句子所明确强调的，是提升的条件或生命的统治中心的升降，而不是作为稳定保障的保存。单纯保存的需要，是"相对于""最小的世界"而言的。生命的本质特征是它的超越自我，即创造性，它对立于所有稳定性和确定性；为了接受永恒复返的思想，即使对笛卡尔式的真理概念也必须得到重估：在尼采看来，表现出持久的创造性之特征的，不是对确定性的欲望，而是对不确定性和无保障的欲望（第1059条；《全集》，卷十三，79与133条；卷十四，5-6条：反笛卡尔）。正是对不确定的"偶然"的欲望，把扎拉图斯特拉的灵魂及其世界刻画为"最高必然性"（《全集》，卷六，页304），并把尼采哲学刻画为一个朝向不确定性的发现的航程。

尼采的思考并非完成了现代之自我确定的主体性，而是基督教的存在解释（Daseinsauslegung）终结之后的一个"新起点"。如果说在19世纪有哪位思想家在认识到"古老起源"的同时，还追求

"新的起源"和"未来的根源",从起点和未来两个方面思考,这个思想家就是尼采,因为他给自己铺就了通向存在之路,还因为作为一名勇敢的航海家,"希望向西航行到印度",途中却搁浅在"无限性"上①——"这是存在可能给予思想的唯一馈赠"(《论人道主义的信》,页30)。

海德格尔为自己的解释而预设的起点,即价值的概念,对其后的全部论述有着决定性意义。根据海德格尔的看法,必须把价值作为基础,才能理解尼采说"上帝死了"时是什么意思(页209)。在海德格尔看来,这个断言说明人类放弃了一切超感性的价值,他们以反叛精神走到其本质的主体性与存在者的主体性上,因为他们把一切都客观化并最终忘记了存在,从而与权力意志相一致(页241及下页)。因此尼采的形而上学本身也是虚无主义。但实际上,当尼采决心——这也是一种灵感(《全集》,卷十五,页91)——献身于一切存在者的存在,并教导一切存在者的永恒复返时,他实际上最后一次"对真理做了尝试"(《全集》,卷十二,页410)。要成为自己的主人并有向死的自由的超人,他的反叛不过是过去规定着"你应"及一切价值的上帝的死亡的直接后果。"智慧之路",即在通向对存在者整体的完满认识的道路上最后也是最困难的一步,是那种转变,它把我们从意志本身中解放出来,使我们走向简单的"是和阿门",即走向"对存在的永恒肯定";尼采正是以这种转变结束了《扎拉图斯特拉如是说》,以及"荣誉和永恒"的诗篇。

这种创造"游戏"的最后变形,使失去自己世界的人重获这个世界,它发生在《扎拉图斯特拉如是说》中题为"幻象与谜"的一节;它发生在绝望的"最寂静的时刻"和"违愿的祝福"之间,由此导向

---

① 《朝霞》(*Morgenröte*)最后的格言。

"病愈者"。这一最后的决定性转变实现于日午与永恒(《全集》,卷六,页 400 及以下)。对于尼采来说,在这个与"一切存在者的最高类型"相一致的至上时刻,时间在反基督教的意义上完成了,从这时刻"存在的所有的言语和话匣子"都喷发出来,仿佛存在本身要变成语言(《全集》,卷十五,页 91)。很难理解,海德格尔怎么能够如此肯定地坚持,因为尼采从未经验到存在的神秘,他把永恒设想为权力意志的稳定保障。

海德格尔被自己的权力意志所强迫,并没有按照尼采所经验并理解的那样来解释作为永恒的正午,即它是"光"的"深邃"——"正午"也是"子夜"(《全集》,卷六,页 404、469)——在其中,所有的时间和所有时间性的愿望全都落入"永恒的泉源",一切都得到了洗礼;相反,海德格尔把它仅仅解释为意识之最灿烂的时刻,这意识意识到了它自身就是那种知,其内容是"有意识地意愿作为存在者之存在的权力意志,而且作为这种意愿,反叛性地克服世界之客观化的每个必然阶段,以尽可能统一、稳固的意愿保障存在者的稳定持存"(页 237 及下页)。但是根据海德格尔,意愿的条件(它本身必定一同得到意愿)就是价值设定以及根据价值所做的一切评估。以这种方式,价值规定了在其存在中的所有存在者。

无论是谁,只要仔细读一下尼采就"正午"所说的那些话,他对海德格尔解读出的那些既未明说也无暗示的内容,难免会感到吃惊。他对尼采学说中所谓"本质"的解释,没有考虑到尼采用来结束《扎拉图斯特拉如是说》第三和第四部的是对永恒的回忆,而不是对当代史的规定:"荒原在成长"。这种永恒性既不是非时间性,也不是对稳定性的保障。永恒复返的永恒性不是非时间性的,因为它关系到一种永恒的重复;它也不在当下的决定或突然改变这种历史性意义上是时间性的,因为它关系到一种永远的同一。永恒的完满时间,是这样的时间,在其中,那在不完满的、日常的时间中分散为过去、未来和暂时的现在之诸维度者聚集成一个整体。作为"同一物"的永恒复返,海德格尔对它的解释显得十分不恰当,因为海德格尔根据权力意志来片面解释永恒复返学说,他说权力意志为了一种"尽可能统一而稳固的意愿"而保障其自身的稳定持存。同样,意志也不断地作为同一物回归自身(页219);"存在者整体(其 essentia[本质]就是权力意志)的生存方式,即其存在(existentia),就是同一物的永恒复返"。①

在尼采的学说中,永恒复返是同一物的复返,因为这种同一性就存在于对处在循环运动中的一切存在者之永恒再来一次的绝对必然性中;而海德格尔却认为,永恒的复归是"创造持存的方式,权力意志以此来意欲自身,并保障它自己的作为生成之存在的在场"(页307)。但是,由于海德格尔对传统形而上学关于本质(essentia)与存在(existentia)的区分置之不理,他从对尼采形而上学中的两个基本概念——权力意志和永恒复返——的解释,得出了这样的结论:尼采根本没有思想本质上的新东西,他不过是完成了自从古代以来就支配着形而上学的事情:根据一种未曾得到思想的"本质"和一种未曾得到思想的"存在"去规定在具体存在中的存在者。于是,关于权力意志和同一物的永恒复返之间有待思想的本质关系,仍然没有得到进一步的阐明。

只要我们试图沉思尼采的两种互不相容的倾向,即把复归学说建立为一种伦理的"律令"与建立为一种绝对必然的"事实",而不是根本不考虑它们,便不可能认识不到,权力意志和永恒复返并

---

① 见海德格尔,《尼采》(Nietzscbe),卷Ⅰ与卷Ⅱ,特别是卷Ⅱ页7-29;参本文作者的批判性评论,Merkur,1962年1月号。

不像本质与存在一样共属一体;相反,它们是被强放在一起,以便统一在永恒自然的存在与人类的意愿及价值评估之间的分裂。就意愿或意图而言,取代了上帝位置的、永远意愿自身的自然世界之"循环",只不过包含着一种永恒意愿自身的人类此在的循环。尼采本人只是在患上精神病时,在太阳落入"蓝色的遗忘"中时,才成功地与"一切循环之循环""联姻"。但是,对这种人与世界的一致性的追求,在尼采十八岁时已经支配着他的思想,那时他已在考虑,"意志自由"或"历史"与绝对必然的"命运"之间的对立,也许不能够通过我们把意志自由理解为"命运的最高潜能"而获得解决。

海德格尔认为,所有以前的人类目标和标准,尤其是基督教的爱,已经寿终正寝,在这一点上他和尼采是一致的。"基督教信仰会出现在某个地方。但是在这样一个世界上行使统治权的爱,并不是现在正发生的事情所遵循的有效和有影响力的原则"(页234)。超感性世界之超感性基础已经变得不真实了。面对这种有关现在正发生的事情的知识,在世界史和存在史方面具有保障的知识,人们会问这样一个问题:是否曾经有一种超感性原则——还有什么东西比既非感性物,而且根本不是存在者的"存在"更加超感性呢?——对在世界历史中常常以划时代的方式所发生的事情,具有"不会有错的行动影响力"?而这样一个原则如果不是或不再是划时代的,而是仅仅在"某个地方"仍有活力,它是不是失去了其真理性呢?假如权力意志是为当今世界史提供标准的、虚无主义的行动力量,那么黑格尔之前的每一位伟大思想家岂不都会问,这种行动的力量是否真实和正确,或它是不是一个无法估量的流行的错误?

海德格尔不可能提出这种有关真实和正确的幼稚问题,因为在他看来,真理本身,作为现象和假象、公开和遮蔽的真实存在和迷误存在,是一种多义的真理事件,它在真理的突变时代自身也在变化。与此相应,海德格尔对于作为一个特定时代的历史性真理的权力意志,既不肯定也不否定,而是把它描述成极端的不可救药,但是他同时认定它是绝对必然的,是有可能带来拯救的并表达着需要的东西。世界正在急速走向其"本质的完成"(页87);然而正是通过这一过程,存在的原初可追问性的基础成长起来了,对下面这个问题进行决断的空间敞开了,即存在是否还能够再一次接受一个上帝,存在的真理是否将更本源地具有人的本质(页103;参页233)。"无救之为无救,指给了我们拯救之路",并最终把我们带到"那"上帝近处(页294)。现时代愈是无心在其自己的、无救的膨胀中完成自身,"拯救的力量"从不断成长的危险中产生,存在"翻转"(页343)其遗忘的机会也就愈大——这是一种颇具诱惑力的思想,①从存在史的角度考虑,它重复了被海德格尔所拒绝的尼采思想,即只有最决绝地清除价值,才能使新的价值成为必然,并导向价值重估,"最后的危险"由此成为"最后的庇护所"(《全集》,卷六,页224)。

在《存在与时间》的导言中,虽然海德格尔把自我决断的实存作为他的出发点,然而他说:"存在地地道道地是超越(transcendens)。"它本质地超越存在着的此在与一切世内存在者;用尼采的话说,它是个超感性的"隐蔽的世界",它赠予我们天命,预示我们的思想,并在根本上据有我们。

---

① 费希特、基尔克果和马克思也期待由"完全的罪恶""致死的疾病"、整体的"异化"引起的变化所带来的拯救,这并不会使这种思想方式更具真理性,而只是证明它是多么深地根植于关于罪和恩典的神学辩证法之中。

> 但是,"那个世界"牢牢遮蔽于人前,那个脱离人的非人世界,是高天的虚无;存在的腹肠根本不向人说话,除非作为一个人来说话。——说真的,一切存在都是难以证明难以言说的。(《全集》,卷六,页43)

更为困难的是,当一个人作为贫乏时代的存在思想家而生存,从时间来理解存在时,对于时间的中止(像尼采所经验到的那样),只想像到了一种"停止的瞬时性"。

神义论失败后的审美神话[*]

——布鲁门贝格的《马太受难曲》与尼采

[德]伯伦贝格 著　吴增定 译

一　面对未和解之现实的"生命艺术"：
布鲁门贝格的哲学

布鲁门贝格把巴赫(J. S. Bach)的《马太受难曲》(*Matthäuspassion*)解释为一种最深刻的悲剧事件。这一解释的传统来自贝尔耐(Jacob Bernays)以及他对亚里士多德《诗学》(*Poetik*)的阐释，尤其是对悲剧的效果、卡塔西斯(*Katharsis*)的阐释。根据贝尔耐的理解，卡塔西斯是一种医学、生理现象，一种净化行为；在对畏惧和悲悯的体验中，这个净化行为使人从这些情绪中获得释放，并且能够带来愉悦。

假如说有一种态度不是试图改变或抑制那些导致抑郁的因素，而是激发并宣泄这种因素，并且希望缓和由此产生的抑

---

[*] [中译编者按]本文经授权译自 Peter Behrenberg,《有限的不朽：布鲁门贝格的神学批判研究》(*Endliche Unsterblichkeit: Studien zur Theologiekritik Hans Blumenberg*)一书(Verlag Konigshausen & Neumann GmbH, W ürzburg, 1994)的结语部分，原题为"总结与结论"，现题为本编者所拟，文内分节标题为原文所有。

郁的效果,就这种态度而言,卡塔西斯也就成为一个标志,把身体要素转移为情绪要素。根据亚里士多德的强调和规定,重要的是:这些说法所要展现的并不是病理材料,而是情绪失去平衡的人,他才是卡塔西斯的真正对象。①

布鲁门贝格也看到,理论与一种保持距离的旁观态度直接相关;考虑到事件(Geschehen)不涉及自己,这种旁观态度也就能够带来审美愉悦。布鲁门贝格这一看法的根据来自贝尔耐:

> 在其讨论德国哲学百年的论文中,有一篇最富启发性;在这篇论文中,贝尔耐重构了亚里士多德的悲剧理论,把悲剧的效果看成通过畏惧和怜悯获得卡塔西斯:卡塔西斯是一个独特的比喻,说的是治疗性的净化实践;正是借助戏剧观众对恐怖表演的体验,卡塔西斯使观众从深陷其中的悲剧情绪中获得释放。通过愉悦带来缓和,是亚里士多德针对音乐所形成的一种表达,这一表达第一次把审美愉悦规定为距离的获得。(Hans Blumenberg,《神话研究》[*Arbeit am Mythos*],Frankfurt am Main,1979,页132)

在布鲁门贝格看来,巴赫的音乐让人忍受了无法忍受之事,使

---

① Jacob Bemays,《亚里士多德论悲剧效果的轶文之要义》(*Grundüge der verlorenen Abhandlung des Aristoteles über Wirkung der Tragödie*),包括 Karlfried Gründer 撰写的导言;Hildesheim/New York,1970,页 12 以下。可参 Karlfried Gründer 富有启发性的研究论文《贝尔耐以及关于卡塔西斯的争论》(Jacob Bemays und der Streit um die Katharsis),见 *Epirrhosis*:*Festgabe für Carl Schmitt*, Hans Barion 等编,Berlin,1968,页 495–528。

听众从释放受难之情的恐怖中摆脱出来。① 因此,巴赫的音乐具有治疗意义,也就是说,带来了卡塔西斯效果。亚里士多德卡塔西斯学说的基础,恰恰预设了某种现实(Wirklichkeit);根据这一预设,艺术创造唯有通过模仿(Nachahmung)才能获得成功;但在布鲁门贝格那儿,这种预设发生了根本变化。

> 柏拉图和亚里士多德都预设了某种现实:柏拉图预设的是一种被给予的现实,人的行动通过模仿来指涉这种现实;但是亚里士多德预设的现实,无论如何都是一种替代性的仿制。基于这一事实,在亚里士多德那儿,艺术的真正根据要到卡塔西斯学说中去寻找。②

布鲁门贝格希望通过亚里士多德的卡塔西斯学说拯救艺术的处境,同时也希望通过对现实概念的规定来探索自己的道路。就

---

① "音乐的意义再次(在 Ölberg, P. B 一幕中)得到深化:音乐使人们忍受了不可忍受的东西,而且那些睡眠者用自己对音乐之美那无法企及的偏爱取代了睡眠的恩赐。"参 Blumenberg,《马太受难曲》(*Matthäuspassion*),Frankfurt am Main,1988,页 50。"泰然地返回到童年和早期精神的文本的不顺从性。追随文本的是对一种另类'现实'的预感,这种现实不再进一步要求成为'更高级'的文本,但仍然为自己那种实在论类型赢得了凛然不可侵犯的特征。"《马太受难曲》,同上,页 248。

Eugen Biser 在对《马太受难曲》的评论中说:不是批评,而是完全认同将受难解读为一种古代悲剧的做法,正是这种认同保证了"听者进入同情的'悲痛'中",以便"使听者重新从中获得解放"。参见 Eugen Biser,《神学的悲痛》(*Theologische Trauerarbeit*)。布鲁门贝格对《马太受难曲》的论述,参见《神学研究》(*Theologische Revue*),1989(85),页 441 – 452,这里参考的是页 452。

② Rainer Piepmeier,《艺术的现实性》(*Die Wirklichkeit der Kumt*),参《审美假相》(*Asthetischer Schein*)。Willi Oelmülier[= *Kolloquim Kunst und Philosophie*(《艺术与哲学专题讨论》)],Paderborn,1982,页 103 – 125,这里参考页 105。

其近代形态而言,艺术不再指向一个艺术彼岸的存在者(Seiende),不再通过对它的分有而依赖于它。"因此艺术不再指涉一个另类的典范性存在,相反,艺术本身就是这一标志之可能性的典范性存在:艺术作品不再意指某物,相反,它就是某物"[Blumenberg,《我们生活的现实:短文和谈话》(*Wirklichkeit in den wir leben. Aufsaetze und eine Rede*),Stuttgart,1981,页92以下]。艺术作品的标志不是模仿,而是作品世界和独立虚构的世界获得了实现;根据这一看法,布鲁门贝格使艺术作品彻底摆脱古代的模仿说(Mimesis)。唯独"在无限可能性的游戏空间"(同上,页94),一个艺术作品的表达意图才获得有效性,因为只有在这里,接受期待的多元性才能获得充分言说。面对艺术作品,布鲁门贝格建议采取一种独特的接受态度:艺术快感的基础是某种行为,也就是认可一种关于可能性的多元性。这种认可能够通过解放艺术作品来把握作品,并且自由而且非强制性地把握享受快感的人。①

在此意义上,审美是一个抵抗概念(Abwehrbegriff)。假如某种表象(Vorstellung)重新把人自由敞开的想象力束缚在一个等级结构中,就能超越这种表象来阐述审美;就此而言,审美作为抗议(Protest)而出场。审美反抗的是一个不可见的神学理性的过分要求,反抗一位由不可追问的上帝套上的镣铐;作为这种反抗的概念,审美能够最终有效地摆脱那种奴役,因此正如布鲁门贝格所概括的,审美一劳永逸地宣布,那种已经被超越的神学形式是不合理的。基督教的审美表达言说了一个主题,它折射出布鲁门贝格的

---

① "这是一个重要的区别:我们究竟是把被给予物当作不可抗拒的东西来接受,还是我们能够把它作为无限可能性的游戏空间中的明证性核心来重建,并且在自由的默许中加以认可。"Blumenberg,《我们生活的现实:短文和谈活》,同前注,页94。

神学阐述。说得具体些：布鲁门贝格对《约伯记》的上帝形象的尖锐批评，①同时引发了对这一问题的争论：未和解的现实和审美的赋形(Formgebung)之间的沟通在神学上是否可能？同布鲁门贝格一概拒绝一切神义论形式相比，《约伯记》恰恰能够表明：只有坚持与上帝相冲突的神义论，才能期待获得某种生命形式；假如用审美的范畴来把握，这种生活形式就是苦难得以终结的见证，无须掩盖生命形式中所承受的苦难。人的自由并没有被武断地赋予一种总体的历史意义，基于这种自由的一切抗争、受苦和暴力都以上帝概念为参照系：

> 对一种无意于加强支配的合理性，并且对一种以一般自由和正当性为目的的实践来说，上帝概念的建构意义都……无可辩驳。假如不追问恶的问题，不追问作为和解者的上帝，近代自由主体的筹划就没有立足点。②

在布鲁门贝格看来，只有超越一切神义论，审美才能得到表达；只有最终克服了被人控诉的上帝，神义论问题才相应地得以解决。在同上帝的冲突中，人无论如何都处在优势地位；这一点可以回溯到人的这种能力：面对在约伯那儿最终听不到的耶和华问题，哪怕处在无路可走的境遇中，人仍然能够争取到一个游戏空间；在

---

① 布鲁门贝格的论述见《商榷文：再也不美的艺术——审美的临界现象》(Diskussionsbeitraege: Die nicht mehr schönen Künste. Grenzphaenomene des Aesthedschen), *Poetik und Hermeneutik* III, Hans Robert Jauβ 编, München, 1968, 页 531–547。与对约伯例子中"审美的临界现象"讨论直接相关的，是姚斯(Hans Kobert Jauβ)的论文《约伯的追问及其进一步的答案：歌德、尼采、海德格尔》(Hiobs Fragen und ihre ferne Antwort: Goethe, Nietzsche, Heidegger)，见《审美经验》(*Ästhetische Erfahrung*)，页 450–466。

② Hans Robert Jauβ,《上帝—自由—受苦》(*Gott - Freiheit - Leid*)，页 193。

此空间中,人能够进行"冒失的追问"(fürwitzig Fragen),①揭露耶和华的权威姿态。姚斯(Jauβ)直接追溯到布鲁门贝格关于基督教对古代哲学的接受的研究,同时也追溯到划时代转折(Epochenschwelle)问题。姚斯描述了布鲁门贝格的功能范式:根据这个范式,划时代的新要素"在一种对生活世界进行规范性问答(Frage und Antwort)的共时性系统中,作为一种敏感的需要而被感受到,或者是首先被唤醒"。② 因为强调通过"冒失的追问"开启的问答式规范,这种用来理解划时代概念(Epoehenbegriff)的功能范式,就成功地实现了向文学解释学领域的转换。"文学解释学特地给布鲁门贝格的理论留下的任务,就是根据文学的用法来研究这种问答;正是通过这种用法,诗歌以自己的方式参与了理论好奇的历史进程。"③布鲁门贝格对《约伯记》的解读就以这种"问答解释学"(Hermeneutik von Frage und Antwort)④为框架,而且从一开始,这个框架就没有为思考上帝话语的回答式特征留下任何空间。促使布鲁门贝格区分神义论和神学的乃是这样一个问题:面对受苦和怨恨的临界现象(Grenzphänomen),是否必须抛弃关于美的审美传统规范。⑤ 神义论为受苦和怨恨辩护,是为了捍卫一种更高的正义和秩序,相反,神学却止步于这个禁忌:不可以把无法追问的上帝意志

---

① 关于"问答的解释学"和"冒失的追问"的功能,参 Hans Robert Jauβ,《审美经验》,同前注,页 336 以下,尤其是页 399 以下。
② 同上,页 403 页。
③ 同上,页 404 以下。
④ 同上。
⑤ "只要我们知觉的强度似乎受不习惯的细节外在地左右,因此被迫进入一个 陌生知觉及其真正的注意力背景,一种准确性的上层结构就形成了非实在性的印象,这个结构并不提供日常的经验,而是遮蔽和忽略后者……生活世界与审美对象的不一致性是一种基本特征,这一特征并非仅仅是由现代范畴塑造的,而是仅仅在现代范畴中得到反映。"布鲁门贝格的论述见《商榷文》,同前注,页 541。

看成混乱世界的镜像(Spiegelbld)。"由于倾向于把权能者规范化,神义论压缩了审美现象的领域;相反,神学则给这些现象颁发了自由和有效的通行证,从而拓宽了可显现和可启示的东西。"(Blumenberg,《商榷文:再也不美的艺术——审美的临界现象》,同上,页536)《约伯记》"出于一种独特的二元论动机,但无论如何却是肤浅的动机,让自己的主人公怀着混乱的惊恐去面对考验"(同上,页547)。但在布鲁门贝格看来,《约伯记》却绝对不能被看成是一种神义论,因为不可追问的全能上帝意志恰恰形成于世俗的语境。布鲁门贝格看到,《约伯记》完全拒绝"问答解释学",因为它是"一种被翻译成意志说的(Voluntaristisch)二元论;根据这种意志说,能够提出的问题只能是已经有了答案的问题"(同上)。但依布鲁门贝格之见,只有因为耶和华和约伯之间存在着深深的歧见,只有因为存在着某种不再暗示隐蔽的和解行为的失言(Sprachlosigkeit),《约伯记》才能使审美获得解放,何况尤其应该把这种审美理解成对上帝和约伯之间的总体语言联系和行动联系的"挑衅"(同上)。假如《约伯记》不可能是神义论,它就是一种悖论性的颠覆:"把入世的实在性重新解释为可能的审美,尽管这种审美仍然关系到一个超验的欣赏者"(同上)。意志说的上帝形象并不要求正当性辩护,所以,正是这个上帝形象的不可追问特征给予约伯的"冒失追问"一个游戏空间,这个空间能够描绘为诗人的想象。诗人的想象"拥有自己自由显现的游戏";在自身逐渐增强的挑衅过程中,诗人的想象被上帝的意志转换为自我断言(Selbstbehauptung),也是无法在人类学意义上被进一步还原的硬核。[1] "想象力的解放仅仅利

---

[1] "在神学要求的巨大压力下,人的主体开始自我坚固,开始假定一种化合状态;为了保留隐蔽的绝对意志,这种化合状态似乎拥有一种原子的基本特性,不可能分裂和改变。绝对主义把一切提供给自己的东西都加以化约,但也由此促成了稳固性,促成了再也不可动摇的核心。"参见 Blumenberg,《近代的正当性》(*Die Legitimität der Neuzeit*), Frankfurt am Main, 1966,页225。

用了作为一个形象的储藏室的神话(Mythos),但却从神学规范的主题进入了人的本真性(Authentizität)之中"(Blumenberg,《商榷文》,同前注,页536)。作为布鲁门贝格解释划时代转折的基础,①"问答的解释学"在本质上是一个自由的事件(Freiheitsgeschehen):自由的问答游戏打开了一个封闭的解释体系。约伯战胜了耶和华,②因为约伯意识到不再以自己"最后的语言姿态……来反对一种坚不可摧的自我确信的隐喻":

> 这上面有我画的押,愿全能者回答我!愿那敌我者所写的状词在我这里!我必须带在肩上,又绑在头上为冠冕。③

如果说只有通过原始冲动的激发才能形成主观性和自我断言,对审美来说同样有效的是:只有超越了神学的过分要求,审美的解放才能实现。不管是唯名论的任性上帝(Willkürgott),还是终末论的例外状态的强制特征——同样都冒犯了对某种"功能性"世界态度的合法要求,尽管这个要求对它们二者来说都是内在的:

> 说不存在基督教的审美是颇成问题的,因为,基督教的审

---

① 参见 Blumenberg,《宇宙与系统》(Kosmos und System),见 *Der Genesis der Kopernikanischen Welt*,引自 *Stutium Generale*,1957(10),页 16–80;《时代转折与接受》(Epoehenschwelle und Rezeption),见 *Phlosophie Rundschau*,1958(6),页 94–120;《古代父权哲学的批评与接受:传统形态学的结构分析》(Kritik und Rezeption antiker Philosophie in der Patristik. Strukturanalysen zu einer Morphologie der Tradition),见 *Studium General*,1959(12),页 485–497。

② Hans Robert Jauβ,《审美经验》,同前注,页 457。

③ 《约伯记》,31:35 以下。

美预设了一种过渡性例外状态,这种状态不可能得以贯彻,而是随后留出了空位,尽管古代传统的潮流对这个空位的占领不可能被赋予真正的合法性。作为终末论式否定的残余而获得的许可证,首先是作为规范化的尴尬处境而获得实现的,这种规范化促成了对古代审美的接受,但却没有保证古代审美重新获得自己与宇宙相关的有效性之明证。(Blumenberg,《商榷文》,同前注,页606)

陶伯斯(Jacob Taubes)对这种阐释的回答是:布鲁门贝格"使我隐晦地预设的原则得以显白",也就是"彻底反对任何一种与原始基督教终末论的根本特征有历史关联的世界态度,不管它是宗教态度、伦理态度,还是审美态度"(同上,页607)。尽管就这个语境而言,陶伯斯暗示的是欧维贝克及其如下论点:基督教"只是完全违背自己的意愿被抛入历史的深渊"(同上),但陶伯斯的出发点仍然是原始基督教的一种纯粹的彼岸特征,并且假如从当代的角度来追问,原始基督教仍将保持沉默。与布鲁门贝格以及陶伯斯相反,欧维贝克在此严肃地进行了彻底的思考:"源初历史"(Urgeschichte)正如其形成了进一步的期待一样,同时也是一种"形成的历史"(Entstehungsgeschichte),这种"形成的历史"同样能够直接从属于一种当下的历史(gegenwärtige Geschichte)。"譬如说,原始基督教的源初历史本身就沐浴在明澈的历史阳光下。"[1]源初历史令人惊异的新颖性及其潜在的当下性,"也因此昭示了独一无二的静

---

[1] Franz Overbeck,《基督教与文化:对现代神学的思考和点评》(*Christentum und Kultur. Gedanken und Anmerkungen zur Modernen Theologie*),见 Carl Albrecht 编,《遗著》(Nachlaβ),Darmstadt,1963,页25。

止时刻,历史恰恰在这个时刻被中断,留下某种永不在场的位置"。① 假如能够描述这样一种意在"颠覆"的世界态度,就同样能够描述处在神学阐释此岸的审美问题。

布鲁门贝格明确拒绝《约伯记》中耶和华式的上帝形象,恰恰是为了捍卫某种辩护(Plädoyers);因为在超验的等级预设崩溃之后,这个辩护希望使现实尤其"世界之物可以成为审美论题的特征"(Blumenberg,《商榷文》,同前注,页540),摆脱干扰性的影响。因此并非偶然的是:在布鲁门贝格看来,暴力和压迫直接被看成一种潜在的二元论象征。在世界解释体系发生了重大的"秩序衰落"②之后,人的行动通过某个领域凸显出来;这个领域中缺席的确定性,给一切最终的、根本上指向目标之贯彻的行动打上了暴力和恐怖的烙印。但是"暴力丧失了自己的时机。时机总是一种过剩,因为时机的根源是一种二元论,后者希望把自己的对立性命名为时机"(Blumenberg,《马太受难曲》,同前注,页276)。在布鲁门贝格看来,

> (政治的洞察)就其追求而言事实上非常中庸,或者说实际上没有追求。政治洞察并不体现任何伟大的希望;它不是乌托邦。使我们摆脱自己出身的强制性,并且允许每个人探索自己的道路,这种做法的好处只能在否定的意义上加以描述,就是说力图避免灾难。任何人事实上的确都是反乌托邦

---

① Peters,《实际性》(*Aktualität*),页224。
② 参见 Blumenberg,《秩序的衰落与自我断言:论技术时代生成中的世界理解与世界态度》(Ordnungsschwund und Selbstbehauptung; Áber Weltverstehen und Weltverhalten im Werden der technischen Epoche),见 *Das Problem der Ordnung*, VI. Deutscher Kongress fur Philosophie, München, 1960。

的，因为把世界带领到另一个地方，使世界朝向一个目标，这样一种欲望通常都妨碍每个人选择自己的道路。在布鲁门贝格对终末论的频繁攻击中，这种反乌托邦的政治也有其神学对应点……①

布鲁门贝格坚决反对《约伯记》叙述的论证结构，这可以从对二元论的如此怀疑来解释：应该通过对灵知（Gnosis）的双重克服战胜二元论。"在最极端的彻底化这一点上，对超验绝对者的挑衅突变成对内在绝对者的揭示"（Blumenberg,《近代的正当性》，同前注，页202）。因此决非偶然的是，布鲁门贝格坚决反对以二律背反的方式把握《约伯记》中的现实，因为作为范例，《约伯记》对如下命题同样有效：即便上帝概念本身（或对耶和华的活生生经验）都建构性地包含了暴力与拯救的某种相互介入（Ineinander）。《约伯记》最终树立起成功的生命图景，同时也处在某种包含着暴力与拯救的现实范围内；但是这个图景并不是证明一种犬儒主义的安慰，也就是并非面对遭受的苦难时事后附加的安慰。这里仍然有待询问的是：假如现实的破碎性穿透了这个成功的生命图景，它是否就不只是能够昭示现实性的解放与"复活"（Auferstehung）？在此背景下，假如不考虑那个深入审美构成物核心的暴力世界的不合理要求，审美体验的流放就不可想象，也无法存活。

此世的抵牾（Widersprüchlichkeit）在约伯的行动与处境之间的

---

① Adams,《神圣的艺术》（*The divine art*），页167。关于这种反政治立场的背景，参见节6："Für eine 'Theorie des politischen'"（"论一种'政治最小化的理论'"）以及节11、注3。

抵牾中也有类似的体现。① 如果说约伯的反抗——哪怕仿佛纯粹附带性的——唤起了这种印象:针对约伯及其家人的暴力只不过是一种恐怖的幕间表演,体现了耶和华最终仍然压倒一切的伟大和至善,约伯的反抗就显得更加直接。正是约伯重新制造的这种怨气把注意力转向了"问题的可能性"(Problempotential),②它包含在耶和华和约伯的对话中。当约伯问:"主,还要多久?"③这个疑问正好感觉到某种实在性,它不可能基于自己同耶和华那不可协调的抵牾本身,也不可能在抵牾中得到解释。鉴于这种对遭受的苦难与坚持判决的要求的暧昧态度,约伯向耶和华提出控诉。但是,即便在彻底痊愈和恢复正常时,控诉作为控诉仍然继续存在。在展现远古时代的神秘野兽利维坦(Leviathan)和巨兽(Behemoth)时,耶和华的话并非希望把创世设想为对耶和华的反抗,而人只能在彻头彻尾的宿命处境中走向创世。毋宁说,他的话证明的是对创造的持久威胁:创世并非完美无缺,但也不至于完全陷入混乱。④ 就此而言,耶和华回答了约伯,并

---

① 以下我首先参考了 Jürgen Ebach 对《约伯记》的研究:《利维坦》(Leviathan);《卡珊德拉》(Kassandra);《反对"为了上帝而欺骗"》(Wider den "Trug für Gott");《天使的目光》(Der Blick des Engels);本雅明关于希伯莱圣经的讲演,见 Walter Benjamin,《本雅明:世俗性的澄清与拯救性的批判》(Profane Erleudtung und rettende Kritik), Norbert Bolz 和 Richard Faber 编,第二版(增订和修订版),Würzburg,1985,页 67 – 101;以及 Jürgen Ebach,Artike Hiob/Hiobbuch("约伯/约伯记"条目),见《神学百科全书》(Theologische Realenzyklopädie),卷 XV,Berlin/New York,1986,页 360 – 380。

② Jürgen Ebach,"约伯/约伯记"条目,同上,页 364。

③ 参见《约伯记》,第十章。

④ 参见 Jürgen Ebach,《利维坦》(Leviathan),页 29 以下、67 以下。同样可以参见 Othmar Keel,《耶和华同约伯的相遇:根据同时代图像艺术的背景对〈约伯记〉的一个解释》(Jahwes Entgegnung an Ijob. Eine Deutung von Ijob 38 – 41 vor dem Hintergrund der zeitgenössischen Bildkunst),Göttingen,1978。

且赋予约伯的控诉以反抗其对话者的神学权利：

> 《约伯记》(38—42章,1—6章)反抗理性的、人本的神学，因为这种神学把上帝图景变成了人的图景(人的次要形象)，变成了这样一种图景，即是说在其中，作为"魔鬼"性质的因素、上帝不可支配的因素的"不合理性"被消除了，同时也被某种策略中立化；因为这种策略把撒旦问题揭露成这样一种态度："我付出了，因此你也要付出"。……相反，在自己所遇到的真正上帝面前，尽管约伯至少也和这种态度一样顽固，但却要求他为自己的行动感到懊悔，重新回到所信仰的上帝图景之"真理"……上帝出面了，并且在自己那种让神学观感到惊奇的庄严性中把自身展现给约伯，同时为自己"辩护"，这是因为，上帝也向约伯显现了自己绝对的但将整个魔鬼特征整合起来的神圣与自由。[1]

约伯的控诉仍然存在，因为他控诉的根据并非来自世界。暴力与拯救之间的一种和平和友好的分离，恰恰没有切中《约伯书》的要旨；因为暴力的终结并不是靠"约伯摆脱上帝"[2]得以实现的，

---

[1] Fridolin Stier,《不管哪一天：札记》(*Vielleicht ist irgendwo Tag. Aufzeichnung*), Freiburg/Heidelberg, 1982, 页46及40。

[2] Ernst Bloch,《基督教无神论：论出埃及和上帝国的宗教》(*Atheismus im Christentum: Zur Religion des Exodus und des Reichs*), Hamburg, 1970, 页107。Bloch的阐释切中了《约伯记》的核心，因为Bloch、Jauβ和Blumenberg都坚持上帝概念的分裂性，这应该是约伯通过自己呼唤一位反对上帝的救赎主(go'el)导致的分裂。参见《约伯记》十九章25节："我知道我的救赎主活着，末了必站立在地上。"相反，坚持一位被请求反对上帝的上帝(Ebach这样认为)，意味着上帝也处在同自己创世的冲突中，因为这位上帝永远抽空了自己的和谐性。

另可参见：Ebach,《天使的目光》(*Der Blick des Engels*), 页91, 注76："布洛赫忽视了，有相同词根的gaál(lösen)一词恰恰出现在脱离上帝的时代语境中。"

相反听起来似乎有些悖论的是:受苦的约伯只有在那个时候才体会到暴力的终结,尽管上帝仍然是控诉的承受者。任何别的观念,只要承诺了救赎并且自认为能够放弃作为被告的上帝,就隔离了一种成功生命的事实,因此显得非常神秘。假如在那些只能发现一个历史的诸多因素相互介入的地方,认同行为(Identifikation)使同一性的假定和预设成为可能,所期待的预设就会脱离具体的非同一性(Nicht-Identität)体验。

只有在同一性离开并超越自身而被选取的地方,才能够获得同一性;但这种同一性不是停留在自身的理论,而是自我开辟道路的实践。①

《约伯记》收场白中那不在场的意义建构(Sinnstiftung),同样迫使这个事件深入到现实的继续未和解性中。假如从上帝导致的苦难中产生的问题并非想要设定一个分裂的上帝概念,神义论就绝对不是"和解的括号"——依陶伯斯之见,这样一种括号"允许愈来愈多地陈述世间苦难和怨恨"(Blumenberg,《商榷文》,同前注,页545)。这种意义的和解是上帝行动的一种过于轻率的胜利,因为根据《出埃及记》第十四章的经文解读,上帝把暴力与拯救、毁灭与忏悔结合起来,但并没有试图推导出一种和谐的神学:

当法老及其主人就要淹死在海里时,主人的天使唱起了赞歌。上帝向他们指明了正确的道路,并且说:你们怎么能唱

---

① Franz Schupp,《碎片中的沟通:基督论的沉思》(*Vermittlung im Fragment. überlegungen zur Christologie*),Innsbruck,1975,页42。

颂歌？淹死在这里的,都是我的创造物。①

艾巴赫(Ebach)指出,这里出现的是"在可能设想的最高法庭上坚持这种(毁灭与忏悔的)经历"。② 即使不可能提出理由为这个事件进行事后辩护,约伯女儿的美③仍然是摆脱任何目标的事实。假如说有一种审美的形式意志和风格意志形成了对重新受到鼓舞的约伯及其家人的描绘,这种意志也并不是直接的表现要素。这种背景下的审美就成为一个片段的表达:不是直观地展现了论证,展现了受苦的意义,也就是那不亚于整体性陈述的一切,而是表达了具体的希望:一切苦难都会终结。不是"受苦历史的实现,而是中断"④才谈到了这种希望:即使对上帝的控诉继续存在,仍然能够树立成功的生命图景;作为对某种"另类"现实的预见,这种生

---

① Ebach 的讨论补充,参《受苦》(Leiden),页 266。
② 同上。
③ "这样,耶和华后来赐福给约伯比先前更多。他有一万四千羊,六千骆驼,一千对牛,一千母驴。他也有七个儿子,三个女儿。他给长女起名叫耶米玛,次女叫基洗亚,三女叫基连哈朴。在那全地的妇女中,找不着像约伯的女儿那样美貌。他们的父亲使他们在兄弟中得产业。"(伯 42:12-15)
④ Ebach,《天使的目光》,页 95。尽管 Ebach 针对的是《约伯记》,但他对经文注解的论述仍然普遍适用于《圣经》文本。这关系到一个"关键点……在此必须勾勒一种源于断裂而不是赋予意义的思想"。Ebach,《天使的目光》,页 90。
另可参见 Peters,《实际性》,页 231。Peters 用一种受犹太讲道文学(Haggada)和哈西德教派(Chassidismus)激发的寓意性阐释,来反驳历史—批判和唯物—结构主义的解释:寓意性阐释能够通过《圣经》文本的对抗性和不可补偿性来澄清《圣经》文本的混乱基调。在《卡珊德拉和先知约拿》(Kassandra und Jona)的研究中,Ebadch 提供了一种本身贯彻在文本中并且在方法论上得到反映的阐释。根据我的评价,这里还显示了一种使欧维贝克勾勒的绝对命令得以兑现的最初努力:以"想像"的方式阅读书籍。

命图景以改头换面的形式面对现存者（Bestehende），并且仍然坚持自我赋予形式的要求。①

在这一语境下，一个成功生命的形式以苦难和暴力的某种明确终结为出发点，同时并没有使人遗忘被克服的东西，坚持这样一种成功生命的形式又意味着什么呢？意味着：成功的生命图景使建立自我和解的希望落空了。"假如人们在其中期待的是和解、补偿和赦免，成功生命的图景就是对艺术、文学和整个审美领域的过分要求"。② 再回过头来看布鲁门贝格，似乎就可以问：他"对一个另类'现实'的期待"（Blumenberg，《马太受难曲》，同前注，页 247）如何获得某种具体的经验，也就是"这里所涉及的《马太受难曲》的晚期听者"（同上）之经验。通过援引理论态度与审美态度之间的建构性分歧，布鲁门贝格回答了这个问题。面对理论性的世界解

---

① 这一点可参考意大利画家、版画艺术家和雕刻家马里尼（Marino Marini）的论述："假如你们依次观看我近十二年的骑士雕塑，你们就会注意到：骑士每一次都要丧失一些对马的驾驭力；动物的野性恐惧不断地加强，但它却惊吓得一动也不动，而不是后腿站立或逃走。一切皆然，因为我相信，我们面对的是一个世界的终结。"引自 Schupp，《创世》（Schöpfung），页 579。

类似的说法："消失和毁灭的形式、躯体、跌倒的马匹、遗留在地上残渣、碎肉，它们都重新成为材料，转化为无形物。但是这些崩溃的全体都需要一种重新创造；形式的这种腐烂要求使坚固和完善的全体得以重生。"引自 Marino Marini 的文章《我的现实性》（Meine Wirklichkeit），参见 Ernst Scheidegger 编，《马里尼》（Marino Marini），Zürich，1959，页 22。

② Oelmüller 的商榷文，参见《受苦》，页 294。Odo Marquard 在《走出文献崇拜》（Schritt aus dem Kult in die Bibliothek）中，提出了艺术带来最高和谐的论点："历史著作和小说都表现为（是）现代世界的多神教。"而且在那本书中还可以看到一切缺陷的补偿。在"结束了涉及绝对文本的战争"之后就必然形成这种补偿。引自 Marquard，《被启蒙的多神论，还是一种政治神学？》（Aufgeklärter Polytheismus – auch eine Politische Theologie?），见 Der Fürst dieser Welt. Carl Schmitt und die Folgen，Jacob Taubes 编，Parerborn/München，1983，页 77–84，这里参考的是页 81 和页 84。

释不断获得的成功,审美通过"悖论、矛盾和荒诞"①的手段释放了意识的免疫功能,从而拯救了一种现实;虽然长久以来,这种现实一直从属于某种功能性世界的可信性。布鲁门贝格诊断出审美与理论的分离,这种分离战胜了他亲眼目睹的理论态度对生活世界的无休止侵占。② 因此,审美的流放提供了某种"短暂的逃离",但逃离本身并不是释放出骚动和疏离,而是使人们不要忘记同理论令人安心的指涉关系(Rückbezug)。如果说真理没有反对自身可信性的东西就不能存在,那么反过来,诉诸一种"另类现实"恰恰是对这样一种真理的控诉。正是在这里,布鲁门贝格立刻猜想到一种强制性的征服,它非法地使人脱离了自己与世界的根本距离。

在拒绝历史的同时,乌托邦的禁忌图景要求获得征服。谁要是不能忍受乌托邦,谁就属于这样一类人:他们在其他情

---

① Blumenberg,《现实概念的准备》(Vorbemerkungen zum Wirklichkeitsbegriff),见 G. Bandmann 等编,*Zum Wirklichkeitsbegriff*, Mainz,1972,页 9。

② "近代人是一种被冲垮了的存在;近代人的现实概念着眼于避免不可预料的东西,着眼于阻挡,着眼于抗拒不和谐的事件。近代人的经验被还原为这样一种范畴:它们的影响范围一方面先天地(a priori)排除了完全反常物的极限情况,另一方面必须非常苛刻地认可纯粹独一无二的东西。

这里出现了一种含混,它能够表述为这个令人恐惧的问题:是否只有不是那种能够打破现实性意识的稳定性的东西,才是一种严格的现实物? 科学理论的立场不可能以这种含混为出发点,因为科学是对那种经济努力在方法上加以展开的表达,并且是经济努力的创造能力;但审美立场却以这种两歧性为起点。……理论者对日常性不感兴趣,因为他已经默认了习惯的稳定性;但是这种日常性必然显现为庞然大物,因为为了还原为现实,这个庞然大物不需要任何偏离的事件。人同现实的关系如此紧密,以至于他一再使注意力返回到现实。唯有人们看到这种审美转向是对理论创造能力的逆转,而且这种能力长久以来都卓有成效地同非惯常物较量,人们才能理解这种转向。"参见 Blumenbers,《对现实概念的准备》,同上,页 9 以下。

况下仍然停留在不幸的无信仰状态,因为他们看不到任何东西。令人吃惊的是,在短短的时间里,这个基本的类型居然有这么多五花八门的形式:巴特的辩证性异在上帝(Fremdgott)、布尔特曼的福音宣道(Kerygma)、海德格尔的存在,以及阿多诺重新提出作为否定辩证法的纯粹和尚未拥有的可能性视域。(Blumenberg,《神话研究》,同前注,页246)

顺理成章的是,通过指出同时发明理论与悲剧的希腊民族之特性,布鲁门贝格敞开了"哥白尼世界的形成";根据布克哈特(Burckhardt)的说法,希腊民族不是一个乐观的民族,而是一个苦难和悲惨的民族(Blumenberg,《哥白尼世界的形成》,同前注,页16以下)。希腊民族之所以需要理论,就是为了遗忘苦难,他们通过静观(Schauen)行为去感受那不可能凸显生命之乖戾的美。但是,没有作为这种乖戾而被遗忘的东西至少能够在戏剧中上演,并且因为距离而充满愉悦。如果说布鲁门贝格随后说到了这样一种"另类现实",即是说它是在倾听受难音乐时形成的,并且使音乐本身摆脱了自己具体的生命关联,因为"受难音乐就其'实在论'本性而言,获得了一种凛然不可侵犯的特征"(《马太受难曲》,同前注,页248);那么,这一"另类现实"只能是一种场景化(Inszenierung)的产物,它向落泪者的欣赏目光展示了一种表演,恰恰是这种表演通过艺术建构起同一性。通过Ölbersszene的音乐脚本,戏剧性的现实在听众身上转化为一种充满愉悦的事件;这一事件把自己创造的美直接呈现给局外的、在自身同一性中得以强化的受难听众:"音乐的意义再次得以深化:音乐使人们忍受了不可忍受的东西,而且那些睡眠者用自己对音乐之美那无法企及的偏爱取代了睡眠的恩赐"(同上,页50)。①

布鲁门贝格对《圣经》的审美解读乃是一种后基督教生存的筹划,这种生存在一个无法和解的现实之彼岸探索"生命艺术"(Lebenskunst),"探索这种关注和珍惜自己的能力——尽管这是个早已陈旧不堪的词语"(《神话研究》,同前注,页13)。这种"异教生命形式的可能性"②超越了作为一元神话(Monomythos)的基督教,并且蕴涵着一种"对神性的呼吁",③这在歌德的人格中臻至巅峰。

布鲁门贝格对神话的解释已经为文化英雄(Kulturhero)歌德的展现提供了途径,因为歌德正是通过"对自己有限性的否定"④而被赋予了完美性。在布鲁门贝格看来,在向"绝对者的极限值"⑤的逼近之中,近代的生命筹划只有在这里才得以展现;只有在这里,展现本身才能够获得成功。只有在这里,对一元神话的反抗才能转换为一种藐视事实性(Faktizitäten)的生命形式;假如说布鲁门贝格批评了《圣经》一神论的不可逆转、超过人之可能性的要求,就超越有限性而言,这种生命形式与布鲁门贝格的批评相比也毫不

---

① 布鲁门贝格对阿多诺的美学何等陌生(参见前面的注释),下述引文可以当作一个例子:"艺术作品的不可捉摸就是它的断裂性存在……假如艺术作品想要以完美的姿态出现,那么它就被阉割了;艺术作品所意味的东西不是自己的本质物,这一点从它自身也能显示出来,似乎意义也被阉割了。"Adorno,《审美理论》(*Ästhetische Theorie*),页191以下。

② Carl – Friedrich Geyer,《"新神话学"与"宗教的复归"》("Neue Mythologie" und "Wiederkehr der Religion"),见 Willi Oelmüller 编, *Wiederkehr der Religion? Perspekiven, Argumente, Fragen*, Paderborn:1984,页25 – 54,这里参考的是页45。

③ 同上,页44。

④ 同上。

⑤ 同上。

逊色。

通过回到一种后基督教生存意图,布鲁门贝格重新回到自己的要求。假如"无限是不可追问的期待物,而对立面、有限则是……从生到死的习得、叙述、知识"(《马太受难曲》,同前注,页133以下),这种看法对这样一种生命筹划恰恰是无效的:它使自身摆脱了有限性,以便通过将生命的形态塑造为"整体的艺术作品",[1]并且从审美上平衡生命的损失。捍卫一种被附加上"有限的不朽性"修饰语的生命筹划,这是继承尼采的传统。[2] 因为尼采通过扎拉图斯特拉的教诲批判这个被视为虚无主义的时代,与之类似,布鲁门贝格也指出了一种生命的可能性:生命在自身中获得自我满足。尼采说:

> 这是怎样一个时代:这个时代,人们明智地放弃了一切世界进程的建构,甚至放弃了人类历史;这个时代,人们不再关心大众,而是重新关心诸多个体,他们形成了一座穿过生成洪流的桥梁。这些个体并非推动哪一种进程,而是非时间—同时性地(zeitlos – gleichzeitig)活着,感谢历史允许这样一种相互作用,他们才得以作为天才之国(Genialen – Republik)活着,对此叔本华曾经叙述:一位巨人呼吁其他巨人穿过贫乏的时代间距,不受在他们下面爬行、故意吵闹的侏儒干扰,继续进行高高在上的精神对话。历史的使命就是成为他们的中介,赋予他们创造伟大(Grosse)的动因和力量。不!

---

[1] Blumenberg,《生活时间与世界时间》(*Lebenszeit und Weltzeit*),Frankfurt am Main,1986,页266。

[2] 参见 Peter Behrenberg,《有限的不朽:论布鲁门贝格的神学批判研究》,同前注,节12,页128以下。

人类的目标不可能取决于终结(Ende),而是依赖于人类最高的典范。①

在这段话中,尼采的意愿获得了直观的有效性:在世界的根基遭到哥白尼式的抽离之后,尼采以一种可能的生命形式重新(这一次不可逆转地)捍卫人类的尘世纽带。尼采的伟大尝试就是"使现代生存的偏离状态……重新回复到同存在者整体的关联中",②从而抵抗人类的世界丧失状态(Weltverlorenheit);与此相应,布鲁门贝格重新发现了哥白尼理论中目的论的背景预设。就此而言,尼采的伟大尝试在布鲁门贝格的重新发现中获得了共鸣。如果说通过永恒复返和权力意志的论说,尼采以解放的姿态捍卫了"生命与永恒"③的相互影响,那么,这就涉及了书写历史的表达层面,正如尼采在《希腊悲剧时代的哲学》中相关的阐释。④ 在经验研究和依赖可证明事实的研究听不到的地方,尼采却听到了未被倾听者的碎片。⑤

---

① 尼采,《不合时宜的沉思》,同前注,页317。"这关系到……一种创造的唯一性被提得很高,甚至人们希望摆脱惯常物,希望从那儿抽身出来。个别物的独一无二性就是与人的生活和芸芸众物相比的那种首要性。"Duval,《唯一性》(*Einzigkeit*),页378。

② Karl Löwith,《海德格尔的尼采讲座》(*Heideggers Vorlesungen über Nietzsche*),见 Merkur,1962(16),页72-83,这里参考的是页79。

③ 同上,页81。

④ 见 Nietzsche,*KSA*,卷一,页799-872。

⑤ "语文学家尼采考虑的是……这种可能性:不仅无需历史批评的知识能够理解一个古代文本,而且尽可能地比它作为严格的批评文本理解得更好。"参见 Johann Figl,《暴力辩证法:尼采的解释学宗教哲学》(*Dialektik der Gewalt; Nietzsches hermeneutische Religionsphilosophie*),还参考了作者未公开发表的手稿,Düsseldorf,1984,页209以下。

尼采的意图就是"仿制诸多形象",①并使个体性的现存图像得以完整;承担这个意图的努力就是揭示出一种无法摧毁的个体,一种能够对抗一切时代潮流的个体。哲学体系并不重要——"哲学体系背后的个体不容反驳,个体绝对没有走向死亡"。② 如果说尼采能够表达那种对个体性的"仿制"(Nachschaffen),对他来说,最合适的表达形式恰恰出现在哲学和文学的轶失(Anekdote)中。个体的概念把握是次要的;只有非概念的把握,只有一个历史形象的生动地图上的白色斑点,才能根据一幅无法遗忘和永远持存的图像描绘和彰显这种个体。

尼采试图通过解放性地提升生命的价值来对抗虚无主义的世界经验,这直接影响了布鲁门贝格的非概念性理论(Theorie der Unbegrifflichkeit),以及由此产生的关于轶失的表达形式。就布鲁门贝格想象的轶失(imaginäre Anckdote)而言,能够提供"一种仅仅事后形成的一贯性"③并不是什么可耻的事,尽管"有可能遭到历史批评的轻视"(同上)。但是,倘若如同尼采所说的那样,人类物种的"最高典范"以"时间性—同时性"④的方式生活,倘若布鲁门贝格通过对事实的抽取才看到那些"最高典

---

① Heinrich Nihues - Pröbsting,《作为哲学史中介的轶失》(Anekdote als philosophiegeschichtliches Medium),见 *Nietzsche - Studien*,1983(12),页255 - 286,这里参考的是页276。

② 同上,页284。

③ Blumenberg,《操心穿过河流》(*Die Sorge geht über den Fluss*),Frankfurt am Main:1987,页222。

④ 尼采,《不合时宜的沉思》,同前注,页317。

范"(歌德①、瓦雷里[Valéry])的成就,自律(Autonomie)的"最高形式"就颇成问题。尼采幻想的是天才的一种孤独和超越时代的独白,布鲁门贝格通过对另类个体的记忆(Erinnerung)大胆地构造了一种粗暴的记忆——因为个人生平(Lebenszeit)总是不关心时代划分,也不关心不要遗忘时代的要求——他们都坚持一种记忆形式,人的受到威胁的自律在这种记忆中找到了自己的立足点,但自律本身似乎仍然漂泊无依。假如在后哥白尼的时代,完全修复人的努力应该获得成功,无须退化到已经被超越的传统,这种努力就促成了一种自律,而且重要的是,这种自律本身也面对这一问题:自律如何汇入传统之流?② 在布鲁门贝格看来,近代人那种原始的、仅仅从自身出发来理解的自律需要获得牢固的立足点。面对近代巨大的问题压力的那种确定性,只有在作为人之自律的自我保存形象的回忆(Anamnesis)中才会出现。一种固定在自我保存基础上

---

① 在布鲁门贝格著作的许多地方,对歌德的崇拜与对尼采的不相上下。关于尼采的歌德崇拜,参《偶像的黄昏》,KSA,卷六,页 55 – 161,这里参考的是页 151。歌德"诉诸历史、自然科学、古代,甚至包括斯宾诺莎,而且首先诉诸实践活动。他随着明显地封闭的视域自我调整;他没有脱离生活,他投入在生活中;他不是气馁,而是尽可能地自我提升、自我超越、自我投入。他所希望的就是整体性"。

更详细的阐述可参考 Eckard Heftrich 的研究:《尼采的歌德》(Nietzsches Goethe)。见 *Nietzsche – Studien*,1987(16),页 1 – 20。关于布鲁门贝格著作中所说的轶失之功能,可参见本文以下的详细论述。

② 这里,尼采的立场不是十分清楚,这可以以下述引文为证:"……我们今天的认识者,我们这些渎神者和反形而上学者,烧毁了千年的陈旧信仰,那个基督教信仰,同时也包括柏拉图的信仰,他的上帝是真理,他的真理是神圣的……"参《朝霞》(见 KSA,卷三,页 9 – 331),这里参考的是页 259。"我们是无家可归者",我们是"欧洲的遗产……因此成熟到不需要并且厌恶基督教,恰恰因为我们都来自基督教……并且假如你们这些漂泊者,必须漂泊在大海,那么你们就渴望——一种信仰……",同上,页 313。

的生命,只有"继续生活在另一种生命中"①才能获得成功。"回忆、保持同一、找到同一性",②这些都是后哥白尼时代的生活试图用来消除自身离心状态(Exzentrizität)的范畴。在布鲁门贝格看来,这种生活筹划的真正核心就是抬高回忆的伦理价值。引入一种另类生活的记忆,以此逃离生平的偶在,这样一种独特的要求反过来也同样有效:呼吁"不要忘记基本的义务,不要忘记人的东西"(Blumenberg,《我们生活的现实:短文和谈话》,同前注,页170)。如果说承担互惠性(Gegenseitigkeit)义务的记忆包含着一种绝对律令,在这个绝对律令之上仍然悬挂着达摩克勒斯之剑(Damoklesschwert),一种面对自身死亡的毫无意义的回忆,否定了互惠性的要求,也就摧毁了赖以活下去的希望。在面向自身并且放逐被遗忘者的同时,布鲁门贝格看到:恰恰通过对自己哲学立场的反省也就是通过对理论的反省,现象学传统的人在生活世界的偶在面前获得了保障。"不管能否实现,不管是否战胜了事实的软弱:一种普遍的意志决断仍然能够治理一种生活。这就是基本的经验。"(Blumenberg,《生活时间与世界时间》,同前注,页358)在对自己转向理论过程的回忆中,"自我的发现和自我的创造汇集在一起,最终融为一体"。③ 在布鲁门贝格看来,理论者是自己的自律创造者,而且自律"使理论者摆脱了受到局限的生活"(同上,页360)。

自律是否同样使理论者摆脱了罪、欠负和羞愧的纠缠? 在布鲁门贝格那儿,毋宁说情况刚好相反:根据布鲁门贝格设想,"主体面对自己的责任以及为自己承担的责任之独特性"(Blumenberg,

---

① Sommer,《生活世界》(*Lebenswelt*),页256。
② 同上,页208。
③ 同上,页207。

《神话研究》，同前注，页323），恰恰体现为不朽的公设（Postulat）在生活世界意义上对有限生命的吸纳；因此，这种责任的独特性就促成了对现实的一种想象性感知，它判定了一切思想（Gedanke）的欠负。布鲁门贝格把《马太受难曲》的序幕解释为一种神话，而神话使人摆脱了一切来自上帝方面的归咎（Schuldzuweisung）：因人的罪而受难，并且成为"致死的疾病"（Blumenberg，《马太受难曲》，同前注，页34），这样一位上帝不能忍受以这种方式剥夺自己毫无牵挂（sorgenfrei）的当下存在。上帝因自己形成的创世而死亡。① 尽管有人类原罪的堕落状态，救赎还是确定的；相比之下，救赎的确定性仍然暗示了上帝观念的强大，所以上帝的观念应该在人的堕落状态中，并且恰恰在"同救恩的无限性之牴牾"（Blumenberg，《马太受难曲》，同前注，页294）中得以确立。倘若只有在同上帝恩典行为的依赖关系中才能设想一个世界，布鲁门贝格就不是在这个世界中确立"事实性的主体"，"而是通过世界的可能性把事实性的主体非事实化（entfaktiziert），尽管主体不一定非得生活在这些世界中"（Blumenberg，《操心穿过河流》，同前注，页69）。只有考虑到上帝之死，布鲁门贝格眼前才会浮现一个更好的世界的诸多想象。这些想象使"人在坏的状态（Bosheit）下自我忍受"，②因为可能性的视域现在开始敞开，人在这个视域内能够把自己想象为一种个体，完全不是事实性的个体。布鲁门贝格充满激情地捍卫的人之自律也"生活"在想象中。生存与生命概念相互分离，并且通过这种分离敞开了一种生命的视线：唯有在审美的意义上，在欠负与罪

---

① 详细的阐述可参见以下段落。
② Blumenberg，《魔鬼应该得救吗？——一个魔鬼学的章节》（Sollte der Teufel erloest werden? Kapitel einer Daemonologie），见 *Frankfurter Allgemeine Zeitung*，27. Dezember 1989，N 3。

经验的彼岸,这种生命才能获得成功。

十字架上的呼喊被提升为上帝的历史随着人而明确终结的唯一标志。① 但正因为极端和无与伦比的残酷性,十字架上的呼喊才解放性地提高了生命有限性的价值。同时在布鲁门贝格看来,呼喊因其残酷性开启了自我断言的艰辛历史。这样一来,为了逃避自己所看到的被弃状态(Los),逃避向自身敞开罪与羞之深渊的被弃状态,人必须重新介入历史。这是因为,在被钉十字架者的呼喊中,还能同时听到请求宽恕的声音。这是耶稣向敌人提出的请求,只不过布鲁门贝格对此有意不提。这个请求本身就能够中断罪的恒久性(Permanenz),不需要逃到想象的游戏中;因发出这个请求的人是作为牺牲而有权宽恕的人,是中断了暴力和权力逻辑的人。② 一种"失败的创世"③造就的人,并没有逃避这种努力——想摆脱有限性的迂回之路。失败的人自身恰恰不是与其一道延长自己的受苦历史,而是坚决中断这个历史,因为中断同时意味着欠负与罪的终结。

暴力和受苦的终结之记忆的《圣经》形式,并没有因为对获救生命的解放性描述而忽略黑暗面。"假如对真实现实的悲伤被赋予了审美的形式,形式本身就表达了对这个现实的反抗,而且反抗也是自己表达希望的方式:这个现实仍然可以开启种种可能性。"④

---

① 参见后文论述。

② 参 Christian Duquoc,《上帝的宽恕》(Die Vergebung Gottes),见 Concilium,1986(22),页 104–110。

③ 这一点可参 Ulrich Wilckens 关于《马太受难曲》的评论,见 Ulrich Wilckens,《失败的创世?——马太受难曲的神学》(Gescheiterte Schöpfung? Theologie der Matthäuspassion),载 *Frankfurter Allgemeine Zeitung*,März,1989。

④ Schupp,《创世》,同前注,页 579。

现实持久的未和解性促使伦理和审美相互靠近,因为把受苦踩在脚下,根本不能明确地保障受苦的终结,通过成功生命图景所描绘的受苦终结,也根本没有摆脱转化为纯粹假相之图景的危险。假如能够把《圣经》所理解的世界根本视为一种可能性,"即是说,视为在伦理和审美视野中自由地走向意义筹划的可实现的可能性"——因为一个"能够被视为既善且美的世界"进入了游戏;那么,追求秩序完美的愿望就是虚幻的。想要保持清醒的记忆,这一点恰恰是有效的:"我们来自一个失去了可能性之历史;一切可能世界中最好的世界处在我们的范围之外。但是应该坚决保证次好(zweibest)的世界不被摧毁。"①《圣经》的经验世界并不熟悉旁观者的欣赏目光,但这种目光却坚持自己的自律性姿态。只有一种出于自律的东西,②才能赋予实际的苦难以某种价值,但这种价值并非体现为自己的补偿功能,而是体现为希望:不可能超越这种过分要求来实现暴力和受苦的终结。③

---

① Schupp,《创世》,同前注,页576。
② 这一点可参 Metz 对救赎史与解放史之辩证法的思考;《信仰》(*Glaube*),页104-119,尤其页113:"总体解放的自主与成熟是一种完全的内在矛盾。它在部分程度上或最终基于行为主体的完全遭到悬置的同一性。最终,当和谐和成熟从被抑制的罪性或不在罪性现场的主体中获得生命,并且不再把自己理解为渴望救赎与和解的渴望时,和谐和成熟便成了阿多诺所担心的:陈词滥调。半途而废的抽象自由之表达。自由的历史作为陈词滥调的药房。"
③ 这里具体展现了阿多诺的努力,根据 Ebach 的理解,这种努力在坚持一种关于发生的受苦扬弃之具体经验的否定性总体时,就已经结束了。这样一来,阿多诺"像约拿一样坚持清晰性,而不是像约拿那样坚持决心,所以就没有任何背叛、最终看不到生命……阿多诺证实的是约拿必须经历过的东西。交流无论如何都参与了不正当性——阿多诺被约拿希望避免的东西给吸引住了。但是参与不正当性是中断它的前提"。参 Ebach,《卡珊德拉》,同前注,页66。否定的整体性可参 John,《进步的批判》(*Fortschrittskritik*),页67以下。

《圣经》美学的意图就是赋予暴力和苦难的反抗以某种形式,这种形式由此已经表达了对美之毁灭的抗议;因此就建构的意义而言,《圣经》美学必然从属于伦理。布鲁门贝格的美学来源于"神义论—筹划"的摧毁,①因此这个来源必须容忍的是,正是这种《圣经》历史逐渐隐退了,尽管它以自己的形式意志(Wille zur Form)抗议自己在一个意义整体(Sinntotalität)中遭到扬弃。《新约》的受苦历史自我显露为诗意想象的产物,但诗意想象利用的是虚构的因素,而不是自己同一个偶在的时空事实和材料的相关性。《圣经》受苦历史的接受若想获得成功,只能超越这样一种接受美学:不是旁观者在距离中欣赏被创造物,而是被展现者强迫旁观者采取某种态度面对正在发生的受苦之扬弃。因为"只有当复活信仰作为在破碎的、'不洁的'需要拯救的受苦和死亡状态中安身立命时,它才真正成为正统性的"。②

一种关于暴力与解放、毁灭与获救的辩证法合乎逻辑地消失了。正是这一点促使布鲁门贝格把复活的图景看成对受难"感染力"的无动于衷,从而予以抛弃。

> 很少有人觉得,受难的直观性同复活的非直观性之间的差异是什么麻烦事……正是受难,而不是什么未来幻象(Vision),形成了实在论的标准;从此之后,这个标准开始衡量一切要求获得现实性的东西。(《马太受难曲》,同前注,页303)

---

① 参布鲁门贝格对《约伯记》的解释。
② Tiemo Rainer Peters,《信念与实践辩证法中的正统》(Orthodoxie in der Dialektik von Doxa und Praxis),见 Concilium,1987(23),页312–318,这里参考的是页313。

如果说布鲁门贝格把现实性的受难看成出于受苦而对上帝的无力控诉，从而抛弃这种受难，并且以凸显无辜受苦的挑衅取而代之，从中推导出诗意想象的解放，那么，作为对过去受苦的赞美，复活必然破坏事实性的展现同随后的艺术欣赏之间的平衡关系。因为"沟通受苦回忆的复活意味着：死亡、已经被征服和被遗忘的东西，存在着一种无法补偿的意义"。① 通过《马太受难曲》，布鲁门贝格合乎逻辑地把受难还原为受难的直观性（Anschaulichkeit），这种还原就是无情地把目光转向十字架事件；作为一个充满苦难的事件，十字架事件强制性地号召自己向艺术转化。相比之下，"复活的非直观性"（《马太受难曲》，同前注，页304）就其现实的概念而言没有什么致命弱点，好让这样一种审美理论来反对：根据布鲁门贝格的理解，这种审美理论必须捍卫稳定性过程的中断。②

尽管存在着布鲁门贝格的这种视野，基督教复活说的脆弱形式和衰落阶段仍然不是对受难的拒绝，它不是面对"征服死亡的凯旋"（Blumenberg,《马太受难曲》，同前注，页303）时令人不快的一无所知。恰恰相反：正因为受苦历史的终结图景绝不可能仅仅是一种有坚实性之感的审美表达图景，而是作为一种终结苦难的实际呼吁超越了自身的审美展现，受苦历史并不胜任通过艺术来塑造同一性的使命。受苦是为了达到一个终结，这是约伯活着的希望；也就是说，

> 在基督教信仰认识中，可以用坚定期待（gewisse Erwartung）的语言形式来表达的就是：不是信仰正确的思考可以贯彻到最

---

① Metz,《信仰》，同前注，页99。
② 参注32。

后,而是信仰肉身的复活可以贯彻到最后。①

就具有审美意图的《圣经》式世界解释而言,"文明与受苦之间的纽带"(《神话研究》,同前注,页657)终于也在这里断裂了;②尽管布鲁门贝格以尼采为根据替这种纽带辩护,并且通过亚里士多德的卡塔西斯学说将其设定在接受主体自身中。在解释贝格(Alban Berg)的歌剧《沃采克》(Wozzeck)时,阿多诺指出,必须怎样来解读源于一种"坚定期待"的图景。通过在人身上激起距离化过程的方式,从而产生镇定(Gleichmut)效果,③这样的卡塔西斯根本不存在。

> 歌剧《沃采克》是受难。假如不分有人的行动和人的激情,音乐就不会在人之中受苦:音乐超越了人而受苦;仅仅因为这一点,歌剧《沃采克》才像古老的受难音乐那样,展现出全部的效果,不需要每一次都选择一个悲剧人格的面具。音乐活生生地承负起人、个体的《沃采克》,承负起需要超越自身之星光的苦难。音乐把人笼罩在苦难中,同时也希望使人完全受到感动;音乐从人身上获得的,就是无可避免地即将发生在星光凝固的永恒性中的一切。④

---

① Ebach,《天使的目光》,同前注,页96。
② 在遗留下来的《悲剧的诞生》残篇中,还可以发现以下笔记:"这里没有一个真世界和假世界的对立:只有一个世界,这就是虚假、残酷、矛盾、诱惑的世界,没有意义的世界……"《尼采全集》,卷九,同前注,页575。
③ "坦然面对不顺从……"Blumenberg,《马太受难曲》,同前注,页248。
④ Theodor W. W. Adono,《论歌剧〈沃采克〉》(Die Oper Wozzeck),参Adorno, Musikalische Schriften V, Gesammelte Schriften, 卷十八, Frankfurt am Main, 1984, 页472–479,这里引用的是页479。

如果说《马太受难曲》仍然停留在神话思维的轨道上,而且这种思维在受苦历史的旁边建立了一种已经预设的一般性;那么根据布鲁门贝格的解读,《马太受难曲》恰恰隐藏着一种和解和同一性建构(Identitätsstiftung)。① 不是同一性,而是同一化,促成了轨道的偏离和"可能性艺术"②的感知,这种感知无需害怕艺术的形式赋予。

二 "马太受难曲"或尼采的实在性:布鲁门贝格的神学

布鲁门贝格把自己的"神学"(Blumenberg,《马太受难曲》,同前注,页 30)③称为某种规划,而规划本身则形成一种完整记忆的悼词。这种规划的不懈努力,正是为了证明一切神学都具有不可替代性;就此而言,假如规划预设了一种"最后的"神学,它也就忽略了对某些阐述的指控,因为布鲁门贝格恰恰以这些阐述来总结自己的《神话研究》。这里所要解释的目标,就是要指出,假如一个神话想要超越正当性辩护和神义论,它必须满足什么条件:"无需解释就是神话不容置疑的根据"(《神话研究》,同前注,页 687)。

---

① 通过古典创造那种非凡的一般性、神话的垂死创造、轨道的不可抗拒性,作为形态的规范获得了永恒。参阿多诺,《审美理论》,同前注,页 243。
② Schupp,《创世》,同前注,页 577 以下。
③ 布鲁门贝格把自己的"神学"规定为代表他对这个《圣经》格言的解读:智慧始自主的畏惧。他把这个格言解读为属格的主语:"主的畏惧是自己对一种不同东西的畏惧,被畏惧的东西恰恰成为他的智慧之开始。"(页 29)更详细的论述可参见后文。

神话的复杂性不仅体现为接受的愉悦,而且体现为神话叙述的变化范围;唯有迄今的神义论都失败之后,神话的复杂性才获得解放。随之,布鲁门贝格捍卫了一种在"没有游戏空间的诗歌"(同上,页688)之外的开放系统,即便这种诗歌拥有一个稳固的基石,即便它还凸显了所有的总体筹划。有一种最后的神话"不需要根据"(同上,页687),但仍然没有排除更广阔的历史可能性视域;发现这种最后的神话——通过这种追求活动,布鲁门贝格超越了普罗米修斯神话的接受史,并把复杂性的思想形象放在巴赫《马太受难曲》的音乐框架中。

在此,对布鲁门贝格来说"有限性的时间压力"(《生活时间与世界时间》,同前注,页359)在一种无限变化的历史样式中遭到扬弃。这样一来,就可以在神话素材之前确立解释的无限性;因为在布鲁门贝格看来,神话素材总是可以重新叙述和重新发现,没有任何其他文学类型能与之相比。假如谁像布鲁门贝格那样逃离了有限的时间,逃离了使个别此在彻底面对自身的时间,"走出文献崇拜",[1]他就是把欧洲精神史看成一个文学性集合;这一集合受古代精神制约,并且以奥维德(Ovid)为经典参照系;"欧洲的想象就是一个以奥维德为中心不断展开的关系网络"(《神话研究》,同前注,页383)。布鲁门贝格"发明"了想象的铁失,但这一"发明"的早期文学先驱恰恰是奥维德的《变形记》(*Metamorphosen*)。有意思的

---

[1] 我接受了 Odo Marquard 的这种表述,但不愿意把它拥护的一种"被启蒙的多神论"应用到布鲁门贝格身上。这种表述可参见:Odo Marquard,《被启蒙的多神论》(*Aufgeklärter Polytheismus*),页84。Carl-Friedrich Geyer 独树一帜地批评了这种多神论的基调,也就是用文学取代了宗教的功能。参 Carl-Friedrich Geyer,《神话与历史》(*Mythos und Geschichte*),见 *Orientierung*,1985(49),页56–59。

是,布鲁门贝格的"历史现象学"可以被解读成对奥维德接受过程的后来呼应,因为对奥维德的接受具有无限变化的表现形式。

> 通过自己的表现方式,奥维德捍卫了自己的时代和环境,捍卫了一个不信神的大都市社会,这个社会把一种精致的生活和艺术享受摆在至高无上的地位。①
> (奥维德的)诸神不过是叙述出来的神——不同于真正的神。……诗人消失在自己作品(Opus)的背后。可阅读性意味着:阅读的是我的书,而不是我。承负其名的书重新留下了一种新的要素,一个不朽的痕迹。这个不朽者并不要求奉献,它仅仅要求……被阅读,并且在将来被解释。②

在生命的指引与文学感悟之间,在一种后基督教的生存筹划和古代神话的接受之间,存在着某种对应关系;唯有根据这个视角,布鲁门贝格才能阐述一个最重要的原则:与古代神话相比,作为文学作品的《圣经》至今仍然"近乎不在场"(《神话研究》,同前注,页239)。根据布鲁门贝格的判断,即使古代文学和《圣经》文学之间曾经有过"同等力量"(同上),但却绝对不属于"同等类型"(同上)。由此,布鲁门贝格得出结论:就其接受的范围而言,《圣

---

① Manfred Fuhrmann,《真神话集成》(Das Hauptbuch der wahr Myth), *Frankfurter Allgemeine Zeitung*, vom 5, September, 1989, L6。

② Ada Neschke,《被叙述和被体验的诸神:论希腊神话在奥维德〈变形记〉中的功能变化》(Erzählte und erlebte Götter. Zum Funktionswandel des griechischen Mythos in Ovids "*Metamorphose*"),见 Richard Faber 和 RenateSchlesier 编, *Die Restauration der Götter. Antike Religion und Neo-Paganismus*, Würzburg, 1986,页 133-152,这里参考的是页 151。

经》传统的文学显得同古代文学非常接近。正是通过这种形态，《马太受难曲》把《圣经》素材提升到与古代源泉"同等类型"的水平。布鲁门贝格希望进行这种类比，他所使用的工具正是"想象的轶失"的文学形式。①

Stierle 断言，对布鲁门贝格来说，"历史是一个在无尽的隐喻和神话指引下不断重新筹划和具体化的思想史"；②倘若这种说法是正确的，文本的解释和接受就肯定不可能有什么终点。但是一旦超出这一点，一旦像 Stierle 假定的那样——"但是，对布鲁门贝格所说的那种不断（筹划和具体化）活动的历史稳定性和一贯性的信任，必将有更多的断裂"，③那么，即使能够描述已经成为碎片的历史清单，这种描述也必须适应意义的无场所状态（Ortlosigkeit）。想象的轶失实现了这个目标。在布鲁门贝格看来，想象的轶失是充分和唯一保存下来的媒介；在此，这种媒介能够在历史本身不为人所知和遭到排斥的地方建构意义。想象的轶失是一种暴力行为的文学显现，借助这一暴力行为，布鲁门贝格从无名的世界时间之中夺取意义。④"在向那些没有遗留物、没有扬弃物的地方，投射了某种可解读性，这并非暴露出对那儿什么都不能发现而感到的悲伤，

---

① 把散文《操心穿过河流》讽刺性地评论为一种个人的和自恋式的奇思怪想（"自己保持短的放纵性满足，自我封闭在浓缩、诗情画意和小插曲带来的快乐时刻，对他来说在任何时候都会大量出现"）。在进一步的考察中，这就显示为一个"历史现象学"独特开端的合乎逻辑的进一步发展和形成。

② Karlheinz Stierle，《视野中的鼹鼠：一个隐喻历史的尝试》（Der Maulwurf im Blickfield. Versuch zu einer Metapherngeschichte），见 *Archiv für Begriffsgeschichte*，1982(26)，页 101–143，这里引用的是页 140。

③ 同上。

④ 这个概念具体表现在前节对非概念性的阐释中。

也没有暴露出仍然想创造某种似乎(Als-ob)状态的企图"①。把实在(Realität)逆转为关于实在的确定言说,这恰恰构成轶失的特征和动力。轶失通过"随后形成的确定性"(《操心穿过河流》,同前注,页222),"在一切无法透视的事实统治终结时,使整体获得必然性的特征"(《世界的可读性》,同前注,页321)。

但是,假如用一种以审美为根据的必然性来衡量,《圣经》传统又将如何? 假如《圣经》的原始文本得以牢固地确立,而且这种确定性并不亚于古代和现代文本,这个原始文本又怎样发生变化? 从这些提问出发可以获得一个新的视角,以便考察《马太受难曲》中《圣经》素材的音乐特征。假如从音乐意义上把握福音文本的接受过程,从一开始就面临着困难;一旦从纯粹文字上来解读福音文本,困难就随之出现。在布鲁门贝格看来,福音宣道与文化的辩证法,或者用布鲁门贝格的话说,"词语和音乐的差异"(《马太受难曲》,同前注,页15)恰恰应该倾向于音乐。只有音乐才使这样一种接受成为可能,也就是说,这种接受能够建立同一性,同时还能够在那些同质的文本中发现,文本足以并且确保可以获得确定性和稳定性。"文本中看起来不能吻合的地方,都被音乐同质化了,因为音乐不会有违反自身的逻辑"(同上,页46)。巴赫的音乐使那些仅仅呈现为文字碎片的一切获得了统一。以这种方式获得的"福音的悲剧性"(同上,页48)就具有绝对的意义。获得释放的理性以及一种获得平静的实在论,就是这种接受的反面:它建立在流传下来的财富的文化能力基础上。仅仅因为福音文本向音乐的转换,布鲁门贝格才能够把巴赫的《马太受难曲》说成"象征"(同上,

---

① Blumenberg,《世界的可读性》(*Die Lesbarkeit der Welt*),Frankfurt am Main:1981,页409。

页45);而且同象征形成的语境相比,象征是"宽宏大量的"(同上)。但就这里所要表达的意向而言,"宽宏大量"(Groβzügigkeit)意味着:面对文本中实际呈现的断裂和张力,读者、听者和欣赏者仍然能够保持同自身的相关性。因为"在沉浸于福音书作者的宣叙调中时,没有人问:感谢面包意味着什么;耶稣说,吃吧,这是我的身体,这意味着什么"(同上)。但是假如无需问,回答本身也就悉听尊便;同时这也形成了这样一种游戏空间,即是说,想象的轶失开始进入这个空间并且给出了回答。

欧维贝克曾经要求,应该"以想象的方式"来读经书;这里,布鲁门贝格最大程度地远离这种要求。布鲁门贝格赞同欧维贝克的看法是,早期基督教具有不可逾越的世界彼岸性特征。标志二者立场根本差异的就是这个问题:世界的彼岸性能否并且如何成为在场。[1] 在基督教向周边文化的逐步靠近过程中,欧维贝克看到了基督教的一种明显堕落征兆:

> 我深深感到,而且也从历史中得知:如果说还有一个人们置身其间的关键时刻,基督教使某种因素在人类身上发生错位,而这种因素在一切使基督教与政治相结合的纽带中都可以找到;那么我根本不怀疑,这里就是关键时刻,如果这个领域仍然没有得到彻底清理,普遍的鄙视必将再次压倒一切……只要一个宗教活在我们中间,一切都随之井然有序地存在于我们中间;这个宗教没有获得辩护,因为它根本不需要辩护。但是只要一个宗教开始进入我们的文化,那么它作为宗教就已经被杀死了,杀死它的恰恰是把文化赏赐给它的那

---

[1] 参布鲁门贝格,《有限的不朽性》,同前注,页60、139。

种生活。①

陶伯斯把欧维贝克所说的基督教与文化的这种不相容性,诊断为一种对时代的批判:

> 在德国经济繁荣的年代,不管"旧"的基督教信仰,还是"新"的启蒙信仰最终都堕落为意识形态;无论在历史层面,还是在客观事实层面,这个年代的中产阶级都是欧维贝克的对立面。德意志第二帝国……把基督教本身当作爱国的工具来利用。欧维贝克之所以抗议基督教与政治的结合,正是因为他看到了基督教的拒世(weltentsagend)特征——在他看来,否定世界是基督教无法消除的特征。②

在欧维贝克看来,一种"基本的神学张力场(Spannungsfelder)容纳了理性与信仰、基督教与文化的紧张关系,这种紧张关系本身既富创造性,又带有反抗色彩,因此无法调和"。③ 欧维贝克通过这种"基本的神学张力场"来抵制一切过于匆忙地调和对立的做法。与此相反,在这种阐述的前场(Vorfeld),布鲁门贝格设置了另一种场景。因为根据布鲁门贝格的描述,受难曲的听者要求的是一种事件的动听、一种音乐的和谐,同时动听与和谐也应该维护个体所

---

① 引自 Rudolf Wehrli,《欧维贝克论基督教的衰老和死亡》(*Alter und Tod des Christentum bei Franz Overbeck*),Zürich,1977,页 114 以下。

② Jacob Taubes,《神学的去魅:欧维贝克肖像录》(*Entzauberung der Theologie: Zu einem portät Overbecks*)。见 Franz Overbeck, *Selbstbekenntnisse*,附 Taubes 导论,Frankfurt am Main,1966,页 5–27,这里引用的是页 15、17。

③ Peters,《实际性》,同前注,页 231。

要求的"对受难之美的偏好"(《马太受难曲》,同前注,页50)。这里,恰恰在这里,作为象征事件的受难音乐成为一个艺术和文化群体的表达;在对文本中那种在审美上一开始就可以接受的亲近性之判断中,而不是对唯有超越这种美学才能体验到的文本对抗性之把握中,这个艺术和文化群体获得了共鸣。借助这种接受美学,令人不快的安排也就随着有限性而消融在愉悦之中。回首十字架事件,就好比站在安全的岸上静观船只航行遇难。根据布鲁门贝格的理解,上帝之死是"世界历史剧场"(同上,页90)中的一个事件;导致他这种理解的不是犬儒主义,而是保持距离的戏剧目光。假如有一种事件像《马太受难曲》那样,清楚地区分演员和观众,那它正是基于观众那种更高的洞察力和预见力。人们知道了规则。游戏的美学"并不是严肃性的削弱"(同上)——根据布鲁门贝格的这个前提,"人类原始悲剧的上帝"(同上,页94)演完了自己那出戏。

这样一来就必须忍受受难的"感染力"(Eindrucks‑macht)(同上,页248),而不是通过形式和字面的批评消除文本特有的那种实在论。即便在一些地方可以抛却受难的期望,但文本自身绝对不是这样的地方;正是"音乐有限性的原则"(同上)促使受难曲的后基督教听者正视耶稣之死的完整现实,让听者知道:一旦能够以文学的方式介入福音书,祈祷剧的最后一幕就确保了以另一种方式摆脱那个残酷的现实。巴赫的音乐形式假定:必须保证文本的统一性作为受难之现实概念的统一性,但却没有中断接近受难事件的多种渠道。布鲁门贝格看到,在这种统一性中可以实现自己的意图:他想依靠一种最后的神话来阐释一种"最后"的神学。结局让人绝望——"我们坐在下面泪流满面"——这同时成为象征后基督教时代听者极度绝望的隐喻;通过这个独特的思想,布鲁门贝格总结了听者的体验和经验视域：作为上帝的罪性事实，创世致使人子受难，父也在受难中同时降临。布鲁门贝格反灵知的（antignostisch）认识旨趣就是要陈述，在什么样的条件下，人"通过行动……使一种现实变成了自己的偏好（Gunst）"（《近代的正当性》，同前注，页149）。但为了一劳永逸地消除创世上帝（Schöpfergott）和救赎上帝（Heilsgott）之间的紧张关系，这种认识旨趣也利用了一种灵知的思想形象。无庸赘述，假如在受难中上帝死于"自己的能力"（《马太受难曲》，同前注，页304），那就根本不需要再阐述什么神学。只留下"无法平静的世界冒险"，同艺术那种平静的奴役相互为伴；在艺术中能够予以神学阐释的，仅仅是处在被克服状态的东西。

这样一来，在布鲁门贝格的后基督教听者和欧维贝克的意图之间，就有某种不可克服的因素，因为欧维贝克既不赞同基督教，也不赞同文化。根据布鲁门贝格的用法，记忆概念不能有意义地运用在近代以前的时代，即是说，不能运用于全部基督教的历史；在此意义上，应该在根本上考察并且清楚地界定基督教和近代的分界线。如果说，布鲁门贝格根据自己对上帝自我执行的死亡的独特解读来反对尼采关于"疯狂的人谋杀上帝"的体验，这位上帝正是以自己的历史告别了人自身。一旦记忆能够提供尼采式的修辞，那位使自己成为记忆的上帝就使人无情地正视自身。这样一来，《快乐的科学》第125条格言就不是刻画上帝之死的原则，而是刻画了制造这个谋杀的人。"生存已经被放到纯粹的有限性中"，这已经成为尼采的要求，是尼采提出的更无情和更怀疑的要求。

因为尼采并没有把基督教当作宗教来严肃考虑，而是当作态度,当作本能——上帝死了,本能却没有死。作为这种本能的反抗,尼采只不过把"等级秩序"转移到另一个"培育"场所。但这不可能在论证的层面进行。因此必须使修辞更加尖锐,因此尼采的风格也……更尖刻;……尼采就是为了同群氓——群氓的类型——划清界限。①

在布鲁门贝格看来,这样一来只剩下一个"记忆中的上帝"(Gott der Erinnerung)(《马太受难曲》,同前注,页302);作为被记忆者,这位上帝成了一个固定不变的历史观念,即使重新考察这个历史,也只能重复无人知晓的和永恒的上帝之死之事实。构成人们理解记忆的上帝之背景的,不是《圣经》的记忆②或作为"保留'文化'"(《生活时间与世界时间》,同前注,页303)的回忆;因为回忆仅仅关心:人不是一个"世界插曲"(Welteplsode)(同上,页360)。布鲁门贝格的出发点是:唯有通过上帝之死,对上帝的记忆才成为可能;根据这一点,布鲁门贝格把《圣经》的上帝同柏拉图的理念相提并论,因为理念的不可逆性唯有在回忆行为中才得以重现:

---

① Dieter Schellong,《尼采对基督教的判断的唯一解释问题》(Einige Interpretationsfragen zu Nietzsches Verurteilung des Christentum),见 *Nietzsche-Studien*,1989(18),页338-358,这里引用的是页341、354。

② 这一点可参见《约拿书》的例子中所显示的《圣经》叙述者和回忆者的传统,而且Ebach通过对"旁观者经书的不可能性"的洞见证明了这个传统:"《圣经》的叙述意识到对上帝之言作出反应的不同可能性。约拿的选择就是一种极端的顶点。在这中间还有亚伯拉罕,他在《创世记》十八章中直接把自己的儿子祭祀给上帝。经过漫长的演变,我们看到荒漠中的摩西;在先知那儿存在着代人祈祷的可能性,就连约伯也通过代为祈祷来搭救朋友。然而并没有给定旁观态度的可能性。叙述本身完全不是旁观的成果——它同争夺是一致的。"Ebach,《卡珊德拉》,同前注,页68。

柏拉图主义虽然遭到无情的斗争,但仍然没有被镇压下去;这是因为,柏拉图主义的回忆为自己的"预先存在"赢得了一种新的相关物:我们通过这个死亡来回忆起自己的历史,这就好比在看到苏格拉底的几何图形时,柏拉图的忒萨利(thessalisch)奴隶也回忆起某种东西,他不可能回忆已经在场的东西。这就是这种回忆的柏拉图式共同特征:记忆留下的正是不在场的东西。(《马太受难曲》,同前注,页302)

但是,以这种方式滞留在回忆中的东西,"就不可能是卡夫卡在提到书的作用时所说的'当头一棒'(Faustschlag auf den Schaedel)"。[①] "有限性的时间压力"(《生活时间与世界时间》,同前注,页359)通过文学的寓意形式[②]得以保证,但在"铁失"中却遭到扬弃,并为确保了时间的解释无限性所取代。[③] 尼采的疑问是,"如何能够体验作为内在现实维度的无限性"?[④] 尽管不接受尼采

[①] 引自 Peters,《宗教》(*Religion*),页226。
[②] 寓意在布鲁门贝格的作品中没有任何作用,正如作品也不涉及本雅明及其论文《论历史的概念》(Über den Begriff der Geschichte)一样。
[③] 还可以参考 Hannelores Schlaffer 所说的象征(即寓意)同持留中的铁失之间的批判性对立:"在象征中当下停滞在自己独特的生命言说,而在只能以诗的形式存留的铁失中,当下并没有显露为一个永恒的人之当下。"Hannelore Schlaffer,《操心不止一个理由:布鲁门贝格早期发表的作品》(Ein Grund mehr zur Sorge. Hans Blumenbergs Jüngste Veräffentlichungen),引自 *Merkur*,1988 (42),页328–332,这里引用的是页331。
关于一个"维持时间"的形态,参见 Joachim von Soosten,《神话研究》(*Arbeit am Mythos*),引自 Oswald Bayer 编,*Mythos und Religion Interdisziplinäre*, Aspekt, Stuttgart,1990,页80–100,尤其页95–97。
[④] Figl,《辩证法》(*Dialektik*),页374。

所隐含的复归学说，布鲁门贝格仍然接受了问题本身，并以自己的"非概念性理论"做出回答。根据这一理论，历史分裂为"意义的多样性，而多样性不再被历史痕迹导向一种直线的运动"。① 假如要以《马太受难曲》的接受史形态把《圣经》传统归入"从意义到意义的无限运动"，②这只能以牺牲《圣经》传统本身为代价。想要解读导致上帝死亡的上帝之畏，就只能在神话并且超越尼采的意义上进行，因为唯有这种解读才能借助具有轶失的叙述多样性形式的人来分裂上帝的历史。

就这种形态而言，基督教只剩下一种对文化现象的纯粹纪念（Reminiszenz），这种文化现象非常适合于柏拉图主义，尤其适合于回忆说。布鲁门贝格把基督教仅仅作为一种必然和无情地走向终结的世界展现（Weltauslegung）形态来"记忆"；而且在上帝之死的思想中，这种世界展现获得了自己最终并且无法超越的表现。与此同时，这种世界展现的最后阶段也是为一切时代所了解的终结形态："同想当然地被证明的上帝或拯救所需要的被信仰的上帝相比，作为曾在者（Gewesener）的上帝更具有现实性"（《马太受难曲》，同前注，页301）。在这里，柏拉图主义和基督教汇合到一起；这是因为，柏拉图主义只能在回忆中借助理念来理解实在，基督教"只能通过对遗失的'回忆'……获得曾在（Gewesen）的完整实在"（同上）。

通过对柏拉图意义的基督教终结形态的描述，布鲁门贝格明确地告别了所有这样的可能性：不是建立"解释的无限性"，③而是建立单一的解读。即使有某种终审法庭（Instanz）能够将有约束性

---

① Stierle，《视野中的鼹鼠：一个隐喻历史的尝试》，同前注，页140。
② 同上。
③ 尼采，《快乐的科学》，KSA，卷三，页343-651，这里引用的是页374。

的展现确立为基督教的合法继承者,但获得一个广阔的非概念性空间却不需要这种终审法庭。在追溯尼采的同时,布鲁门贝格把这样一种明确真理的终审法庭称为:

> 人们忽略了:这就是超人。但这种终审法庭还没有成为超人。当终审法庭应该在场时,它的时机恰恰已经成为过去。有某种东西无论如何都必将到来,因为它无论如何都必将到来;在对这种东西的恐惧中,终审法庭就没落了。(Blumenberg,《超越现实性的边缘:三篇短文》[*Über den Rand der Wirklichkkeit. Drei Kurzessays*],见 Akzente 30,页 22 以下)

与尼采相比,布鲁门贝格对基督教的拒绝更坚决、更彻底,因为尼采的"颠覆"(Umbesetzung)不过是使上帝必须服从超人,而布鲁门贝格则把这种颠覆作为一种形而上学残余加以排斥。布鲁门贝格并不认可"作为一种新的自我意识明证性的历史"(《马太受难曲》,同前注,页 303),而且这种"历史"也没有清晰地显示尼采暧昧的敌基督教立场。因为在尼采那儿,一方面是视角的多样性,另一方面是"那些视角的冒险贯彻",①二者之间存在着一种无法协

---

① Reinhart Klemens Maurer,《尼采的反柏拉图实验:一个系统性的意识形态批判问题》(Das antiplatonische Exeriment Nietzsches. Zum Problem einer konsequenten Ideologiekritik),见 *Nietzsche – Studien*,1979(8),页 104 – 126,这里引用的是页 125。

关于尼采哲学的这种含混态度,还可以参 Wolfgang Müller – Lauter,《尼采的权力意志学说》(Nietzsches Lehre vom Willen zur Macht),见 *Nietzsche – Studien*,1974(3),页 1 – 60,尤其页 46;Karl Jaspers,《尼采:一个理解尼采哲学思考的导论》(*Nietzsche. Eine Einführung in das Verständnis seines Philosophierens*),Bedin:1950,尤其页 297。

调的关系;而且只有借助超人的观念以及超人贯彻自己对现实进行解释的权力意志,才能理解这种关系。相比之下,布鲁门贝格的哲学恰恰闯入了二者之间的裂缝,并且仅仅决定性地转向了尼采要求的一个方面;正是借助这个方面,尼采试图从世界之中争得无限的解释。在超越柏拉图主义的同时,布鲁门贝格决定有意识地设定某种虚空(Vakanz),但这并不是希望重新为解释的相对性提供一种明证性和真理标准。

布鲁门贝格的这种不懈努力仍然取决于他想要解决的问题。历史由于自己轶失的碎片从而像手中的沙子一样消逝了,这是 Stierle 的猜想;但是,这一猜想难道没有导向进一步的猜想——主体自身也在这种"隐喻的晕眩"[1]中破碎——吗? 尼采在这里的反应无论如何都比较含糊。尼采把自我保存的原理颠覆成一个对当下存在不断重新解释的连续序列的思想,但他的这种颠覆"仅仅挽救了瞬间";[2]同时尼采还争取到"超人主权的无法想象的可能性",[3]

---

[1] Johann Baptist Metz,《二十世纪结束前的寻求活动:论基督教的未来能力》(Suchbewegungen am Ende des zweiten Jahrtausends, über die Zukunftsfahigkeit des Christentums),引自 *Herder Korrespondenz*,1986(40),页 588 – 595,这里引用的是页 592。

[2] Volker Gerhardt 的商榷文,见 *Nietzsche - Studien*,1981/1982(10/11),页 392。关于这一点可参见 Günter Abel,《尼采反对"自我保存":权力的增加与永恒复返》(Nietzsche contra "Selbsterhaltung": Steigerung der Macht und ewige Wiederkehr),同上,页 367 – 384。

[3] Peter Köster,《悲剧的复兴》(Die Renaissance des Tragischen),见 *Nietzsche - Studien*,1972(1),页 185 –209,这里引用的是页 209。另可参见 Thomas Pröper,《救赎信仰与自由历史:救恩论纲要》(*Erlösungsglaube und Freiheitsgeschichte. Eine Skizze zur Soteriologie*),München,1988,页 268 以下:"尼采甚至'暗示了自己思维的不可救药的分裂',这种思维处在'爱的能力'与'自我事实'的悖论中,而且被视为必然在悖论中,同时也仅仅希望最切近地凸显所要求的意志。"

这个主权迫使人正视自己最切身的问题:"假如以自己为起点,人想在将来获得什么,能够成为什么。"[①]这里凸显了一个光辉的形象,但这个形象不允许强调一种没有对立面的陈述。通过这个形象的透视,我们同样可以洞察布鲁门贝格的哲学。他那煞费苦心的同一性思想,以及有限的不朽(endlich Unsterblichkeit)思想中同一性的不可超越特征,都象征着主体统一性的崩溃,尽管还没有最后发布废除近代主体的通告。在这种两可态度中间,布鲁门贝格仍然赞成通过后现代及其主体消亡理论来彻底告别现代性。

布鲁门贝格出于某种考虑来考察受难的现实概念,考察与一种悦耳的音乐相关的受苦、痛苦和死亡的现实;但是在这种展现中,仍然存在着模棱两可的态度。只有当布鲁门贝格成功地宣布受难事件摆脱了一切假象时,他才能运用最终与神学记忆融为一体的现实概念。"受难……形成了实在论标准,以此来衡量一切要求获得现实性的东西"(《马太受难曲》,同前注,页304)。就此而言,布鲁门贝格必须容忍这一点:他的实在论标准坚持的只是一种不成功的创世的灵知思想形态,这种创世需要一种神性(Gottheit)的补偿性包容(nachträglich Eingriff)。在受难与灵知之间这种有冲突性的联系中,捍卫受难正是为了反对基督幻影说(Doketismus),但受难仍然融入到一种稳定的筹划中;就此而言,受难与灵知的这种联系永远关系到尼采,关系到他对"文化与受苦的关系"(《神话研究》,同前注,页657)的沉思。

假如说实在和受苦唇齿相依,受难就是一个表明如何理解现实的典型例子。借助这个洞见,布鲁门贝格直接靠近了尼采,他对受难的现实概念的阐述读起来也好像是对尼采哲学核心主题的一

[①] Köster,《悲剧的复兴》,同前注,页209。

种改写。这个核心主题可以被命名为"狄俄尼索斯"。狄俄尼索斯是"巨大的括号",①把尼采的哲学综合为一个统一体。世界的基础是一个无法隐瞒、不可扬弃的二律背反,尽管世界希望通过制造美的幻象、通过虚构来掩盖自己的破碎;②这一点更清楚地突出了"与快乐相对的痛苦的实在性"。③ 尼采表达自己现实概念的基本程式必须被解读为属格的主语:为了痛苦的实在(Realität für den Schmen)。尼采关心的是:在痛苦的基础上,那无法通过迂回来回避、无法被幻象掩盖、无法通过源于世界的谎言而形成的东西,到底是什么。对尼采来说,永远地给定的或许只是这种追求:使谎言的一般幻象上升为世界的原则。但是假如与痛苦的实在相比,作为幻象④的经验实在不能要求独立性,所有将美的幻象想象为实现了的和谐的努力都将纯属徒劳,因为"只有狄俄尼索斯的基本诚实是'现实的'"。⑤ 在一段 1870 至 1871 年间的文字中,尼采说过:

---

① Köster,《悲剧的复兴》,同前注,页 190。

② "对尼采而言,在从幻觉中形成新幻觉之处,在诸多虚构之间的强力消失于一个更剧烈、更丰富的张力之处,存在着真正的现实。"Volker Gerhardt,《"实验哲学":一种重构的尝试》("Experimental-Philosophie", Versuch einer Rekonstruktion),见 *Pathos und Distanz. Studien zur Philosophie Friedrich Nietzsches*,Stuttgart:1938,页 163 – 187,这里引用的是页 181。

③ 尼采,《遗稿残篇:1869 年秋至 1874 年底》(*Nachgelassene Fragmente*),KSA,卷七,页 205。

④ "不存在真理和道德价值,这个洞见对尼采来说并没有成为怀疑的开始。相反:他松了口气,因为现在一切——包括受苦——都被显示为幻象。"引自 Volker Gerhardt,《艺术形而上学:论尼采早期在审美上为世界辩护的方案》(Artisten-Metaphysik, Zu Nietzsches Frühem Programm einer ästhetischen Rechtfertigung der Welt)。见 Volker Gerhardt,*Pathos und Distanz, Studien zur Philosophie Friedrich Nietzsches*,同前注,页 46 – 71,这里参考的是页 63。

⑤ Köster,《悲剧的复兴》,同前注,页 202。

"不存在一种自然的美。"① 在涉及音乐时他解释说,相反只存在艺术的美。"人们想到的是与和音的观念性相对的不和谐音的实在性"。② 尽管实在的只是痛苦,而不是快乐,尼采还是把自己的现实概念运用于艺术领域,并且说,通过艺术(譬如音乐)的媒介成为实在论,这种可能性还是存在的,但它仅仅取决于:假如事先考虑到不和谐音以及能否忍受的问题,在这里实在的相关性就得到了保障。因为,在直观的行为中艺术的接受油然而生。在尼采看来,艺术与生命的相互脱离是能够达到的。

纯粹的直观是一种审美的产物。那么什么是实在?作为一种本质的状态,是否太多的痛苦和同样多的漠然有可能是一种本质的状态吗?在那个漠然的关键时刻,本质究竟是什么?③

纯粹的直观④不能创造出实在的相关项,因为直观总是已经关系到这一点:直观者不需要越出自己的距离。如果说实在和痛苦就像直观与享受那样无法分离,根据尼采之见,与希腊的生命理想

---

① 尼采,《遗稿残篇:1869 年秋至 1874 年底》,同前注,页 164。
② 同上。
③ 同上,页 165。
④ 布鲁门贝格在对"哥白尼世界的形成"之研究中,详细地描述了从纯粹的直观过渡到一种与现象相对的有规范的注意力:"尽管直观充实了人的意识之意向,而且意识能够在这种意向中获得平静,但是直观仍然压制和排除了人的自我理解和世界理解,因为这些理解的可支配状态是通过迅速和感觉的照亮者来增强的。"参 Blumenberg,《近代自我理解中的哥白尼》(Popernikus im Selbstverständnis der Neuzeit),见 Akademic der Wissenschaften und Literatur in Mainz,页 367 以下。

相反,现实不可能带来快乐。① 顺理成章的是,尼采清楚地承认:"我的哲学是颠倒的柏拉图主义。"②根据布鲁门贝格的理解,即使胡塞尔的"回到实事本身"之路也不是一条纯粹直观之路,③因为如果说反感只能形成于一种自身引起反感的事情,"回到实事本身"之路也只能在美的幻象中形成。④

布鲁门贝格以耶稣临终前的话语为例来证明:受难促成了一种不能提升的期望与反感之等级。音乐有义务重新获得某种维度,借此让人们听到"一种呼喊的真理"(《马太受难曲》,同前,页321),也就是"惊天动地的魔鬼厄运"(同上,页219),因为只有音乐才能产生不和谐,同时却能使人忍受作为听觉艺术的不和谐。

---

① 这一点可参考 Bruno Snell 的论文《荷马对人的看法》(Die Auffassung des Menschen bei Homer),文章通过荷马所谓的词语创造来规定对实在的具体—感性态度。参 Bruno Snell,《精神的发现:欧洲思想的希腊源头研究》(*Dic Entdeckung des Geistes. Studien zur Entstehung des europäischen Denkens bei den Griechen*),Hamburg,1948,页 15–37。

② 尼采,《遗稿残篇:1869 年秋至 1874 年底》,同前注,页 199。

③ "使事件负担起言说的义务,作为一种不可达到的分歧……因为古老的秩序呼喊:言说吧,存在! 呼喊并没有结束,仍然一如既往,沉没在词语与实事对抗性的漫长历史中,并且倾向于期待,仍然能够做出伟大的决断。"参 Blumenberg,《词语和实事》(Worte und Sachen),见 *Frankfurter Allgemeine Zeitung*,27 April 1988,页 35。

④ 参见对立和轶失中的现实概念之关系,这是 Plessner 在提到自己和胡塞尔时说起的:"有一次讲座之后我们一道回家,并在他的花园门口站了很长时间,他表达了自己深深的不满:'我愈来愈讨厌整个德国唯心论。我希望用漫长的一生'——然后他又从银色的拐杖中抽出了细长的手杖,让它弯曲着靠在门框的柱子上——'追寻实在'。手杖极为生动地体现了意向行为,而柱子则体现了行为的现实。"Helmut Plessner,《哥廷根时期的胡塞尔》(Husserl in Göttingen),见 Diesseits der Utopie, *Ausgewählte Beiträge zur Kultursoziologie*,Düsseldorf-Köln,1966,页 143–159,这里引用的是页 154。

"在这个瞬间,在这个呼喊中,一个世界被吸引过来"(同上,页13)——只有摆脱这种吸引力,这个世界才能获得解放,因为它能够被转换为艺术。尼采也有类似看法:

> 我们能够设想一种不和谐的成人(Mensch—Werdung)——除此之外人是什么?——想要能够赢得生活,这种不和谐需要一种壮观的幻象,在自己身上覆盖上一层超出自己本质的美之面纱。①

布鲁门贝格与尼采抱有同感,这不仅体现于他竭力通过艺术获得稳固的支撑点,而且还体现于他在人类挣扎的深渊中看到:面对上帝之死,如何在毁灭和混乱的倒退之前维护生命。② 布鲁门贝格改写了尼采的洞见:"疯狂的人"使上帝自身成为自己死亡之历史的动机(Anlaβ),借此"疯狂的人"成为上帝的谋杀者。这里表明的是对尼采的根本拒斥。假如上帝自身介入了自己死亡的历史,这个历史就根本不需要超人的形象。"上帝之死解放了通向人的绝对自我信任之路。只不过被解放的道路仍然空空荡荡。……难道这是因为尼采……不能理解受难吗?"(《马太受难曲》,同前注,页306)但是,假如说有某种因素导致尼采不能理解受难,乃至在布鲁门贝格看来还需要完成最后一个步骤,把上帝概念推向极致直至终结,这种因素究竟是什么? 宣布人无需为神性的命运负责,以便把超人的行动放到上帝自身之中,这是一种深渊般的思想。尼

---

① 尼采,《悲剧的诞生》,KSA,卷一,页9–156,这里引用的是页155。
② 这一点可参见尼采所说的虚无主义世界经验的隐喻,参见《快乐的科学》,同前注,页480–482。

采那种英雄般的虚无主义磨掉了锋芒,因为那些考虑代表性地承担过去历史重负的人,不能被称为作案人(Täter)。尼采反灵知的激情禁止自己站在超人之外审视上帝的谋杀者,因为谋杀者通过自己的行动意识获得了"对大地的信赖"。①

与此相对,在进一步描述尼采哲学时,布鲁门贝格利用对主题素材的争议性颠覆,为这些素材提供了伊甸园的叙述。②被逐出伊甸园的状态清楚地凸显了,人的有限性是不容置疑的事实;就此而言,假如布鲁门贝格不想英雄般地拔高有限性的事实,他就必须洗脱人的一切罪责。这里,布鲁门贝格的兴趣尤其集中在伊甸园的神话学基本境遇,因为这种境遇具有一切灵知模式的目标设定。

> 根据反抗异教者的神义论模式,世界的制造者被赋予了绝对、全能和唯一的属性,彻底摆脱了对恶的责任;相反,通过引入任性自由(liberum arbitrium)的概念,人却要在根本上承担这个责任。同这种看法相比,灵知的还原模式则倾向于这种看法:世界创造者需要承担主要压力,相反最高的神性却彻底摆脱了这种压力;而且在最高的神性那儿,因为拒斥基督教而被设想为与神具有共同实体的人,同样似乎彻底摆脱了这种压力。这样我们就可以说,就其反灵知的功能而言,基督教的神义论模式首先显现为造物神义论(Demiurgodizee);相反就其深层本质而言,灵知

---

① 尼采,《朝霞》,同前注,页137以下;《快乐的科学》,同前注,页359;《扎拉图斯特拉如是说》,KSA,卷四,这里参考的是页77–79、页249以下。

② 这一点尤其要参考 Peter Nagel,《灵知派对伊甸园故事的阐释》(Die Auslegung der Paradieserzählung in der Gnosis),见 Karl-Wolfgang Tröger 编,*Altes Testament – Frühjudentum – Gnosis. Neue Studien zu "Gnosis und Bibel,"* Gütersloh, 1980,页49–70。

的神义论显现为人义论(Anthropodizee)。①

通过灵知派的"上帝的愚拙"(《马太受难曲》,同前注,页 125)这一主题,布鲁门贝格洗脱人的一切罪责。这里可以援引《灵知派经书》(*Kodex von Nag Hammadi*)为例:在经书中,《旧约》上帝占据的是造物神(Demiurge)的位置,而且对伊甸园故事的反抗性颠覆证明了《旧约》中的上帝极其卑下:

> 这位上帝有什么样的本性?首先可以证明他妒忌亚当,因为亚当能够吃知识之树的果实。其次他说:"亚当,你在哪儿?"可见上帝并没有预见力,即是说,他没有事先预见到事情的过程。最后他说:"我们要把他逐出这个地方,这样他就吃不了生命之树的果实,永远地活着!"确实是这样,但他也暴露出自己妒忌和嫉恨的嘴脸。②

---

① Robert Haardt,《灵知派的造物主与创世:评灵知派神义论问题的拣选方面》(Schöpfer und Schöpfung in der Gnosis. Bemerkung zu ausgewählten Aspekten gnostischer Theodizeeproblematik),见 Tröger, *Altes Testament*,页 37–48,这里参考的是页 48。

② Klaus Koschorke,《灵知文"真理的证言"》(Der gnostische Traktat "Testimonium Veritatis"),见 *Nag–Hammadi–Codex IX* 中的译文。参见 *Zeitschrift für die neutestamentliche Wissenschaft*,1978(69),页 91–117,这里引用的是页 108。另可参见 Hans Jonas 的《福音真理的言说》(Evangelium Veritatis),见 *Gnomon*,1960(32),页 327–336。

灵知派经书也认识到上帝的一种根本的无知。这一点可参见 Ernst Haenchen 的出色研究:《巴录书:论基督教的灵知问题》(Das Buch Baruch. Ein Beitrag zum Problem der christlichen Gnosis),见 *Zeitschrift für Theologie und Kirche*,1953(50),页 123–158,尤其页 146 以下。

灵知文本中预设的那种高高在上的价值立场,正好触及这一点:对原始文本的某种颠覆通过最小程度的形象偏移而得以实现,这是一种根本性的但也是反抗性的彻底颠覆。证明知识的明确匮乏状态以及由此导致的不合格,这在一个灵知之类的体系中体现得再彻底不过了;因为在这里,生存条件的知识同时也有提供拯救和救赎的作用。布鲁门贝格着手考察这个主题:造物者对世界进程根本一无所知,这种无知正好可以用来反对造物神自身,结果,不知道"自己在创造尘世时做了什么"(《马太受难曲》,同前注,页124)的上帝,不可避免地陷入了因为自己无知而导致的漩涡——并且在其中毁灭。灵知文本在终末(Escbaton)时间中设定的某种东西,[1]在布鲁门贝格那儿获得了基督论的转向,并且针对耶稣的受难。"创世在受难中失败了"(《马太受难曲》,同前注,页14),因为在伊甸园中已经出现了明显的缺陷,上帝再也没有能力排除:"在一个自我保存和自我享受的有限手段的世界中,怀疑与上帝的相似性和死亡事件已经蕴含了创世的失败"(同上,页16)。在此,布鲁门贝格对伊甸园叙述的改写也追溯了灵知的动机,因为假如他把这位上帝设想为人格化的操心,那就只能建构一个全然无知的上帝。

在布鲁门贝格的论文(尤其《马太受难曲》)中,引文的说明极

---

[1] "正是根据个别的灵知体系,在一种否定性的总体评价范围内,世界造物主的形象似乎在不同的层次上承担恶的责任:离大教会领域最近的那双灵知翅膀——这就是瓦伦廷派(Valeentinianismus)——把世界造物者作为更高权威的工具来相对地拥护。在其他的体系中,如《约翰启示录》(*Apokryphon des Johannes*)的体系或 NCH Ⅱ《拿戈·玛弟经书》中无标题的经文,世界造物主通过自杀在永恒中得以终结。对这种大多数由《旧约》造物主上帝的否定地选择的特征组合起来的形象,那些体系的判断是相当敌视的。"(Haardt,《造物主》[*Schöpfer*],页42)

为有限,这也妨碍了对引文出处的质问,同时也顺带取消了许多不解之谜,它们都关系到布鲁门贝格的上帝形象的起源。"智慧始自主的畏惧"——布鲁门贝格论证自己对这个《圣经》名言的阐释,恰恰根据的是一段灵知文字:"灵知主义者查士丁(Justinus)在《灵知派经书》中逐字引述说:这就是名言'智慧始自主的畏惧'的含义"(同上,页31)。假如布鲁门贝格这里引用的是《约翰启示录》,①那也不是指灵知主义者查士丁,因为《约翰启示录》中并没有提到他的名字。无论如何,查土丁出现在巴西利德(Basilides)体系的改写本中,希波吕特(Hypolyt)在《反异教大全》(*Widerlegung aller Häresien*)中提到这个体系。从字面上说,这里的引文几乎完全符合布鲁门贝格的复述:"福音首先始自神子,中经位于掌权者之上的人子,然后才到达掌权者;掌权者觉得,自己不是大全的上帝,相反自己是被创造出来的,在自己之上,还拥有不可言说、不可命名的非存在者和人子的珍宝。当他开始反省并感到恐惧时,他就能够洞察到自己的错误。这就是这句话的意思:'智慧的开始就是主的畏惧'。"布鲁门贝格把上帝的害怕(Furcht)同人的终有一死(Scerblichkeit)联系起来;这里,终有一死仍然是促使造物者产生一种重要的原罪认识的动机:"通过被启蒙和教诲,掌权者满怀恐惧地承认了自己的原罪,承认自己因为自负而犯下的原罪。"②根据灵知的语境,布鲁门贝格对这种上帝之畏的主题进行了"颠覆",由此

---

① 这一《约翰启示录》(*Apokryphon des Johannes*)在《灵知派经书》,BG 2, *NHC* II,1;III,1;VI,1 中。([中译编者按]一译《约翰密传》,参罗宾逊、史密夫编,《灵知派经书》卷上,杨克勤译,香港:汉语基督教文化研究所,2000,页 123-146。)

② 均见《罗马圣徒希波吕特反异教大全》(*Des Heiligne Hippolytus von Rom Widerlegrng aller Häresien*[*Philosophumena*]),Kempten,1992,页206 以下。

基督教的受难叙述中就出现了一种根本洞见,根据这个洞见,《马太受难曲》才能通过强调"上帝的操心"(Gottessorge)而被解读和理解。①

尼采已经坚持认为两种伊甸园之树有根本性的差异,因为他把人界定为"*知识之树上最成熟的果实*"②;现在正好到了在这个果实腐烂之前关注生命之树的时候,生命之树拥有的不是敌视生命的知识,而是真理和自由。这里,恰恰是伊甸园里的人承受了一种操心,这操心只有通过超人的行动才得以抛却。与此相反,布鲁门贝格的解释把上帝本身规定为操心的主体,因为在对伊甸园故事的灵知式解读背景下,造物神必然担心,人因为认识到自己的神圣出身必将发现自己就是事实的那个样子:一种神性,这种神性必将使人针锋相对地要求认识到自己同神的相似性。这个主题汇入了布鲁门贝格的沉思之中,和尼采不同,在这个沉思中不是考虑一种针对人的独特认识之后果,而是表达了上帝必须考虑到的那种后果:一旦逾越了禁止吃知识之果的禁令,将导致什么样的后果。这里还表明了布鲁门贝格的信念的神学根源,因为布鲁门贝格确

---

① Cioran 同样清楚地说:"我们完全不可能想象,处在筹划状态的创世不可能是封闭的并且也没什么功劳,也不可能想象这种创世说到底是个错误。人犯下的众所周知的错误,因此也似乎成了以隐蔽的方式理解一种严重的罪行……我们可以想象,不满足甚至为自己的作品感到羞耻的造物者确信的是:他希望总有一天会沉沦,甚至做好了预防措施,为的就是随着自己的作品一道消失。人们还可以猜想,造物者一直渴望毁灭自己,生成同这个自我毁灭的漫长过程只是一种巧合。一个悠闲和匆忙的过程——两种情况都关系到自我复归,关系到一种自我深思,通过创世的肇始者来抛弃创世就是这种自我深思的出路。" E. M. Cioran,《恶的造物神》(*Der böse Demiurg*),见氏著 *Die verfelte Schöpfung*, Frankfurt am Main, 1979,页 7–19,这里引用的是页 8 和页 16。

② 尼采,《不合时宜的沉思》,同前注,页 312。

信,《旧约》名言"智慧始自主的畏惧",应该被解读为属格的主语:"主的畏惧是自己对一种不同东西的畏惧,被畏惧的东西恰恰成为他的智慧之开始"(《马太受难曲》,同前注,页29)。布鲁门贝格在《我的神学要义》(Tenor meiner Theologie)中提出的建议,就是这种认识:"假如'上帝之死'就是人在向超人的自我提升中受到的最后威胁,'主的畏惧'就必须拓展得非常深远"(同上,页30)。布鲁门贝格颠覆伊甸园故事的关键就是:上帝分有了人的人类学结构——这种分有的含义是,上帝在历史的彼岸同人一道作为操心而存在:

> 一个曾经阴险、怀疑但也因此成为合法和无法回避的思想,正体现为这个问题,即是说,上帝为了自我保护是否真的没有免除某种义务:一切理性的义务,自我保存的义务,在这里就是一位上帝的自我保存。这样一来,这位上帝同样有着自己的"操心"。同时他还缺乏自我保存的自明性。成为一位上帝,甚至是一种冒险。(同上,页92)

唯有当他认识到:人的终有一死给出了一种新的现象,但有一种神性却对这种现象本身感到陌生,只有通过模仿才能获悉这种现象,这才是致命的冒险。上帝"必须真正和真诚地赢得人的'直观',成为一位类似全能者之死亡的痛苦上帝"(同上,页126),唯此,上帝才能对被驱逐出伊甸园的人有活生生的感受。对《罗马书》的颠倒促使布鲁门贝格把道成肉身想象为对上帝的模仿行为。保罗的认识并不能洗脱人之罪责,并且让上帝承担自己感到陌生的死亡责任——死亡是原罪导致的后果;相反,这是从人的无辜性获得的结论——唯独终有一死凸显了原罪,"上帝使人脱离了生命的源泉,因为在那儿人必然成为上帝的对手。通过死亡,上帝使人成为自己反抗生命与死亡的对手……因此原罪伴随着死亡来到世界,而不是相反"(同上,页125)。① 这里,布鲁门贝格把原罪理解为由人的操心结构不可避免地形成的畏——活下去,即是说,一种生命通过畏拥有了破碎的世界。"生命趋向死亡的有限性,妨碍了泰然自若地来实现我们的目标,也就是针对另一种目标、针对可能的普遍性的目标。原罪可以给世界带来死亡;死亡必须在世界中使原罪永恒化"(《神话研究》,同前注,页285)。

生命绝对不可能成为整体,因为人在自己的死亡中遭遇到一个事实;对人来说,没有任何安慰能够帮助自己摆脱这个事实。布鲁门贝格和康德一样坚持启蒙理性中持续存在的二律背反,因此对人的生命来说,理性化的无限进程注定不会实现幸福;出于这个原因,布鲁门贝格才有足够的证据证明,以理性的方式解读保罗关于死与罪的判定是正确的。假如根本不能指望理论和幸福的完全一致,不朽的愿望就是纯粹的幻象,也是对终有一死处境的错误认识。这样一来,从原罪中导出死亡就是一种神话的解读,这种解读必然抗拒以非神话的方式理解有限性。死亡是存在的,死亡不是海德格尔意义上的"作为已经敞开的死亡,本身就已经是安慰",②而是人之生命的肉中刺;仅仅因为如此,这种死亡才被迫独自采取一种态度,以此来在自己对幸福和持久的操心之中利用陌生的生命筹划。原罪状态同死亡的这种直接结合促使布鲁门贝格去问:上帝能否事先预见到自己创世的后果。"这就是意图吗?假如上

---

① 这里布鲁门贝格暗示的是《罗马书》5:12。布鲁门贝格希望"因此众人都犯了罪"取代"因为众人都犯了罪"的译法。参《神话研究》,同前注,页285。

② Sternberger,《论死》,同前注,页232。

帝的全知必然知道什么东西即将来临,那么他又怎能不想到这一切?"(《马太受难曲》,同前注,页125)在反对伊壁鸠鲁的"诸神不用操心"的假定时,布鲁门贝格论证了"上帝为世界操心的根据"(《操心穿过河流》,同前注,页221)。布鲁门贝格认为,上帝对世界的依赖是不可避免的;在这种不可避免性的背后是对意识的意向性结构的阐述,这种结构可以被描述为主体和客体之间的一种持恒和对应关系。依布鲁门贝格之见,胡塞尔"尽管没有直接系统地建立世界意在绝对主体性的必然性,绝对主体性,也就是上帝,也必须被赋予意向性……任何主体唯有在意向性的'构成'中才能拥有一个客体,就此而言,这种原初相关性(Urverband)同样没有'摆脱操心'"(同上)。让上帝承担起为人操心的重负,这是把人之"操心"的生存状态附加给上帝。布鲁门贝格对《存在与时间》中海基努斯的库拉(Cura)寓言①的解读,恰恰不符合海德格尔的解释,因为海德格尔在寓言中看到的是对人的神话阐述。操心(之神)之所以占有了人,不是像海德格尔说的那样,因为发现了人,而是因为她有意识地根据人的形象和比喻塑造了人。凸显人的东西,就是造物神的病态激情和一种灵巧的人(homo faber)的特征。"但是对海德格尔来说,同样根本的是,人不是理论者和灵巧的人,而是操心和时间"。② 相反,布鲁门贝格哲学强调的不是对源初时间的追问,而是对一切暂时性的认识,尽管对人进行本质的陈述并非完全不可能。因为死亡仍然是不可理解的,而且有限性仅仅被规定为一种使命。"无开端性(Anfangslosigkeit)是最初碰到的东西,正如无限性是不可追问的期待——无限性的反面,有限性,是被体验物、叙

---

① 海德格尔,《存在与时间》(*Sein und Zeit*),页197。
② Merker,《自欺》(*Selbsttäuschung*),页185。

述、对从生到死的认识。"(《马太受难曲》,同前注,页 133 以下)①

现象学的上帝概念回答了这一问题:布鲁门贝格为什么要把需要修复的创世的灵知派思想形象同无条件的必然性联系起来,而且这种必然性迫使上帝必须卷入世界和支配世界的死亡。可以直接说,这就是一种受难的逻辑,并且正是为了克服"上帝的愚拙"(《马太受难曲》,同前注,页 125)。在提到维特根斯坦时,布鲁门贝格说的也是相同的逻辑:不可能采取一种站在逻辑行为之外的立场。"维特根斯坦知道去说,没有任何人活在图像(Bild)的囚笼之外。"②维特根斯坦对私人语言的拒斥使一切主体(在布鲁门贝格看来同样包括造物主上帝)都服从于一种语言游戏的规则;游戏规则本身只有从交互主体之间所显示的被给予性中才能获得自己的有效性。"不存在自然性的前语言痛苦状态,因此根本无法设想能够学会一种语言性的痛苦感受。"③

使人脱离生命之树的上帝,因为畏惧人潜在的似神性(Gottgleichheit),所以肯定就不会预见到受苦、终有一死和死亡;这是因为,他自己投入到人的语言游戏中:他由此也打上了作为上帝的自我牺牲烙印:"成人不是一种神圣之爱的渲染,而是一种对神圣明证性之匮乏(Evidenzmangel)的补偿"(《马太受难曲》,同前注,页 126)。

这样一来,布鲁门贝格只能把上帝卷入世界描述为上帝的一种"沉沦"(Fall),一种因为不知道暴露终有一死性后果所导致的漩

---

① 关于布鲁门贝格对库拉寓言的解读,参《操心穿过河流》,同前注,页 266。

② Blumenberg,《洞穴的出口》(Höhlenausgaenge),Frankfurt am Main:1989,页 782。

③ Wolfagng Stegmüller,《当代哲学主流》卷一(Hauptrömungen der Gegenwartsphilosophie:Eine kritische Einführung. Band I),Stuttgart:1978,页 664。

涡(sog)。上帝自己必须参与创世,他必须了解有限性,必须孤注一掷,这种行动关系到最大程度的投入,①因此也就关系到"怀着什么样的死亡恐惧投入生命"(同上,页128)。这样一种创造出身临其境的行为的可能性使上帝挣脱了自我满足,并且促使自己完全沉浸于现实,这种现实只有对于那些完全忘我的主体来说才可能致命地终结"逻各斯追逼人,直到死亡"(同上,页16)。

这种戏剧性的场景把受难事件理解为一种悲剧的高潮,后基督教的听者胆战心惊地体验着这种悲剧,并且能够在巴赫音乐的表演中获得愉悦和保持距离的享受。

> 距离的思想图式支配了希腊的概念,即是说,理论作为不受干扰的观众的立场和态度。就其最纯粹的形式而言,在悲剧观众身上,这种立场和态度预先规划了"理论"的概念史。……通过愉悦来缓和,这是亚里士多德为音乐塑造的程式,并且第一次把审美愉悦规定为距离的获得。(《神话研究》,同前注,页132)

唯有音乐能够成功地实现布鲁门贝格的意图,也就是证明救赎上帝和创世上帝的同一性。

在这里,布鲁门贝格关于神义论问题的"解决"方案,已经远远地离开了他在进一步叙述伊甸园故事时的那种灵知意涵。通过超越无知、操心和需要修复的创世等灵知主题,布鲁门贝格正是要坚持创世上帝和救赎上帝的同一性,这也使他能够谈论人的有限性,

---

① 布鲁门贝格简洁有力地称之为:"这就是一切。"《马太受难曲》,同前注,页94。

但无需同时考虑诉诸上帝。

> 受难的"实在论",无论就其语言还是音乐作品而言,首先都是对灵知派禁令的胜利,因为灵知派禁止把救赎上帝同世界上帝相提并论,禁止他们一个接着一个抽空被造物的命运,使它完全走向死亡,受造物在"原罪"的名义下只能承受体面的粉饰,迫使过分敏感性不是面对自己卷入世界堕落的真理。(《马太受难曲》,同前注,页20)

根据布鲁门贝格的解读,正是从那种毁灭受难实在论的历史多样性中,巴赫的《马太受难曲》塑造了一种关系到失败创世的上帝之死的历史,因为《马太受难曲》使思想的深渊进入一种音乐和自身和谐的形式;如果说,尼采看到"难以把握的狄俄尼索斯艺术的原初现象……完全转化为音乐不和谐性的非凡意义",[1]尼采的要求也不过如此罢了。在受苦的同时仍然渴望超越受苦,在倾听的同时仍然超越倾听,这就是尼采对悲剧的每次表演提出的呼吁。不仅在审美体验中,而且在并且首先在伦理情感中,尼采都迫切地要求承诺这种愉悦的距离。尼采所要说明的目标就是实现一种快乐,"但却不涉及同

---

[1] 尼采,《悲剧的诞生》,同前注,页152。另可参见短文《希腊音乐剧》(*Das griechische Musikdrame*),KSA,卷一,页528:"我们没有能力面对希腊悲剧,因为它们的主要影响在相当大程度上取决于某种因素,而我们恰恰丧失了这种因素,这就是音乐。……音乐是诗歌的基础,强化情感的表达和情境的兴趣,却没有中断或通过无用的修饰干扰行为。对诗歌来说,音乐应该成为这种东西,为一幅完美无缺和秩序和谐的图画,而成为色彩的生动、阴影与光亮的幸运混合。这幅图画仅仅为了赋予形象以生命,而不破坏轮廓。这样一来,音乐绝对不只是充当目的的手段:音乐的使命是在听众身上颠覆上帝造成的苦难,颠覆有着最强烈同情心的主人公。"

情、畏惧、道德意图的领域"。① 就伦理的语境而言,②布鲁门贝格同样拒绝这种英雄般的忍耐力;面对这种要求,也就是以一种实在的立场来对待审美体验的现实,布鲁门贝格仍然捍卫正当的缺陷。

考虑到这种可能性——"突然进入有距离地旁观的观众获得愉悦的局外状态中"(《商榷文》,同前注,页647),布鲁门贝格就捍卫了一种人类学的"内在距离"(同上)模式。在这里,愉悦的实现不再通过与一种另类现实保持距离的相关性,而是通过"纯粹功能性"(同上)的自我反思能力。假如观众的忍受力遭到贬斥,就只剩下一种内在的流放,避免被认知性距离创造所征服。在"道德和政治呼吁"以及"消除淫秽和畏惧的功能"(同上)这种事实中,唯独布鲁门贝格看到,主体之内以及人与人之间的距离被明确宣布取消了。③ 在此背景下,受难音乐可以被理解成一种权威,防止不和谐的侵入,即是说,防止仍然敞开的苦难追问。不和谐的经验在和

---

① 尼采,《悲剧的诞生》,同前注,页152。另可参见《神话研究》页664中关于《瞧这个人》的引文:"不是为了摆脱惊恐和同情,不是为了通过亢奋的释放使自己消除危险的效果——亚里士多德误解了这一点;而是为了在超越惊恐和同情时使自己成为生成的永恒快乐——这种快乐,同样在自身中包含着毁灭的快乐……"

② Peters 提到"尼采的一种扭曲的自由和责任伦理,在自身完全私人化和世俗化的道路上,这种伦理必然终结于英雄—领袖。"参 Tiemo Rainer Peters,《朋霍费尔神学中的政治在场:一个有系统意图的历史研究》(*Die Präsenz des Politischen in der Theologie Dietrich Bonhoeffers. Eine historische Untersuchung in systematischer Absicht*),München,1976,页144。

③ "布鲁门贝格肯定了审美中'主体间性距离',但这个距离却在伦理中遭到否定。可以让康德和基尔克果为这种区分作证。但我怀疑,这种哲学—人类学的伦理决疑模式是否像精神分析对它的某种发展那样,仍然是合适的。自尼采和弗洛伊德以来,主体同自身能力的距离恰恰以不同的方式显示在伦理中。"关于 Taubes 的商榷文,见《商榷文:再也不美的艺术——审美的临界现象》,同上,页648。

谐中遭到扬弃;只有当受难事件使局外状态成为可能时,对和谐与协调的渴望、"思乡的翅膀"①——根据布鲁门贝格和尼采的理解,这是表示痛苦不断地转换为愉悦的隐喻——才能得以实现。布鲁门贝格使《马太受难曲》的听者超越了受难和福音宣道,也就是超越了"感染力和命令性。——正是音乐有限性的主导原则使听者经受住感染力和命令性。听者获得释放"(《马太受难曲》,同前注,页248)。② 因为布鲁门贝格对《马太受难曲》的理解受这种努力所指引:必须将"文化与受苦之间的纽带"(《神话研究》,同前注,页657)理解为一种审美现象;一旦这种努力获得成功,作为因受苦而对上帝进行血泪控诉的受难就被排除在受难的现实之外。通过"童年和早期精神的文本",通过"对为自身赢得凛然不可侵犯的实在论类型这样一种另类现实的预感"(《马太受难曲》,同前注,页248),布鲁门贝格规定了一种实践,这种实践或多或少接近尼采所谓"已经实现的瞬间"③和"对大地的信赖"。④ 面对上帝之死的经验,尼采竭力不退守到一种灵知的二元论,他所依据的原则正是永恒复返的观念。

> 这个观念教导说,对这个如此这般地理解的世界说"是"。尼采希望……避免体现在当下经验与将来期待的张力之间的二元论,从神学上讲,就是避免造物上帝与救赎上帝之间的对立。⑤

---

① 尼采,《悲剧的诞生》,同前注,页153。
② 另可参尼采,《遗稿残篇》,*KSA*,卷七,同前注,页166:"音乐证明了,那个多样性的整体世界不再有不和谐的感觉。"
③ 参注42。
④ 同上。
⑤ Abel,《尼采反对"自我保存"》(*Nietzsche contra* "*Selbsterhaltung*"),页390。

尼采看到,同一物的永恒复返正是要保证"当下与永恒的相互契合",①这样才能逃脱"事实的唯一重力",②这也是布鲁门贝格赋予巴赫音乐的内容。③ 巴赫的音乐,作为"一种另类'现实'的预见"(《马太受难曲》,同前注,页248),使有限的不朽之经验临近了——并且也通过临近使这种经验获得安慰:"在上帝体验到自身能力界限的地方,人的怀疑终止了"(《神话研究》,同前注,页343)。一种布鲁门贝格所谓的获得平静的实在论,就出现在怀疑向安慰突变的地方;通过超越灵知派对尘世的贬低,这种实在论为"尘世的习惯状态"(《哥白尼世界的形成》,同前注,页665)而辩护。必须在这个背景中来解读布鲁门贝格对有限的不朽之沉思:"对人来说,不存在可以替代尘世的选择,正如没有什么理性替代人的理性一样"(同上,页794)。独一无二的世间性(Weltlichkeit)④重新发现地球是人类唯一的星球,并且以托勒密来反抗阿基米德。想要使人坚定地转向承载自己的根据,就必须拒绝通过承诺一个新的天空和大地⑤来贬低这个立足的根基,除非以牺牲自己

---

① Abel,《尼采反对"自我保存"》(*Nietzsche contra "Selbsterhaltung"*),页390。

② Eugen Fink,《尼采哲学》(*Nietzsches Philosophie*),Stuttgart,1986,页97。

③ "在250年之前,谁要是希望享受音乐的安慰,他就必须参加莱比锡的托马斯教堂或尼古拉教堂举行的星期日和节日礼拜。"Albert von Schirnding,《克服世界?听巴赫大合唱的感受》(Weltüberwindung? Erfahrungen beim Horen von Bach-Kantaten),见 *Süddeutsche Zeitung vom 23/24*,März,1991,XVII。

④ 这一点可参 Hannah Arendt:"作为近代开端的无世间性(Weltlosigkeit)事实上是独一无二的。"Hannah Arendt,《来自积极的生命》(*Vita Activa der Vom tätigen Leben*),Stuttgart,1960,页312。

⑤ 《启示录》21章1节。

为代价。近代理性的历史条件能够用来透视那个独特的、只是关系到人之可能性的理性概念:仅仅就这方面来说,布鲁门贝格"对介入性的意义语境的更新或重现"①才能追溯到这个历史条件。作为一种完整记忆的悼词,《马太受难曲》是一种后基督教理性的忧郁产物,因为后基督教的理性只敢同世界和自身较量。

---

① 这是 Johann P. Arnason 对布鲁门贝格意图的规定,参见 Johann P. Arnason,《世界的展现和理解》(Weltauslegung und Verstandigung),见 Axel Honneth 等编,*Zwischenbetrachtungen. Im Prozeß der Aufklärung Jürgen Habermas zum 60. Gebrtstag*,Frankfurt am Main,1989,页 66–88,这里引用的是页 73。

永恒复返与上帝国[*]

[美]阿尔蒂泽 著　陈建洪 译

尼采的扎拉图斯特拉是无神论二度新生的结果,是上帝之死带来的新历史命运。扎拉图斯特拉已经超越了人,因为扎拉图斯特拉已经否定了以前的所有历史,这个否定正是极度肯定的对立面。如尼采在《瞧这个人》里宣告:

> 扎拉图斯特拉类型所提出的心理学问题是:扎拉图斯特拉说不和做不达到了前所未闻的程度,否定我们迄今说是的一切东西,尽管如此,他如何又可以是"说不"之精神的反面;这个精神预示着最深重的定数,命里注定的一个任务,尽管如此,他如何又能够至轻盈又极超越——扎拉图斯特拉是一个舞蹈家——他观察实在的眼力锐利无双,他想到了"最深不可测的想法",尽管如此,他如何又不视之为对存在的反抗,甚至不是对其永恒复返的反抗——而毋宁说多了一个理由令他自己永远对所有事情说是,"无边无界,无拘无束的……是和阿

---

[*] [中译编者按]本文经授权译自 David B. Allison 编,《尼采新论》(*The New Nietzsche*), The MIT Press, 1994, 页 232 – 246。阿尔蒂泽(Thomas J. J. Altizer), 美国 S. U. N. Y., Stony Brook 宗教研究教授。

门"——"我带到深渊里的还有说是的福祉"——但这是狄俄尼索斯观念的重现。①

扎拉图斯特拉呼唤其听众进入一种新的狄俄尼索斯生存,这种生存彻头彻尾肯定极度恐怖的赤裸裸实在,扎拉图斯特拉首度揭示了这个实在,唯否定这个反面才能理解这个实在:"新狄俄尼索斯生存是"尼采对历史意义最为意味深长的象征。如尼采所教导,如果坏良知随历史之在而在,随本能的心理化和内在化(Verinnerlichung)而发,随反"肉体"之"灵魂"的出现而来,那么狄俄尼索斯生存便要求本能的洗礼,这是被禁者成圣带来的新生命。简言之,扎拉图斯特拉呼唤肉体的再生。

尼采表示,他选择扎拉图斯特拉这个名字作为其永恒复返的预言家,是因为他相信波斯预言家扎拉图斯特拉创造了世界的第一个道德幻象:"转道德为形而上学领域,而成自力、自因与自果,是他的工作。"②现在,第一个"非道德主义者"尼采创造了与历史之扎拉图斯特拉截然相反的对立面:"道德出于真实而克服自我;道德主义者克服自我进入他的对立面——到了我的里面——这就是我所说扎拉图斯特拉这个名字的意思。"③永恒复返是道德的自我克服?自我克服岂不是对自义和自善本身的克服?通过扎拉图

---

① 《瞧这个人·扎拉图斯特拉如是说》,节6。[译注]中文参尼采,《权力意志》,张念东、凌素心译,北京:商务印书馆,1991,页81;为求行文一致,译文皆直接译自Altizer所引尼采之英文文本,并注以现有中译本出处,下皆同此。

② 《瞧这个人·我为什么是命运》,节3。[译注]中文本参《权力意志》,同前注,页100。

③ 同上。[译注]中文本参《权力意志》,同前注,页101。

斯特拉的自我克服,道德经历了一次变形,以复仇之灵的面目现身:"意志的敌意对抗时间及其'曾是'。"① 扎拉图斯特拉应许的生命是要了结"曾是"的生命:

> 赎回那些生活在过去的人,重造所有"曾是"而为"如是我欲"——我将仅称此为拯救。意志——这是解放者和带来欢乐的人的名字;我如此教导你们,我的朋友。但是,也要明白:意志本身仍是个囚徒。——意欲解放人;但是,令解放者也带上脚镣的是什么?"曾是"——这是意志之切齿之恨和最深的隐忧。无力反抗过去之所成就,他只能眼看着过去的一切生闷气。意志不可能意欲后退;他不能打断时间和时间的蚕食,这是意志最为孤独无助的忧郁。②

对《圣经》里与此"曾是"相同的东西,可以有所怀疑吗?要确定这一点,我们只有再度聆听《圣经》的开场白。

> 起初,神创造天地。地是*空虚混沌,渊面上是*黑暗。神的灵运行在水面上。神说,要有光,就有了光。神看光是*好的,就把光暗分开了。神称光为昼,称暗为夜。有晚上,有早晨,这是头一日。

创造的"头一日"是神从暗里分出光的日子,作此区分是因为

---

① 《扎拉图斯特拉如是说》,II,"论赎罪"。[译注]中文本参尼采,《苏鲁支语录》,徐梵澄译,北京:商务印书馆,1992,页140。
② 同上。[译注]中译本,同前注,页139–140。
* [译注]注意,这三个得以强调的"是"在原文中都是用过去式的,用来强调其"曾是"的意义。

神感到祂所造的光是好的。但是,暗在创造之前;因此它非神所造。读者只能推论在某种意义上说,暗是神的一个"他者"。在原初混沌或虚空里,渊面上是一片黑暗,神造光时正是在这渊面上行过。神看光是好的,显然这光是暗的对立面。即使两千年里的基督教神学家们已经宣告这些话否定了二元论的一切根本型态,但是毫无理由佯称这个神话的核心没有二元性。我们的第一个先知是"扎拉图斯特拉"而非"摩西",这可能吗?

当然,《圣经》中神作为造物主的观念的事实根据和源头是《第二以赛亚》和《约伯记》而非《创世记》。《第二以赛亚》以主的荣耀抚慰祂的人民:

> 你们岂不曾知道吗?你们岂不曾听见吗?
> 从起初岂没有人告诉你们吗?
> 自从立地的根基,你们岂没有明白吗?
> 神坐在地球大圈之上,
> 地上的居民好像蝗虫。
> 他铺张穹苍如幔子,
> 展开诸天如可住的帐棚。
> 他使君王归于虚无,
> 使地上的审判官成为虚空……
> 按数目领出,他一一称其名。
> 因他的权能,又因他的大能大力,
> 连一个都不缺。*

---

* [译注]见《以赛亚书》40:21-23;40:26。有许多学者认为《以赛亚书》的许多部分并非出自以赛亚的手笔,而相信第四十至五十章主要是一位被称为第二以赛亚(DeuteroIsaiah)的人所作,故阿尔蒂泽有此说。

谈论神之为造物主即是谈论神之绝对主权,神只能显现为无限遥远的超越者,它令地上一切都无足轻重。再者,明了神是造物主,就是明了人在根本上的无力,这一点《约伯记》讲得很清楚。

> 那时,耶和华从旋风中回答约伯说……
> 我立大地根基的时候,你在哪里呢?
> 你若有聪明只管说吧!
> 你若晓得就说,是谁定地的尺度?
> 是谁把准绳拉在其上?
> 地的根基安置在何处?
> 地的角石是谁安放的?
> 那时晨星一同歌唱,
> 神的众子也都欢呼。

基督教视神为造物主,为绝对主权和超越的主——尼采所说至大神所达到的也就这么远。但是对尼采来说,这个至大神由一种至大的罪疚感相伴随,并且实际上就是一种疯狂意志的产物,这是发现自己完全、根本上有罪的人的意志。关于人的最终投射活动,尼采说道:

> ……他从自己内部喷射出他对自己的所有否定,否定自己的本性、天性和现实性,而以此为一种肯定的形式,作为有形的和实在的现存事物,作为神、圣洁的神、判决的神、刽子手神、超越、永恒、无休止的折磨、地狱、不可测度的惩罚和罪疚。①

---

① 《论道德的谱系》,Ⅱ,节22。[译注]中文参尼采,《论道德的谱系》,周红译,北京:三联书店,1991年,页71。

毫无疑问，尼采判此投射为病态，然而，这不是癔症，如《论道德的谱系》中之前的段落所表明：

> 如今，我再也不能避免给出一个初步的过渡性意见，以表明我自己关于"坏良知"起源的假设：它听起来也许怪怪的，也许需要长时间的深思熟虑、日思夜想。我以为坏良知是人在此压力之下注定要染上的重病：人经验到前所未有的根本变化——这变化发生在人发现自己最终被关进了社会的与和平的围墙时。水生动物不得不变成陆生动物，否则便要灭绝，其所面对的情形与这些习惯于野性、战争、游走和冒险的半动物所面对的情形毫无二致：突然间他们所有的本能都毫无价值和"无效"。此后，他们不得不用脚走路，不得不"亲自背负"一直以来都由水来承托的重量：这是加在他们身上的可怕重担。他们感到无力应付最简单的情形；在这个新世界里面，他们不再拥有先前的指引，即常规的、无意识的、确然无误的行动：他们被简化成为思考、推断、算计和协调的因因果果，这些不幸的造物；他们被简化成为他们的"意识"，他们最脆弱和最容易出错的器官！我相信，世上从没有过如此悲哀的感受，如此灰暗的不快。[①]

这些话十分接近尼采之重写《圣经》的开场白。当然，它们赋予创造的"头一日"以一种新的决定性意义，同样，它们赋予光与暗的原始划分以一种"全新"意义。

但是，这意义真是全新的吗？如果人即纯意识的出现便是人

[①] 《论道德的谱系》，II，节 16。

的、是不同于"肉体"之"灵魂"的诞生的内在化,那么,用尼采的话来说,我们可以确实地将创造看作"堕落"。在此,原始堕落意指光与暗、"灵魂"与肉体之间的原始区分,这区分奠定了居于生命和生存核心的二元性。随着意识的诞生,尼采所说我们无意识的和不出错的行动被简化成为思想或意识,因而不能再根据其原始同一性来描述它们。或者更明确地说,只有用"坏良知"的否定性语言才可以描述它们:

> 原本薄如蝉翼的整个内心世界,自行扩张延展,获得一定的深度、宽度和高度,外显表现被限制在什么程度,它们所获得的深、宽、高也就止于那个程度。政治机构以之保护自己反对旧有自由本能的巨大支撑——惩罚属于支撑之一种——导致野性、自由和游走的人的所有那些本能转而反抗人本身。迫害、攻击、变易和摧毁的敌意、残忍和快乐——所有这些都转而反对这些本能的拥有者,这正是"坏良知"的起源。①

坏良知并不是通过逐步有机地适应新条件而开始存在。相反,它是一种突然堕落的结果。因此,尼采宣告说,坏良知的起源是"一个断裂、一个跳跃、一种强力、一个命定的灾难,它杜绝了所有争斗,甚至杜绝了所有怨恨"。②

意识是光?我们不可错的无意识行动是暗?如此,那么从暗里发出光显然是原初的肇端,坏良知便是"人"的起源。如果坏良

---

① 《论道德的谱系》,II,节16。
② 同上,节17。

知是人在经验到从未有过的最根本变化的压力下注定要染上的重病,那么它既不可能是单纯幻觉,也不可能是偶然失足。它必定是一个必然的定数,一个无可逃避的命运,因而是一个悲剧性堕落。进言之,如果基督教的神等同于坏良知的投射,那么那个神既非幻觉亦非偶然。基督教的神,全能和超越的造物主,是我们悲剧性命运的根源,是人之进化运动的根源。基督教的神全然为圣,可能恰恰是人的全然有罪的正好相对立的形象。但是,那罪疚实实在在,犹如历史的恐怖和残忍一样实在;相应地,基督教的神实实在在,至少在历史视域和"人"的视域里边如此。或者,我们是否更应当说,只要他是不可命名的、神秘的和超越的,基督教的神便实实在在?只要人说出他的神秘,他必定衰亡并消失。不过,其神秘必定仍为神秘,只要这神秘在罪疚中被察觉;因为正是罪疚带出神秘,正如坏良知的出现确立了造物与造物主之间的无限距离。

当然,道德也是随坏良知而来的结果。道德依系于光与暗、"灵魂"与肉体之间的原始两分。因此,它陷于一种二元形式之中,其每一个"是"都不可分离地有一个相应的"不",其每一个"不"都不可分离地有一个强制的"不",这个"不"不断地引发"是"的回音。这就是尼采叫作疯人院的道德宇宙,而它就等于历史自身,因此与"人"不可分离。疯狂有一个源头,一个开端,因此它有一个神话意义。《创世记》是这个意义的一种表达,《论道德的谱系》是另一种表达。两者都认为,道德是一个劫难式原始堕落的后果。保罗是尼采的先声,他将道德或法律理解为一种否言,它使得罪疚成为无可避免的结局。在这种理解框架里边,保罗创立了"旧"与"新"的新二元性,它赋予"曾是"以一种末世论的新意义。"曾是"位于"旧天地"或"旧事物"之内,因此与道德和法律的关系复杂,纠缠不清。正是这个领域将随着基督再生而走到尽头,因为"曾是"

领域要是完全取决于罪和死的审判,便与再生相对立。从"新天地"或"新事物"的立场来看,道德决定审判和死亡,因此它不仅是复仇的精神,简直就是复仇的化身。

保罗是基督教神学也是神学本身的创始人,这说法毫不为过。他为我们提供了一个理解方法,即将罪和审判理解为与生命和再生相反的或相对的。只有在其否定和超越的情况下,罪疚才表现为整体的和不可挽回的。这里,罪疚和死亡只有在末世论形式中,只有被认为它们正临到尽头,才可设定其完整意义。同样,扎拉图斯特拉只有经历道德的自我克服,才能认识到否言和怨恨的意义。只有它们不再如此揪心,不再如此束手缚脚;死亡和罪疚才真正显明。只有在这时,它们才成为包容万有的形象,因为唯其力量的否定才能令其意义显现出来,才能令其意义可说。正如在《旧约》里找不到地狱、诅咒和最后审判,罪疚的完整意义也是直到现代时期才始露微光(起自路德,成于尼采)。即便奥古斯丁也没有意识到罪疚的完整意义;其异教根底遮挡着他,因为他并没有意识到,一种罪疚如此彻底而完全摧毁并倒转了意识和经验的一切表达形式。仅当其临到尽头,仅当其黑暗的否定根基变得完全可说,罪疚的意义才能显现。

十分明显,扎拉图斯特拉是一个先知,至少对那些能听到他声音的人来说如此。说出其他人不可说出的东西不正是先知吗?一旦被说出,它不就直接拥有权威性吗?先知语言无需中介、不予置辩、不加修饰,但是它要求聆听;只要其声音被听到,它便不容否认。先知预言的简便试金石是其声音能否被听到它的人平息或者否认,根据这个测试,扎拉图斯特拉显然是一个先知。我们不问预言是否为真,因为它远远奥于"真理",远远奥于逻辑、科学或者知识。甚至,探寻一个预言是否"好"也是遮蔽其先知之声。真正的预言一律挑战既定的好或真,其所达到的程度能够根据预言所引起的震惊程度来衡量。最令我们震惊的是什么?不正是上帝之死的宣告吗?作为扎拉图斯特拉的先声,尼采的疯子不仅宣告上帝死了,还宣告我们——你和我——已经杀死了他。"我们如何能够喝干大海之水?"这也许是扎拉图斯特拉向我们提出的至关紧要的问题。像所有先知问题一样,它在我们能够谈论它的限度内自己给出答案。说上帝死了,真的说出它,便是意欲上帝之死。先知是说这话的人,他的话却不是他一个人独有,它要求所有听到的人都说这话。这里,听就是说。听先知的声音就是要说它。因此,听上帝死了的先知告示便是自己宣告上帝之死。这种语言如何可能呢?这种聆听如何可能呢?难道我们最终不可能既有听又有说上帝之名的力量吗?扎拉图斯特拉因为认识到否言和怨恨的意义,他行在那整体罪疚之下,那罪疚是我们的"他者",是我们的历史也是我们自己。当扎拉图斯特拉宣告上帝之死的时候,他所讲的就是这个"他者"。看到那终极"他者"并为他命名,即是宣告上帝之死。

尼采的《瞧这个人》以如此问题作结:"你们明白了吗?——狄俄尼索斯对抗被钉十字架者。"新狄俄尼索斯是永恒复返的象征,他并不简单等同于希腊的狄俄尼索斯。尼采的狄俄尼索斯经过上帝之死这个最重要的历史事件而完全诞生:"从没有什么事情比这更伟大;在我们之后,不管谁来到这个世上,他都将因此成为高于迄今所有历史的一个更高历史的一分子。"[①]不过,尼采反对基督是直接反对宗教本身,而不只是反对耶稣的现实形象。在写作《瞧这个人》的同一年(1888),他在《敌基督》中说道:

---

① 《快乐的科学》,节125。

用稍微宽容的方式表述,人们可以称耶稣是一个"自由精神"(frei Geist)——他不关心任何确定的东西:词语**被杀死了**,一切确定的东西**被杀死了**。在耶稣那里,"生命"的概念、经验,如同只有他所知道的那样,同所有形式的词语、程式、法律、信仰和教义相抵牾。他只谈论内心世界:"生命"或"真理"或"光",都是他用来表达内心世界的话语——其他一切,整个实在、整个自然,甚至连语言,对他来说,仅仅具有一种符号、一种隐喻的值。①

以此观之,耶稣置身基督教之外;尼采的耶稣画像与新扎拉图斯特拉惊人相似:

——不管基督教(或者应该说**教会**)的偏见具有多么大的诱惑力,我们也不要在这一点上犯错:这样一位**彻头彻尾**的象征主义者(Symbolist)置身一切宗教、一切崇拜概念、一切历史学、一切自然科学、一切世界经验、一切知识、一切政治学、一切心理学、一切书籍、一切艺术之外——他的"知识"恰恰是一种**纯粹的愚蠢**:他不知道有这类东西存在的事实。他对文化闻未所闻,他无需和文化进行斗争——他不否定文化……这也适用于**国家**,适用于整个公民秩序和公民社会,适用于**劳动**,适用于战争——他没有任何理由否定"俗世",他对教会的"俗世"概念一无所知……对他来说,**否定**恰恰是完全不可能

---

① 《敌基督》,节32。

的事情。①

在《敌基督》时,尼采一再将耶稣描画成扎拉图斯特拉新生的先驱;他无力怨恨,无关历史,与基督教恰相反对。

> 谁若是想要表明有一位反讽之神在幕后操纵着重大的世界游戏,那么他一定可以在名为基督教的巨大问号中找到论据。人类所顶礼膜拜的恰恰是与福音的源头、意义和正当性相反的东西,人类通过"教会"概念所奉为神圣的恰恰是"福音使者"弃于脚下、抛在身后的东西——不可能找到一种形式上比这更伟大的世界历史的反讽——②

"基督教"这个词是一个误解;基督徒只有一个,而他及其福音已死在十字架上。

> 从这个时刻开始被称为"福音"的东西,已经成为他所经历过的一切的对立面:是一种"坏消息"(schlimme Botschaft),一种反福音(Dysangelium)。③

真正的基督教既不信因基督得赎,也不是悔悟或者祈祷;唯基督教实践是基督教的:

---

① 《敌基督》,节32。
② 同上,节36。
③ 同上,节39。

真实的生命、永恒的生命被发现了——它不是被许诺,它就在当下,它就在你们之中:它是在爱之中的生命,是在没有减少、没有排除、没有距离的爱之中的生命。①

有关"福音"的整个心理学里面不存在罪疚与惩罚的概念——如同不存在奖赏概念一样。"罪"——分隔上帝与人的任何距离——被抛弃了:这正是"佳音"。福祉不是被应许的,跟各种条件没有关系:它是那唯一实在——其余皆未谈及它的标记。② 唯实践"佳音",唯直接在场之"佳音"通往上帝。尼采确实宣告说:"它是上帝"。③

什么样的神?肯定不是基督教的上帝,不是绝对主权和超越的上帝,不是那永有的上帝。耶稣的上帝?被钉基督的上帝?写作《敌基督》之后不出一年,疯病临到了他的身上,尼采在其笔记后交替署名"狄俄尼索斯"和"被钉十字架者"。当然,狄俄尼索斯即是被钉十字架者。至少,希腊的狄俄尼索斯是一个死去而后再生的神。同样,扎拉图斯特拉是狄俄尼索斯,扎拉图斯特拉作为神而受苦。④ 再问一次,什么样的神?这个神或上帝(the god or God)在上帝之死里面现身?我们能否说耶稣和扎拉图斯特拉的"佳音"是上帝之死的讣告?确然无疑,上帝之死取消了隔离神人的任何距离,罪和罪疚随之消失。福祉因而成为那唯一实在吗?所有应许、所有未来的希望和期盼都在上帝之死里面临到尽头。如果"佳音"便是宣告上帝之死,那么"佳音"的存活确实通往神。

---

① 同上,节29。
② 同上。
③ 同上。
④ 《瞧这个人·扎拉图斯特拉如是说》,同前注,节8。

但是,当隔离神人的一切距离消失并自此不再的时候,佳音所通往的神才始出现。于是,生命不是在上帝的生命而是在上帝之死里面被发现。因此,生命不是被应许的,它就在此间,它就在你们里面,在你和我里面。因为,你和我已经杀死了上帝,当我们宣告他的名,当我们说生命和永恒生命,当我们说它就在此时此地,我们杀死了上帝。那说是的生命不是被应许的,它是被找到的;它在基督徒实践里面被找到,在上帝之死"佳音"的直接和完全的存活里面被找到。

上帝国是《新约》里面十分突出的永恒生命的象征,但是它在《新约》完成之前就已败落,实际上甚至消失。不过,它并不是简单地消失——它倒转自身,在基督教上帝学说里面成为自己的"他者"。这是现代神学最根本的洞见,我们将此功劳归于尼采。确实,黑格尔在概念上完全认识到了这个洞见,但只是在概念层面,而不是在人类和当下层面。布莱克(W. Blake)的末日式抒情诗也从想象上清楚表达了这个主题,但和整个现代文学和艺术一样,它们都只是一种神学密码。《敌基督》却不是一种密码,或者并不完全如此;在很大程度上,它清澈见底,而最清楚的莫过于对基督教上帝的描画:

> 基督教之神的概念——神作为病人、神作为蜘蛛、神作为精神——是尘世间所能达到的最败坏的神之概念;在神之类型的蜕化过程中,基督教的神或许代表了最低的水平。神蜕化为与**生命**的对立,而不是对生命的美化(Verklaerung)和永恒肯定(Ja)! 在神之中所表达的,是对生命、自然、生命意志的敌视。神作为程式,代表了一切对"此岸"的诽谤,一切"彼岸"的谎言! 在神之中,虚无被神圣化,追求虚无的意志被说

成是神圣的!……①

至少,那个基督徒能视此为神的真正肖像,他在信仰里认识神,尽管在不好的信仰里,这信仰拒绝并离弃"佳音"。现代的基督徒一遍又一遍地得知他对神的信仰是离弃福音。但是,如果这是对福音的离弃,完整而全面的离弃,那么基督教的神便在反对上帝国。

和耶稣一样,扎拉图斯特拉是预言佳音的先知,他预言了永恒复返的"伟大的正午"。尼采将其对永恒复返的发现看作是他最伟大的创举,是礼赞大地、生命和当下生存的胜利颂歌。然而,这创造源自最深切的苦痛,因为尼采本人视永恒复返观念为噩梦里的噩梦。早在《快乐的科学》里边,他便用最可怕的方式表达了自己的想法。

> 最重的负担。——一天或一个晚上,一个恶魔偷偷地引诱你进入最孤独的孤独之中,并且对你说:"你正在过的和以前所过的生活,你将不得不再过一次,并且要再过无数次;里边没有任何新鲜玩艺儿,但是你生命里的每一个痛苦和每一次欢乐,每一个思想和每一声叹息,每一件事情,无论多么微不足道或者多么至关紧要,都将在你身上重现,整个顺序都一模一样——乃至这树木之间的蜘蛛和月光,以及此时此刻和我这个人。生存的永恒沙漏不厌其烦地翻来覆去,你随此而翻来覆去,只不过是微不足道的一粒灰尘而已!"若果如此,你会怎么样?你难道不想豁出去咬牙切齿地诅咒那说这一番话的恶魔吗?或者,你是否经历过那可怕的瞬间?你曾如此回

---

① 《敌基督》,同前注,节18。

答他:"你是一个神,我从没有听说过有谁比你更神圣。"如果这个思想占据了你的脑袋,他将令你改头换面,甚至搞垮你:无时无刻,"再来一次,再来无数次,怎么样?"这个问题将是你一举一动的最重负担。或者,你有多么想令你自己和生命独汲汲于此终极的永恒确认和认可?①

永恒复返观念是我们所能面临的最大挑战,是勇气和生命的最终考验,因为它提出的问题是我们能否肯定生命,肯定我们此时此地的生命;此间是尼采的绝对命令——人迄今所面对的最恐怖和最畏然的问题,因为它呼唤一种完全肯定的行动。

尼采知道,这个想法并非新创;这想法在古代的廊下派里边也可看到,它与古代的永恒复返神话就算不是严丝合缝,也很相似。完全新鲜的是这里的永恒复返摆脱了永恒意象。永恒变成了时间本身。扎拉图斯特拉说道:

"瞧,"我继续说道,"这瞬间!"沿着这个瞬间的孔道,一条长长的永恒小路通向后方:永恒就在我们后面。凡是能够行走的,以前不是必定已经在这条小路上走过了吗?凡是能够发生的,以前不是已经发生过、已经完成、已经过去了吗?如果一切事情以前都已经有过——你这个侏儒怎么想这个瞬间呢?这个孔道以前不是也已经有了吗?岂不是所有事情如此顽固地扭成一团以致这个瞬间吸引了即将来临的一切吗?因此——它本身不也如此吗?因为凡是能够行走的——在这已

---

① 《快乐的科学》,同前注,节341。

有的长长小路,必定再一次行走。①

永恒既在每一个现实的、现在的瞬间之后,又在此之前;它是一个循环,这个循环不可能承认任何在现在瞬间之外的永恒"他者"。因此,扎拉图斯特拉所宣扬的永恒复返是一个永恒、一个现实的和现在的永恒,这永恒体现了上帝之死。

永恒复返这个"伟大的正午"是上帝之死创造出来的,超越者因上帝之死而被遗弃并且消失:永恒生命就是此间生命、大地和现在瞬间。

> "噢,扎拉图斯特拉,"动物们说,"对于像我们这样思考的人来说,所有事情本身都在跳舞:他们来了,握握手,笑一笑,然后跑掉——接着又回来。一切事物走了,一切事物又回来了;存在之轮永远在转动。每一个事物死去,每一个事物再新生;存在的年轮永远在转动。一切事物分裂,一切事物又重新聚合;永远在建造着同样的房子。一切事物闹掰了,一切事物又相互和好;存在的圆环依然诚如故我。在每一个现在(Now)里面,存在开始了;环绕着每一个这里(Here),运行着那里(There)之域。每一个地方都是中心。永恒之路是弯曲的。"②

最能淋漓尽致表达尼采格言警句之意的莫过于《扎拉图斯特拉如是说》里的这段文字。永恒复返的意义粉碎和颠覆了永恒的所有神圣意义。无论东西方,"存在的车轮"是一种毫无意义、目的

---

① 《扎拉图斯特拉如是说》,Ⅲ,"论幻相与谜",节2。
② 《扎拉图斯特拉如是说》,Ⅲ,"初愈者",节2。

或者方向的存在之永恒圆环,唯此"车轮"里的纯粹生存能从源初罪疚中带出救赎。当扎拉图斯特拉本人尚未能肯定一切事物的永恒复返之时,他的动物便欢呼存在的车轮。它们欢呼的存在车轮不是无尽痛苦的恐怖循环,而是永恒的舞蹈。此时,痛苦成了快乐,无意义成了秩序,罪疚成了恩典。印度人象征系统里的世界是一个根本上消极不动之太一的神圣但无意义的表演(lila),与此相反,永恒复返的狄俄尼索斯反映了事物本身的终极实在性,即它们在此时此地显明为彻底的欢乐。唯上帝之死所创造的二度新生才能完全清除罪疚,正是通过这种新生,眼前赤裸裸实在最深不可测的深度显明为一个喜剧的舞蹈。

请注意建立实在或存在之新意义的那些意象的排列:Red[车轮、循环],Jahr[年],Haus[房子、家、家庭、种族]和Ring[线圈、圆圈、循环]。意象本身就是循环式的,围绕圆环意象和概念来回转动,首先是一个时间的循环意象(Jahr),然后是一个空间的循环意象(gleich Haus)。进言之,所有这些意象都来自说是的肯定,首先表明这一点的是这段文字的第一句("对于像我们这样思考的人来说,所有事情本身都在跳舞"),然后是 treu("诚于、忠于、真")与存在之永恒循环的联系。在完全肯定之中被显明的时候,永恒复返的苦楚深渊便转变成为圆环所象征之完满的至高秩序。

这段文字的点睛之笔是最后三句话,它们也许是尼采所写最重要的几行字:"存在始于每一个现在。"当海德格尔说尼采宣告上帝之死是虚无主义式地达成了我们历史命运,他的意思是说哲学或者源初思考随尼采而完成;它已经完成其预定的可能性。但这个结局是一个末世论结局,也即一个全新的开始。上帝之死令存在的超越性和永恒的超越性到了尽头,它令存在本身显明于每一个现在。存在本身设定了一个全新的意义和定位:它不再是永恒;

而是,它在每一个现实瞬间中开始或者露面。这里,动词"开始"至关重要,因为它既定义了主词也确立了谓词。我们甚至可以说,在这个肯定里,主词不再存在,因为当一切事物始于每一个现在,再也不能说存在在(being is),或者任何如此这般的东西在。显然,命题"存在在"是说话者与当下瞬间疏离的后果:完全潜入现在是要摆脱任何一种永恒生存。

当生命或生存得到了至深肯定,存在本身便等同于现在:现实的生存瞬间成了存在本身。对瞬间的行动、肯定、欲求是每一事情的永恒创造和再造。完全欲求瞬间即是欲求瞬间的永恒复现,永恒地复现为此一、此瞬、此生、此在。正是上帝之死或曰超越性永恒的覆灭使得现在、时间和肉体的再生成为可能。随后的一个句段"彼界环绕每一个此间"提出了传统存在定位的整体重估。如果每一个瞬间即是存在本身,那么所有存在瞬间皆等值,因为每一个瞬间必须相等于每一个其他瞬间。所以,每一点空间同样必须等值于其他每一个点,因为不存在任何超越秩序用以界定一个点或方向的意义或价值。空间里的任何一点——世界或自我的任何片段——可以说既无方向亦无意义;因此,现成、既定的"彼""此"之别分崩离析。在"此"即在"彼",欲"此"即欲"彼"。所有事物都扭成一团;或更明确地说,所有事物彼此融入对方,结果不可能再分出这里或者那里,我或者你,他或者它。存在的帷幕落下了,融入了说是的永恒复返,这一是言否定并且终结了我们因逃避"肉体"而创造的诸世界和诸永恒。"人"因此被超过,被否定,被超越,我们的"灵魂"所创造的每一种意义、每一种秩序和每一种价值也随之被超过。灵魂曾视为灾难的,肉体现在看作至福;是言在事物的野性实在的再生中欢欣雀跃。

"每一个地方都是中心。"新狄俄尼索斯生命想要所有事物,想要所有现存事物,想要它们永远同一。真正接受和了解同一的同一性是要了解每一个地方都是中心。消融了事物的"这里""那里"之后,每一个独一无二的个别中心消失了;于是,所有等级性的判断和理解都变得不可能了。传统的中心象征只有在它与虚空之间设定一个断裂才有意义。上帝死了,这断裂也消失了,每一个断裂或实在的终极的距离如此等等皆随之消失。此时,所有超越的中心便成了完全的内在,而"中心"本身也不再茕茕独立。故此,真正的区分便无可能;再也不可能理解事物间的界线,即不可能知道一个"别"于"那个"的"这个"。所有事情都紧紧地扭在一起之后,便再也没有任何边界或者界线,所有事情都息息相通、彼此交融。此时,每一个事物都是一个中心,每一个事物都是这中心,因为每一个地方都是中心。神作为中心遍在全地吗?是的,但神先要死去,对其主权和超越的否定先要注入存在整体的每一个点和每一个瞬间。

"永恒之路是弯曲的(krumm,或作[弯的])。"我们再次看到一个圆环意象,尽管这一次看到的是象征永恒的反讽意象。永恒之路不仅是弯曲的,而且是人为地弯之曲之。这句话带出了一个迷宫意象——一个圆环迷宫,而且肯定是一个没有尽头的或曰永恒的迷宫。那么,永恒复返在此可意味着什么?存在始于每一个现在;彼界环绕每一个此间;处处皆中心。显而易见,可能的形而上学或宇宙论理解已经被这样的肯定所否认:是言全然不知事物的什么逻各斯。当永恒之路弯而成曲、圆而成环,它便没有任何逻各斯可言。尼采之永恒恰是哲学家和神学家之永恒的反题,他意在以此在"信仰"的人里面引发一种深刻的突变。在其夜半醉歌里,扎拉图斯如此唱道:"哀叹道:去吧!但所有欢乐(Lust),都想要永恒——要深深的永恒。"扎拉图斯特拉自己如此阐释这些话:"然而,欢乐不要子孙后代——欢乐想要自己,想要永恒,想要轮回,想要永远依然的每一事情。"

> 你曾向一种欢乐说"是"吗? 哦,我的朋友,那么你也向所有痛苦说"是"吧。所有事情皆相联、相引、相缠;如果你想要某事再来一次,如果你说:"欢悦,你令我欢喜! 瞬息,片刻!"然后,你想要一切重来。一切重新,一切永恒,一切相联、相引、相缠——噢,于是你便爱世界。永恒的啊,爱之弥深,直到永远;而且你也向痛苦说,去吧,但要回来! 因为所有快乐都想要——永恒。①

最终,是言和永恒复返完全同一:生存的最深肯定只能意味着想要所有事情的永恒复返,想要此生,此刻,此痛,以致想要它永远重现,而且永远以同样的面目重现。在此,没有任何形而上学的宇宙论,甚至没有永恒复返"观念",只有完全生存于即时现在,这现在亦此亦彼,是一个遍布各处的中心。

归根结底,永恒复返是一种完全热爱世界的方式,而且不仅是爱世界的一种方式,还是在一个神已死去的时空里说此时空中之爱的方式。扎拉图斯特拉的永恒复返象征根本上有别于其古典的原本形象,但它也同样有别于基督教的历史述说。基督教失去上帝国这个原初的末世论象征,带来一个决定性后果,即它因此开始将神与世界的鸿沟或曰断裂,以及将纯粹或完全的爱看作是"有别"于世界的存在。除其伟大的神秘主义者和极端末日论先见及其群体是一个富有意义的例外,历史的基督教极大地远离了耶稣

---

① 《扎拉图斯特拉如是说》,IV,"醉歌",节10。

的宣告,因为耶稣"佳音"宣告上帝国就出现在此时此地。尼采比当时或此时的任何一个神学家都要清楚这一点。他知道这一点是因为他深知神已死吗?基督教上帝的死亡显明了耶稣宣告的上帝国吗?永恒复返的说法是一种新的反映上帝国在场的末世论说法吗?遍在的上帝国必须要抛掉绝对主权和超越上帝的天国,因此古代的和神圣的天国也不再有。造物主消失了,造物也就不再是造物了;进言之,"旧造物"成了"新造物";"曾是"变成了肯定和恩典。如此,"旧纪元"等于罪疚和复仇,"新纪元"显明为一种全然崭新和纯然的天真。新扎拉图斯特拉是一个全新或更新的耶稣吗?

狄俄尼索斯对抗被钉十字架者[*]

[美]弗拉狄耶尔 著 成官泯 译

变形的存在:狄俄尼索斯

肯定狄俄尼索斯对个体的心理学深度或人类历史可能具有的所有严重后果,这里我们无意涉及,我们理应指出的只是一种对比,这种对比将上述肯定与可称之为反动宗教的东西[①]置于同一层次。尼采自己在未发表的写于一八八八年的文本中,已经表达了这种对立:"两种类型:狄俄尼索斯和被钉十字架者。"[②]他以一连串关于宗教人,而非宗教本身的提问引入这一思想。这整个片段都在平衡他所描绘的两种态度,而这两者都更近乎把握实在的行

---

[*] [中译编者按]本文经授权译自 Paul Valadier,《尼采与基督教批判》(Nietzsche et la critique du christianisme),Les Editions du Cerf,1974。弗拉狄耶尔(Paul Valadier),巴黎哲学研究中心教授。

① 我们知道,尼采不愿意提到"宗教",尽管通过狄俄尼索斯他引入了"共同信仰"一词,并且,在很多文本中,他都宣称信仰者并不必然是宗教的,因此,我们可以讨论这个他自己提出的一般的宗教"领域"——一个一旦进入其中便会得到意想不到的财富的领域。在其激进主义中,尼采的体验被带到了一个与一般宗教不同的水平吗?或者至少,与那些其道德和宗教行为不完全等同的宗教所不同的水平?

② 《权力意志》,节 1052。

动方面,而不是关于这行动本身的实证真理(也就是,宗教本身)。如果一个人认为典型的宗教人是堕落的,那么他可选择的便似乎是另一种宗教人,即异教徒。如果一个人把宗教现象当做一种道德疾病的表现——它本身根植于对一种极度丰富的存在的病态拒绝——他便可能会对宗教人给予一种单一的解释而排除其他解释。比如说,对于有些人来说,宗教行为远不是一种禁欲主义的或自我折磨的行为,而是一种"对生命的感激和肯定"。他们不正是那种不是在别处或别人那里寻找拯救,而是通过接受"存在的矛盾和问题"而寻找拯救的人吗?他们对这些问题的回答毫不含糊。尼采在狄俄尼索斯一语中所包含的希腊人对生命的肯定,是一种宗教态度,它逃脱了批评者认之为堕落的判语。因此,我们可以将狄俄尼索斯类型与被钉十字架者结合起来。如果我们接受《论道德的谱系》①第一章结尾的分析,我们可以说异教与犹太教的冲突(它不时出现在整个西方历史中)不仅在基督教文献中有其象征,而且在狄俄尼索斯中也有其象征。这冲突使两种宗教类型表现在这章所提出的对立之中:肯定和否定彼此尖锐地对立,它们并不只是空洞的非此即彼。毋宁说,对立的基础来自对尼采模棱两可称之为整体的实在——生命、存在,或实际上就是事情本身——所采取的态度。这表现出尼采自己的想法的灵活性,它不会把不可名状的实在化简为一个概念或一个存在整体。在这里,问题是让实在为自己说话,暂时地、易逝地以诱惑人的神狄俄尼索斯的方式说话。

这种基本对立是怎样得以表现的呢?禁欲理想——它对于犹太教—基督教思想来说(不用说佛教了)主宰着宗教本身——出于对生命的害怕而与生命保持一定距离。因此,它是基于一种幻象

---

① 《论道德的谱系》,一章,16节。

意志的虚幻理想,尽管它并不被认为是这样。与之相反,狄俄尼索斯理想则意在认同生命———一种暂时的认同,进一步讲,它并不要求与生命完全融合的权利,但也不拒绝贴近生命的原则。禁欲理想不信任生命并使个体干枯,它在为生命寻找一种理由、意义、目的,作为安排个体的原则:一场任意的创造声称为生命指定了目的,然而它实际上曲解了存在的疑难意义。与之相反,狄俄尼索斯理想为生命所作的辩护正是生命本身能够提供的辩护。它的世界没有结局;它是一个无序的世界,就像大海一样,被永恒变化而又总是自我同一的力量所激动。① 因为对自己问心有愧,禁欲理想鼓动个体竭力逃避生命与自我肯定,残害自我;通过拒绝自我肯定,它只是力图再一次肯定禁欲之理想。与之相反,狄俄尼索斯理想则意在一种对个体的真正超越,它要经过一种变形,即通过坚决的肯定(也就是权力意志)得来的自我变形。"'狄俄尼索斯'一词意味着……超越个性、日常生活、社会、实在,跨过瞬刻之深渊。"②这种超越,对尼采来说,既与传统思想描述的与狄俄尼索斯崇拜相关的狂饮陶醉没有丝毫关系,也与由自我毁灭的迷狂所带来的个性变化没有丝毫关系。③ 在首次使用"狄俄尼索斯的悲观主义"一词的文本(《快乐的科学》,节370)中,尼采严格区分了出于仇恨的毁灭欲(一种毁灭性的无能)与由一种创造的意志所激起的摧毁欲(它自由地服从于一种新的过分充盈)。狄俄尼索斯的欲望与前者完全没有关系。在这里,我们必须考察表述这种超越的文本,并查看《扎拉图

---

① 《权力意志》,同前注,节1067。
② 同上,节1050。
③ 兰波(Rimbaud)的情况似乎与此相似,他的目标显然与尼采非常接近,他也类似地景仰远东神秘传统,通过对现代性的严厉批评而突显出来。兰波渴望通过所有感觉的失序而达至不可知者。

斯特拉如是说》中描述一个人如何获得"馈赠美德"的段落,这种美德是不为自己保留任何东西的感谢(因为它忘记了自我)。在这些段落中一直使用的"净化"一词让我们想到了狄俄尼索斯在感觉器官与心灵之间的和谐。禁欲理想任意地选择人的某一部分并把它抬高到自在之物的地位从而否定感觉,而狄俄尼索斯理想的目标则是"心灵平静自在地处于感官中,正如感官自在平静地处于心灵中"。这一启发性的变形让我们可以谈论"一种身体的圣化"。禁欲理想因为其身心二元论的前设而陷在身体的困扰中。① 狄俄尼索斯理想则努力达到熟练舞蹈者的那种能忘却自己身体存在的驾驭能力——不是因为缺乏或不足,而是出于绝对熟练。神圣化,因此便必须理解为绝对自由,既然神圣性唯一被认识到的特征就是拥有轻捷的双足。因此,性行为既不会遭到否定或贬损,也再不会被抬举为一种特有的、唯一的肯定,毋宁是,它唤起了"深邃的、隐秘的敬意"。②

在这里,应当引出阿里阿德涅(Ariadne)的神秘形象,尼采认为只有他拥有她的秘密——一个与狄俄尼索斯的神圣形象相遇的人的形象。③ 每一个献给他的文本都出于最纯洁的抒情诗风格,而不是出于酒神祭典的迷醉。"阿里阿德涅的哀歌"是一种呼唤,呼唤神之变形的到来,然而它也带着一种在刚才讨论过的意义上最精神化的爱的痕迹。在这里存在着一个人的形象,其隐然存在消除了人与狄俄尼索斯神之间的距离(但不是使它们同一),他的存在也暗示着人必须采取一种真正"女性的"态度欢迎狄俄尼索斯。绝不是要以一种强有力的骄傲来肯定狄俄尼索斯,而是要在一种多情的女性哀歌中呼唤他。阿

---

① 《扎拉图斯特拉如是说》,Ⅰ,"论信仰彼岸世界的人"。
② 《权力意志》,同前注,节 1052。
③ 《瞧这个人·扎拉图斯特拉如是说》(*Ecce Homo*),节 8:"除了我,谁知道阿里阿德涅是谁?"

里阿德涅与狄俄尼索斯的关系是人与那自在的他之关系相辅相成。《扎拉图斯特拉如是说》第三部("以永恒之歌结束")描绘了一种在人与永恒之间的男性关系——后者以女人和母亲作为象征,前者以男人和父亲作为象征。在《善恶的彼岸》(紧接着《扎拉图斯特拉如是说》写的)第295节中,阿里阿德涅出现了。她常常暗指以前出现过的形象;比如:"阿里阿德涅的哀歌"承续了《扎拉图斯特拉如是说》第四部中的"魔法师之歌",只有一些极其细微的差别。① 每个形象的出现都似乎象征着一种与永恒的颠倒了的关系,正如"阿门之歌"所表现的:在对永恒的男性吁求之后,我们的希望必须被消除,关系必定被翻转,从男性肯定转向女性哀歌。不过,哀歌并不排斥魔法师的含糊表述。在对双重关系的描述中——男性的,然后是女性的,这些象征的使用指出了人与永恒(或与诸神)之关系的对立性。

受苦与死

狄俄尼索斯肯定所要求的变形如果是被过分丰盈而不是被一种毁灭性虚弱所激起的,那它一定不是加点甜味或掺点佐料的事,因为它是通过受苦乃至受死而得来的。那么,在狄俄尼索斯与被钉十字架者之间的区别就不是后者关注激情与死,而前者指向对生命的过分高扬。支持这一点的尼采遗著很清楚:在狄俄尼索斯与被钉十字架者之间,"区别的并不是殉教:殉教正是有两种不同的意义"。② 因此,人们不能说,尼采对生命的肯定包含着对死的极

---

① 《偶像的黄昏》,"漫游……",节19。也参《瞧这个人·扎拉图斯特拉如是说》,节8。

② 《权力意志》,同前注,节1052。

端忽视。狄俄尼索斯神自己碎裂成片而死。狄俄尼索斯也死,但是,正如《扎拉图斯特拉如是说》中所说的真正的诸神一样,他又从其灰烬中重生。这个神的死并不是对生命的反驳。它并不像保罗的幻象——它为那种在罪疚中看到通向拯救与永恒的手段的观点所负累——那样养育着罪疚,那种幻象不啻于取代生命,并从而改变生命的性质。狄俄尼索斯的死不是预料不到的、不受欢迎的耶稣之死。作为被钉十字架者的反对类型,狄俄尼索斯与保罗关于十字架上救主的虚构相对立,并从而对立于一种救赎性的死和自我之救赎的困扰。但是,基于同样的理由,狄俄尼索斯接近于非保罗的耶稣。耶稣说"是",他肯定,但不要求死。这正是狄俄尼索斯与耶稣的决定性区别。狄俄尼索斯更清醒、更有活力,他要求做一个殉教者:不是为他自己,而是作为一个内在条件来肯定生命。保罗的被钉十字架的耶稣把死抬高到超过生命——他接近但不等同于那不面对死亡且要求生命的耶稣,与之相反,狄俄尼索斯直面死亡,并确信生命的过分丰富和他自己的再创造力量。"摧毁、改造、变化的欲望,可以是一种孕育未来的过分丰盈力量的表现(我给它的用语,众所周知,是'狄俄尼索斯'一词)"。① 那么,死就是一种同意,其前提,是一个人在同一者自身内在分化的整个过程中肯定其永恒复返。正如这个神的门徒们所经历的,受苦与死并不是关于事物的结束语。确实,像在《尼采反瓦格纳》的美丽文本中所说的,它们并不是字母表的最后一个字母:

> 只有伟大的痛苦才是精神的终极解放者,正如那伟大怀疑的导师一样,那怀疑将 Y 变成 X,一个真正的 X,即在倒数第

---

① 《权力意志》,同前注,节 846。

二个字母之前的字母。①

即便是受苦也与终极实在保持着相当的距离:它仅仅是给出了道路,在实在的暗示下为肯定做准备。它总是存在于一切人类经验中,②但它的意义却改变了:悲剧意义上的"受苦"与流行的基督教的"受苦"观念相对立。对前者来说,受苦内在于生命的神圣性,正如"否"内在于所有无限的"肯定"一样。③

狄俄尼索斯受苦的悲剧开始于对存在的执着而积极的肯定;它与一个宇宙的无序和迷宫似的方面相联系,这宇宙不产生意义(但是它并不因此而是荒谬的)。

> 谁像观察一个巨大空间似地反观自身并把众星系放在胸中,他就会知道所有的星系是怎样的无规则:它们引向存在的无序和迷乱。④

星系的象征,已经把与他人的关系敞亮为友谊,⑤它暗示出星球与天体空间的巨大领域深不可测的"关系":不管这关系多么"敞亮",存在于这里的是一种不忽视这浩瀚空间的光。在解说这段文

---

① 《尼采反瓦格纳》,尾声,节1。还有《快乐的科学》,前言,节3——在这里,哲学被表现为一种"变形的艺术"。这可以作为对哲学和(狄俄尼索斯)宗教的本质同一性的另一种证明。

② 对这一点,尼采指责社会主义者企图制止受苦(因此而否定生命);矛盾的是,这等于是意欲死亡(虚无意志)。

③ 《瞧这个人·"为什么我是命运"》,同前注,节2:"……我的狄俄尼索斯本性不知道怎么把行否定与说是分开。"

④ 《快乐的科学》,同前注,节322。

⑤ 同上,节279。

本的时候,C. Morel 写道:"众星系只有在无边无际,也即深不可测的无际空间背景下才能辨别出来。另一方面,空间本身不能被忽视掉;众星系以一种极其微弱且迅速散布的光照亮它。尽管如此,这一点却是很清楚的,即企图转移到其他世界去似乎不可思议地可笑。"①这种无尽的旅程类似于迷宫中的路径:又一个把狄俄尼索斯与阿里阿德涅连在一起的象征。迷宫探索者不执着于一个既定路线,他知道虽然存在一个终点,但没有通向它的直路。"迷宫"——这是一个无序的象征;它不意味虚无,而意味既定安排的不在场。世界更多地是以样态的过剩而非缺乏为特征(就是说,迷宫中有太多道路,正如在天空中有众多星系、众多银河系一样:每个星球都服从"自己头上的律令"②)。只有以巨大的痛苦和困难走出无序,每个人才能开启其创造之途:"人体中必须仍有无序存在,才能产生一个跳舞的星球。"③那么,狄俄尼索斯的人的形象,就是按照自己的路走向无际空间中心处一个既定位置的星球。正如在尼采死后所发表的一个文本(与《扎拉图斯特拉如是说》写于同时)中所说的,"一个迷宫中之人并不寻找真理,他永远只寻找他的阿里阿德涅",④他并不愚蠢地企图得到天体的奥秘;不过,他寻找"一切事物的黄金平衡",也即阿里阿德涅。这些形象不能以一种绝对的意义得到解释。与"迷宫"很相似,"无序"一词既不应以一种过分浪漫主义或虚无主义的方式来定义,也不应该回避一切危险与狂乱的含义。对无序的肯定并不带来不偏不倚的观察态度:无序存在于每一个人之中,正如每个人都迷失在迷宫中。这肯定

---

① G. Morel,《尼采》(Nietzsche),卷三,页 108。
② 《快乐的科学》,同前注,节 279。也见《朝霞》,序言,节 4。
③ 《扎拉图斯特拉如是说》,序曲,节 5。
④ 尼采 1889 年 1 月 4 日致布克哈特的信,署名"狄俄尼索斯"。

属于一个削弱自我价值的行动(知道如何掷骰子,并再掷一次);它是一个邀请,请我们去参加有玩伴的游戏。但是经历这样一种变形的人会付出自己血的代价。在跟随狄俄尼索斯的时候,他遭受着自我肢解与不停的死亡。得赎不是靠一个人信仰由他人的血带来的拯救(圣保罗)而保证的;它包含着流自己的血。

带着这样的观点,我们可以根据某些文本评价尼采对狄俄尼索斯的认同。就在他精神失常前不久,尼采经常在他的书信后署名"狄俄尼索斯",也常常署名"被钉十字架者"。这一举动是否意味着尼采把自己当成了狄俄尼索斯呢? 或者,甚至更严重,在他头脑清醒的最后时刻,他倾向于混淆狄俄尼索斯与被钉十字架者之间的对立——他在别处仍然坚持这对立? 首先,我们应该指出,他最后的那些书信表明他认同许多历史人物,不只认同狄俄尼索斯。这种认同以自我变形——一个尼采自己明确地、极力地追求的过程——这一术语而得以阐发。在这里,我们可以接受 G. Morel 可信的解释:

> 我们怎样理解尼采本质上是历史上的所有人名呢? 在其肯定的方面,这一提议宣称一个个体只有通过失掉他既有的身份,只有通过经历永不停息的改变,才能真正成为一个自我。只有以这种方式,永恒才能成为生命:从几个完全不同的面孔得来的一个变形面孔。这是真正身份的运动——从罪犯到狄俄尼索斯。尼采喜欢分享那恰属这些变形人物的东西:在前所提及的意义上,他是耶稣与彼拉多。[①]

但是与这第一种评论相一致,下面这说法也是正常的,这个神的门徒

---

① G. Morel,《尼采》,同前注,页 327 – 328。

应该以自己的方式身体力行狄俄尼索斯的殉教。这一认同既不是诸存在的同一也不是诸存在的混淆,而是门徒之忠诚的自然结果——就是说,一旦他理解到狄俄尼索斯要求肯定一切事物,一旦他自己进入到肯定钉十字架那一时刻。① 最后,我们也不能低估这些最后的书信的玩笑和轻松戏谑的特征:处在清醒与无意识的边缘上,尼采仍然在玩戴面具的游戏,那些面具可以隐藏其不在的事实。(他在布克哈特面前假装学生,说他是"我们最伟大的大师",甚至把他与其作品的关系比作上帝与其造物的关系。)狄俄尼索斯的狂乱不正是在这一点上占得上风,意欲将此现实隐藏在阿波罗式幻想之下吗?

我们可以把尼采的理论与其起源及其生活经历的关系区分开来。在《善恶的彼岸》中所宣告的自我牺牲,不可能纯粹是一种文体措辞而已。相反,唯有它让我们可以把尼采的疯狂解释成对深不可测的实在的赞同,这种赞同一开始令人害怕得痛苦万分,然后愈来愈严肃地被接受。Morel 的不可回答的问题仍然存在着:"在什么程度上尼采的无序是可变形的,在什么程度上它已经变形了?我们不能回答这一点,这并不重要。令人惊奇的是,尼采不顾随疯狂而来之狂言呓语的伤害,试图对其苦难作一个强烈的暗示。这是一个沾染着血的学说,因为它正是他自己的苦难的否定面。"②

狄俄尼索斯和"永恒复返"

带着这种受苦之悲剧意义(自我毁灭的逾志)的视角,我们现在

---

① 尼采在1889年1月6日致布克哈特的最后一封信的第二段附笔中使用了"钉死于十字架"一词。

② C. Morel,《尼采》,同前注,页329。

可以定位狄俄尼索斯与永恒复返的关系——正是通过狄俄尼索斯自己的死,生命才能得到肯定:"生命本身,它的永恒的多产和复归,包含着剧痛、摧毁、毁灭意志。"① 作为一个神祗,狄俄尼索斯服从于永恒复返:他正是为了肯定生命而意欲他自己的受苦与死的不停回复。同样,他的门徒绝不能力求让现在的瞬刻不朽,而是,他应当努力摧毁它,以便永恒从他那里汹涌而出。② 这是一个现存的永恒,而不是像在圣保罗那里的被应许的永恒。拯救不是依靠另一个人的死或通过俯身信仰这个他者而寻找到的。相反,它是通过对生命的肯定而

---

① 《权力意志》,同前注,节 1052。
② 在"论幻相与谜"中,扎拉图斯特拉的梦魇是这样的:每一事物都相同地复归,以一种顽固的单调性同一地复制出来,这是这最深刻的思想令人恐怖的方面。但是这只是一种直接的、表面的理解——尽管它是扎拉图斯特拉为之触动(比如,在《快乐的科学》第 341 节中)的第一个方面。此外,它通过一个恶魔表现出来。但是这思想的本质使每一事物、每一瞬间的救赎成为可能,在那任一瞬间,永恒的在场被把握到了。那么,求永恒的意志的发展便是可能的——一个使瞬间变形(只保持它可永恒化的方面)的意志。只有认识到《扎拉图斯特拉如是说》第三部的结尾如何说出它,这一学说才是可理解的。它在"初愈者"的基础上发展出来,并反对动物们对这学说的理论化——他们马上使它僵化了。现在,它在扎拉图斯特拉孤独的自语中得到了规定:扎拉图斯特拉让动物们去进行关于永恒复返的无益闲谈,从《论伟大的渴望》开始,他对他的灵魂进行祈祷;然后他为一首对生命唱的歌(《另一跳舞歌》)而高兴——而且它对他做了回答,直到在咏永恒的阿门之歌中沉思达到高潮("七个印章")。正午与永恒的相合把宇宙"救"离它的阴影。只有在那里,扎拉图斯特拉才赞同按照一条旅行计划而到达它的终点,在终点那里再也不必为事物寻找所谓理由。终点在确证着每一瞬间的永恒光辉中被给予了出来。这样一个永恒是作为过分充盈并足够的经验面被给予出来的,在这经验之外不存在任何别的东西。在最后几页中,可以听到对它的抒情诗风格的吟唱,在那里,扎拉图斯特拉就像对一个人似的对永恒说话。如果人们不考虑它的多样的(也就是不同一的)说法,如果人们认识不到跟随这些说法就是准备进入这学说(它绝不在文本"之外"),那么这学说便是不可理解的。

实现的,这生命否定、消灭一切保守。与耶稣的教导不同,国度不仅仅是内在于心中:现在,因为被永恒的闪电照亮,它使整个宇宙变形。

永恒复返的思想本身很难澄清,现在,若我们把它看作是对基督教重心的取代,它便可以理解了。然后,我们可以把它理解为对实在最深邃本质的反思(并因此理解作一种"宗教"思想),且并不是一种宇宙论或科学的矫饰。① 同样,它主要不是一种"选择的思想",一种用来"提升"或教育的思想,②因为那样一来它便仅仅从

---

① 尽管尼采企图这样做。我们认为这些企图可以从这一事实得到解释,即,在 Sils‐Maria "启示"带给他的直觉并没有得到充分的表达。所以,尼采力图为他认为给一切实在以价值的东西提供一个相当的科学公式。他并不肯定"同一物的永恒复返"真的能充分地表达出它本来要指示出的经验。在《善恶的彼岸》第 61 节中提出的那个 da capo(反始)的意象——它借自音乐符号,表示着同一旋律的重新开始——在《扎拉图斯特拉如是说》第三部"七个印章"的永恒之歌中仍然缺少回响。([中译编者按]Sils‐Maria,瑞士东南地名,尼采任教巴塞尔大学时,常去这里度假休养。)

② G. Deleuze 把永恒复返刻画为一种选择的思想。在他的《尼采》(页 85 及下页)中,他依据一处出自《权力意志》的文本,把这一思想表现为一种康德式的道德命令:"你能无限次意欲你曾意欲的东西吗?"无论在这里还是在别处,都没有提到选择这个词或这个观念。J. Granier 正确地批评说,这样一种解释(至少部分地)把永恒复返变成了一种可普遍化的实践准则的标准。见 J. Granier,《尼采哲学里的真理问题》(*Le Probleme de la vérité dans la philosophie de Nietzsche*),页 567 及下页。它意味着善恶在这方面的复返,无论我们要不要它。我们可以做一种类型学的构造,根据阐释者阐释永恒复返的功能给他们定位。如我们所看到的,这一思想对此处所涉问题来说至关重要和根本,就像宗教在传统中所是的那样。那些认为宗教经验无意义的人在理解永恒复返时也有困难。Deleuze 就把它弄成了一种没有区别的重复以及一种新的伦理原则。对 Klossowski 来说,它指明的是随着上帝之死而来的主体膨胀。K. Löwith 认为可以将它附在最早期的希腊思想上。对海德格尔来说,它标志着人对存在的遗忘并决定了存在者的存在。相反,J. Trotignon 表明"狄俄尼索斯与永恒复返的关系指示出一种'上帝之存在'的理论。"见《哲学评论》(*Revue Philosophique*),1971,No. 1022,页 306:"Circulus vitiosus:deus‐circulus:vitiosus deus"("恶的循环:神之循环:神之恶性")。

属地作为一个选择和辨别的原则。

这就是为什么不应该把这个观念的内容用来与希腊哲学进行比较,或者对它所包含的时间观念做出分析,其表达形式也不应该是诸种分析的来源。要描绘它向尼采强烈呈现的过程以及扎拉图斯特拉痛苦的肯定过程,需要对这过程的取向进行反思的态度。与基督教虚无主义的对立表明,它是对生命的伟大然而天真的肯定——如果这肯定局限于一种替补性表达形式,它便会再次遭到背叛。这一思想也与权力意志相亲近,因为后者规定了那意求永恒复返的意志:在这里存在着一个意志,它热切而纯真地(也就是不带乡愁和怨恨)意求同一物的永恒。尽管如此,对永恒复返的肯定并不等同于对权力意志的肯定。正如《扎拉图斯特拉如是说》的篇章安排所表明的,第二卷(主要讲权力意志)提出了主宰第三卷的伟大思想:即便永恒复返只能由一个意求权力意志的意志进行肯定,对权力意志的肯定也还不是关于永恒复返的思想。构想这种思想,或意欲同一物的永恒(它以权力意志为前提),是要表达一个纯粹的肯定,这肯定并非是对一个具体事物,而是对所有事物永恒救赎的肯定。它是对永恒生殖力的希望:"我还从来没有遇到一个我愿与她生孩子的妇人,除非这妇人是我所爱:因为我爱你呵,永恒!"① 权力意志,根本不是通过对宇宙的技术征服所产生的,只有当它意欲永恒时才真正得到了肯定:它的本质是意欲永恒的存在,② 因为它首先不是一个求存在的意志。③ 它是这样的意志,为了承认保全一切变化和实在的东西,它要失掉自己。

---

① 《扎拉图斯特拉如是说》,同前注,Ⅲ,"七个印章"。
② 一个海德格尔的,而非尼采的表达。
③ 《扎拉图斯特拉如是说》,同前注,Ⅱ,"论自我超越"。

但是对永恒说阿门,并不会把说是的人领向与永恒的任何融合和共享:他不会为永恒所吞没,永恒的深不可测的实在也不会突然启示给他。这"是"必须被重复,不仅因为他自己的自身生成是一个永不止息地肯定乐与苦、善与恶的过程,而且因为永恒永远在显露它自己女性的、神秘的身份。因此同一物的复归不是相同瞬间的单调重复:这一说法,只有在这学说仍然被看作一个魔鬼所宣布的噩梦,①或者被看作随意而消退的与实在相混淆的魔鬼时,②才会出现。它的容貌和意义在《扎拉图斯特拉如是说》中的动物出现时就已经发生了变化。(对《扎拉图斯特拉如是说》来说,动物是真正的对话者;他们既不是第二卷中屈服命运的门徒,也不是所谓的更高的人,即僵化的堕落形象。)通过这一学说,他们所看到的并不是那些对一切事物来说的单调永存,而是一个他们因之来到并恣肆于人面前的运动,正如在一场舞蹈中:

   一切都逝去,一切又复归;存在的年轮,永远在旋转。一切都死去,一切又昌盛;存在的年华,永远在运行。一切都碎裂,一切又重合;存在的房屋,永建成同样。③

这里仍然是不定的运动,然而它的视线穿透到那永远固定、静止的东西之外,因为它所进入的,正是既被理解为不在又被理解为在场的存在运动。然而,根据扎拉图斯特拉,动物们重复一个教义而不肯定它(他们提供一个关于它的准确然而空洞和抽象的表达)。所

---

① 《快乐的科学》,同前注,第341节。
② 《扎拉图斯特拉如是说》,同前注,Ⅲ,"论幻相与谜",节2。
③ 同上,"初愈者",节2。

以,他们的 ritornello(副歌)对立于扎拉图斯特拉在"七个图印"中的歌唱或第四卷中的"醉歌":肯定最微小的快乐也是对一切受苦说是——生与死不可分割,因为对快乐的肯定需要受苦的复归。回到同一者因此是回到同一个肯定。然而这肯定既不是一种以差别为代价的对存在的圣礼式忠诚,也不是运动的停止。进行一个肯定就是需要它自己的复返;但是在从一个到另一个的运动中有一种彻底变化。同一个肯定的复返不可能是复返于同一个肯定,因为我们必须再一次肯定在一个新的开端行动中不可分割的快乐与痛苦——一个重新开始,它的三种变形已经宣布它为孩提时代本身。

永恒复返是那总需要另一个"是"的肯定;它需要一个复归,但这复归不再是怨恨之人执拗、愚蠢的过去。而且,它也考虑到那进行肯定的他——他(不是他自己,而是永恒)必定再次意欲时间深处的永恒——的具体和暂时的处境。这样,我们便可以辨明对永恒复返之肯定与狄俄尼索斯的关系。这诱惑的神有时也去探访那等待他的他——期盼着神并准备肯定他。《扎拉图斯特拉如是说》的第四卷在对一个迹象(这是最后一首歌的标题)的期盼中达到高潮。再次肯定——反复说是——预示着可能到来的东西,而它之到来的纯然可能性便使一切实在"称义"(正如尼采又一次大胆地使用这一术语)。但由于探访者经过其追随者的身边,没有像从前的上帝那样对他们惩以暴力,没有将其形象植于其中,所以每个警醒之夜便都要求重新准备、重新宣布"是"为其核心条件。这里,任何以为迹象可以被把握的幻想必定破灭:狄俄尼索斯是其所是,是一个通道,一线足迹。"献身"于这个神的人不是远离其现状,而是因宣称他可能的到访而更丰盈深厚。说"是"需要它的复返,"一次"意欲着"第二次"以及次次的永恒,并因此是对任何想结束它的意志、任何渴望虚无主义的"一劳永逸"的拒绝。

这就是为什么变形的存在是一个不断更新的变形行动:它既不是屈服于怨恨,也不是从不得不意欲自我的必然性中获释。它毋宁是肯定——一种对自身永远是他者的实在的肯定——的常新的复返。

狄俄尼索斯与永恒复返的关系能够得到更清晰的确切说明吗?由于《扎拉图斯特拉如是说》没有直接论及狄俄尼索斯,我们应当小心从事,不做不管多么富有洞察力但缺乏文本支持的假设性比较。另一方面,如果我们对比《悲剧的诞生》与《扎拉图斯特拉如是说》,那关系便清楚了。《一个自我批评的尝试》(1886)写道,整部《悲剧的诞生》"只知道一切事件背后的艺术意义与隐秘意义——一个'神',如果你愿意这样说的话"。[1] 这样一个神(狄俄尼索斯)在这部作品中被表现为"开启了通向存在之母,通向事物内核的道路"的神:[2]对他的崇拜要求超然于表象,走向那包含着过度与疯狂的酒神迷醉。但是这一过度"把自己展现为真理。矛盾,源于受苦的极乐,从自然的核心道出"。[3] 这样,过度就引出了与事物的一种关联,它让人能够听到它们的原初秘密。狄俄尼索斯崇拜既不把它自己,也不把过渡当作目的:它寻求的是表象中以及表象背后起作用的实在的悲剧性知识。歌队具有与此相当的意义:它的歌唱使那流行的文明生活喜欢弄迷糊的东西变清晰,它"更真切如实而完整地描画了存在"。[4] 一种变形因舞台上的演出动作产生了:那是一个自我到另一个自我的变形——而这一过程的实现

---

[1] 《一个自我批评的尝试》,节5。
[2] 《悲剧的诞生》,节16。
[3] 同上,节4。
[4] 同上,节8。

被看见。于是变形把受苦与智慧统一起来:"在其幻象中,歌队看见了它的主人和导师狄俄尼索斯,并因此永远是服侍的歌队……在分享他的受苦时,它也分享了他的一些智慧并且宣告从世界的心脏而来的真理。"①

这些因素虽然只是简洁地被提到,然而暗示了被描绘为狄俄尼索斯运动的东西(在《悲剧的诞生》中)与扎拉图斯特拉想要获得的智慧之间的一种深刻的结构同一性。然而,由于《扎拉图斯特拉如是说》中没有明确谈到狄俄尼索斯,我们必须小心从事。虽然尼采对这一主题的沉默尚属难解,但这沉默本身构成了有待解释的部分材料。首先,即使狄俄尼索斯确实消退了,他也没有完全消失,只是他的存在变得更加微妙和隐蔽。"神"轻手轻脚的表面引退只是使他慎重的到访更加意义重大。所以,《人性的,太人性的》谈到一个谜一般的面容的出现;"如此纯洁,如此为宁静光辉的变形之光所倾注"。② 其次,它还提到旅行者通往地狱的艰难通道,在这旅途中,他所要献出的不仅是羔羊,而且是他自己的血。③ 从这些引证即《人性的,太人性的》的第一书与第二书各自得出的结论都有重大的意义:这指示出一个始终谨慎的存在者,正如《朝霞》最后的警句所做的那样,后者发展了关于飞鸟—旅行者与大海的交叉主题。最后,在《瞧这个人》的《论道德的谱系》一节中,尼采又暗示出狄俄尼索斯的隐然在场,他被特别地看作"黑暗之神"。这段落表明,即使当人堕落到去制造"道德理想"时,狄俄尼索斯也从未停止赐予这过程以灵感,这一点即使在谱系学家对各种毁灭性力

---

① 《悲剧的诞生》,节8。
② 《人性的,太人性的》,Ⅰ,节638,"漫游者"。
③ 同上,Ⅱ,节408。

量做了解释的阶段也是可以肯定的,尽管是谨慎的肯定。或者,我们也可以说,在《悲剧的诞生》之后狄俄尼索斯的隐然存在正是一种净化或"解神话化"。众所周知,尼采拒绝他那个时代的概念框架——然而在这拒绝中,他自己的精彩洞见也被隐藏了。但他并没有拒斥狄俄尼索斯思想。也许他后期作品对这一主题的沉默意味着此重要洞见的逐渐净化和改良。在任何场合,不论对于他的《一个自我批评的尝试》(1886)还是《瞧这个人》(1888),尼采都把他无可争议的对基督教的反对与他的狄俄尼索斯思想置于同一层次上。

毫不奇怪,狄俄尼索斯又出现在《扎拉图斯特拉如是说》中,但现在他已变形。脱掉其神秘的外衣后,他仍然是宣告永恒复返之景象和学说的神。尽管文字特征显著不同,这两部作品迅速显出一种结构上的相似。这两个文本都处于善与恶之外,都渴望为了肯定存在而超越道德。而且,两者都认为这肯定发生在受苦与自我超越中。再者,正如扎拉图斯特拉在第三部中开始梦想永恒复返,《悲剧的诞生》第四部分也是以一个梦的方便办法引出了狄俄尼索斯。如果合唱歌队在《扎拉图斯特拉如是说》中消失了,那么狂热诗歌便会扮演相同的角色(当然,在这里重要的区别在于它自个的咒语)。此外,尼采称得上是"这种精神会说"(也就是狄俄尼索斯)的那种语言的发明者。① 简言之,狂热诗歌之于永恒之肯定正如古代的歌队之于狄俄尼索斯主义。那么,《一个自我批评的尝试》以扎拉图斯特拉(第7节)的一首歌结尾便不是偶然。在两种情况下,发笑和跳舞(也就是轻浮和宁静)都是作为构造性特征提出来的。最后也可能是最重要的,就是存在着对永恒的相似渴望:

---

① 《瞧这个人·扎拉图斯特拉如是说》,同前注,节7。

歌队的作用是引向一种对瞬间的永恒本质的沉思,这正如扎拉图斯特拉的狂热诗歌,它把现在提升到永恒。不同的表达并不能掩盖在这里起作用的相同的态度。因此,《瞧这个人》可以把"狄俄尼索斯概念"①等同于肯定生命的过分充盈的扎拉图斯特拉。

在两者中,狄俄尼索斯神都把他的门徒引向永恒复返的学说。他不是以抽象神而是以悲剧神的方式做到这一点的,因为他引向一个他自己首先屈服于它的实在。他远不会隐藏永恒,而在某种程度上还要在它面前隐匿自己。所以,他便又是与保罗的神(他把一切局限在取代他人之死的信仰)和耶稣的神(他透明的、直接的存在使所有事物变虚弱)相对立的。而且,如果狄俄尼索斯不具有这些特征,那便很难理解为什么尼采坚持要我们把他看作敌基督者或与基督教相对立的学说。② 基督教的上帝让他的儿子死而自己不死,与此相反,狄俄尼索斯神则亲历死亡:他必须意欲自己的自我隐匿和消失以显示其真实性。他的在场为了对再来一次进行肯定而必须变成不在场。他和人都是一种通道:他不满足于仅仅指出道路而不亲自经历它,他要经历它并且死去。

人们常常指出,"在由尼采发表的文本中,永恒复返并没有正式地或'确定地'表露。它只是被惊恐或狂喜地宣告或期待"。③这是偶然的吗?这是因为缺少时间吗?这是否意味着没有能力使最深不可测的思想主题化?但是,尼采认识到,《扎拉图斯特拉如是说》在这一点上,是不可超越的;如果这一思想的前提仍然必须得到确证,它的批判意蕴必须被显明,那我们就必须回到《扎拉图

---

① 《瞧这个人·扎拉图斯特拉如是说》,同前注,节6。
② 《一个自我批评的尝试》,同前注,节5。
③ 比如,G. Deleuze 在《讨论会》(*Colloque de Royaumnot*)记录六的结尾中所言,页283。

斯特拉如是说》去发现它最完整的表述。① 结果是,一种不考虑这一思想的表达形式的阐释——我们知道对尼采来说,真正的艺术家把其他人当作内容的东西作为形式——将会彻底地背叛它的本性。如果《扎拉图斯特拉如是说》只是准备性地引出这个思想,如果它的门徒必须经历一种入会仪式,如果它把它的意思仅仅表露为超越善恶,超越真伪(也就是超越理智的抽象化,超越病态感性的恶劣简单化),那么很显然,谨慎地接近这一学说便不仅仅属于预先的准备。而且,以距离同感为基础的沉默和敬意正构成了它真正的核心。尼采也经常强调基督教上帝令人反感的方方面面,说他被截掉了神秘,且充满了诡诈虚伪。比起彻夜不眠地小心看守他自己的最深不可测的思想,尼采这样做也许更有成效,以致它的一切神秘不会被令人生厌的哲学学问家所抽空,或者不会被新的使徒们再一次歪曲并铸进一种群氓信仰中。保存这样一个深渊,并不是把这最后的思想作为这一作品的附加物而加以拒绝,不是拒绝理解,也不是把它还原为关于差别之复归的空洞形式主义。而是,如果我们现在已被领向一个新的中心,②这深渊的显现便会指明,它的意义超出了所有人类的意义,它是对那"沉思"的赞同,通过这沉思,我们可以"把存在的特征铭刻在流变上"。③

与尼采对道德语言和基督教语言的整个批判相一致,在这最后一点上,语言本身通过否定它自己的功效而显露出其不可动摇的他性。为了对一切事物都显得透明,基督教的和道德的语言禁

---

① 因此,那些在扎拉图斯特拉之后写的批判性著作是很重要的,特别是《善恶的彼岸》《论道德的谱系》以及《快乐的科学》的第五部。参《瞧这个人·善恶的彼岸》节Ⅰ中之相关部分。
② 《权力意志》,同前注,节417。
③ 同上,节617。

锢了人,相反,祝福之歌(言语的至高形式)则欢迎神祇和其他任何可能到来的东西。让那将要到来的东西是未知的,让吁请尚未被应答,并不是疲乏的标记,而是尊敬和主动期盼的标记。让永恒复返的思想对科学的阐释敞开,就是肯定那是者(what *is*,它与耶稣的洞见一致,尽管它颇不同且更加有力),并且否定与那即将到来者相对立的东西。因此,能够理解它到底是什么的人,只能是一个孩童,而不是具有纯正知觉的学者或者向狄俄尼索斯重复阿里阿德涅的言语的魔法师——尽管言语可能实质上相同,他们却有着完全不同的意向,因为魔法师并不相信他自己咒语的只言片语!这些词语只对那些面对世界找到了最完整的天真和沉着——一种通过劳作行为而在自身中产生的沉着——的人才有意义。在题为《论山旁之树》的一节中,扎拉图斯特拉向一个年轻人表达了这个看法:"但我们所不能见的风,可以随意摇撼、屈曲这树,任意到哪一个方向。正是那不可见的手把我们折磨压迫得甚惨。"①虽然如此,这仍然是一个注定要欢迎的劳作:"我们与那因身载一滴露珠而颤动的玫瑰花苞,有什么共同之处呢?"扎拉图斯特拉怀旧地问道。②"美的声音如此细微,它只悄悄潜进最警醒的灵魂"。③

---

① 《扎拉图斯特拉如是说》,同前,卷Ⅰ,《论山旁之树》。[译注]楷体字为译者所加。
② 同上,《论阅读与写作》。
③ 同上,卷二,《论道德家》。

图书在版编目（CIP）数据

尼采与基督教：尼采的《敌基督》论集 / 刘小枫编；田立年等译. -- 2版. -- 北京：华夏出版社有限公司，2022.1
（西方传统：经典与解释）
ISBN 978-7-5222-0179-5

I. ①尼… II. ①刘… ②田… III. ①尼采（Nietzsche, Friedrich Wilhelm 1844-1900）－基督教－宗教哲学－文集 IV. ①B516.47-53 ②B978-53

中国版本图书馆 CIP 数据核字(2021)第 192067 号

尼采与基督教——尼采的《敌基督》论集

编 者	刘小枫
译 者	田立年 等
责任编辑	王霄翎 郑芊蕙
责任印制	刘 洋
出版发行	华夏出版社有限公司
经 销	新华书店
印 装	三河市少明印务有限公司
版 次	2022 年 1 月北京第 2 版 2022 年 1 月北京第 1 次印刷
开 本	880×1230 1/32
印 张	10.25
字 数	233 千字
定 价	75.00 元

华夏出版社有限公司 地址：北京市东直门外香河园北里 4 号 邮编：100028
网址：www.HXPH.com.cn 电话：(010)64663331(转)
若发现本版图书有印装质量问题，请与我社营销中心联系调换。

西方传统：经典与解释
Classici et Commentarii
HERMES
刘小枫○主编

古今丛编

欧洲中世纪诗学选译　宋旭红 编译
克尔凯郭尔　[美]江思图 著
货币哲学　[德]西美尔 著
孟德斯鸠的自由主义哲学　[美]潘戈 著
莫尔及其乌托邦　[德]考茨基 著
试论古今革命　[法]夏多布里昂 著
但丁：皈依的诗学　[美]弗里切罗 著
在西方的目光下　[英]康拉德 著
大学与博雅教育　董成龙 编
探究哲学与信仰　[美]郝岚 著
民主的本性　[法]马南 著
梅尔维尔的政治哲学　李小均 编/译
席勒美学的哲学背景　[美]维塞尔 著
果戈里与鬼　[俄]梅列日科夫斯基 著
自传性反思　[美]沃格林 著
黑格尔与普世秩序　[美]希克斯 等著
新的方式与制度　[美]曼斯菲尔德 著
科耶夫的新拉丁帝国　[法]科耶夫 等著
《利维坦》附录　[英]霍布斯 著
或此或彼（上、下）　[丹麦]基尔克果 著
海德格尔式的现代神学　刘小枫 选编
双重束缚　[法]基拉尔 著
古今之争中的核心问题　[德]迈尔 著
论永恒的智慧　[德]苏索 著
宗教经验种种　[美]詹姆斯 著
尼采反卢梭　[美]凯斯·安塞尔-皮尔逊 著
舍勒思想评述　[美]弗林斯 著
诗与哲学之争　[美]罗森 著
神圣与世俗　[罗]伊利亚德 著
但丁的圣约书　[美]霍金斯 著

古典学丛编

赫西俄德的宇宙　[美]珍妮·施特劳斯·克莱 著
论王政　[古罗马]金嘴狄翁 著
论希罗多德　[古罗马]卢里叶 著
探究希腊人的灵魂　[美]戴维斯 著
尤利安文选　马勇 编/译
论月面　[古罗马]普鲁塔克 著
雅典谐剧与逻各斯　[美]奥里根 著
菜园哲人伊壁鸠鲁　罗晓颖 选编
《劳作与时日》笺释　吴雅凌 撰
希腊古风时期的真理大师　[法]德蒂安 著
古罗马的教育　[英]葛怀恩 著
古典学与现代性　刘小枫 编
表演文化与雅典民主政制
[英]戈尔德希尔、奥斯本 编
西方古典文献学发凡　刘小枫 编
古典语文学常谈　[德]克拉夫特 著
古希腊文学常谈　[英]多佛 等著
撒路斯特与政治史学　刘小枫 编
希罗多德的王霸之辨　吴小锋 编/译
第二代智术师　[英]安德森 著
英雄诗系笺释　[古希腊]荷马 著
统治的热望　[美]福特 著
论埃及神学与哲学　[古希腊]普鲁塔克 著
凯撒的剑与笔　李世祥 编/译
伊壁鸠鲁主义的政治哲学
[意]詹姆斯·尼古拉斯 著
修昔底德笔下的人性　[美]欧文 著
修昔底德笔下的演说　[美]斯塔特 著
古希腊政治理论　[美]格雷纳 著
神谱笺释　吴雅凌 撰
赫西俄德：神话之艺
[法]居代·德拉孔波 编
赫拉克勒斯之盾笺释　罗逍然 译笺
《埃涅阿斯纪》章义　王承教 选编
维吉尔的帝国　[美]阿德勒 著
塔西佗的政治史学　曾维术 编

古希腊诗歌丛编
古希腊早期诉歌诗人　[英]鲍勒 著
诗歌与城邦　[美]费拉格、纳吉 主编
阿尔戈英雄纪（上、下）
[古希腊]阿波罗尼俄斯 著
俄耳甫斯教祷歌　吴雅凌 编译
俄耳甫斯教辑语　吴雅凌 编译

古希腊肃剧注疏集
希腊肃剧与政治哲学　[美]阿伦斯多夫 著

古希腊礼法研究
宙斯的正义　[英]劳埃德-琼斯 著
希腊人的正义观　[英]哈夫洛克 著

廊下派集
剑桥廊下派指南　[加]英伍德 编
廊下派的苏格拉底　程志敏 徐健 选编
廊下派的神和宇宙　[墨]里卡多·萨勒斯 编
廊下派的城邦观　[英]斯科菲尔德 著

希伯莱圣经历代注疏
希腊化世界中的犹太人　[英]威廉逊 著
第一亚当和第二亚当　[德]朋霍费尔 著

新约历代经解
属灵的寓意　[古罗马]俄里根 著

基督教与古典传统
保罗与马克安　[德]文森 著
加尔文与现代政治的基础　[美]汉考克 著
无执之道　[德]文森 著
恐惧与战栗　[丹麦]基尔克果 著
托尔斯泰与陀思妥耶夫斯基
[俄]梅列日科夫斯基 著
论宗教大法官的传说　[俄]罗赞诺夫 著
海德格尔与有限性思想（重订版）
刘小枫 选编
上帝国的信息　[德]拉加茨 著
基督教理论与现代　[德]特洛尔奇 著
亚历山大的克雷芒　[意]塞尔瓦托·利拉 著
中世纪的心灵之旅　[意]圣·波纳文图拉 著

德意志古典传统丛编
《浮士德》发微　谷裕 选编
尼伯龙人　[德]黑贝尔 著
论荷尔德林　[德]沃尔夫冈·宾德尔 著
彭忒西勒亚　[德]克莱斯特 著
穆佐书简　[奥]里尔克 著
纪念苏格拉底——哈曼文选　刘新利 选编
夜颂中的革命和宗教　[德]诺瓦利斯 著
大革命与诗化小说　[德]诺瓦利斯 著
黑格尔的观念论　[美]皮平 著
浪漫派风格——施勒格尔批评文集　[德]施勒格尔 著

美国宪政与古典传统
美国1787年宪法讲疏　[美]阿纳斯塔普罗 著

启蒙研究丛编
论古今学问　[英]坦普尔 著
历史主义与民族精神　冯庆 编
浪漫的律令　[美]拜泽尔 著
现实与理性　[法]科维纲 著
论古人的智慧　[英]培根 著
托兰德与激进启蒙　刘小枫 编
图书馆里的古今之战　[英]斯威夫特 著

政治史学丛编
克服历史主义　[德]特洛尔奇 等著
胡克与英国保守主义　姚啸宇 编
古希腊传记的嬗变　[意]莫米利亚诺 著
伊丽莎白时代的世界图景　[英]蒂利亚德 著
西方古代的天下观　刘小枫 编
从普遍历史到历史主义　刘小枫 编
自然科学史与玫瑰　[法]雷比瑟 著

地缘政治学丛编
施米特的国际政治思想　[英]欧迪瑟乌斯/佩蒂托 编
克劳塞维茨之谜　[英]赫伯格-罗特 著
太平洋地缘政治学　[德]卡尔·豪斯霍弗 著

荷马注疏集
不为人知的奥德修斯　[美]诺特维克 著
模仿荷马　[美]丹尼斯·麦克唐纳 著

品达注疏集
幽暗的诱惑 [美]汉密尔顿 著
欧里庇得斯集
自由与僭越 罗峰 编译
阿里斯托芬集
《阿卡奈人》笺释 [古希腊]阿里斯托芬 著
色诺芬注疏集
居鲁士的教育 [古希腊]色诺芬 著
色诺芬的《会饮》 [古希腊]色诺芬 著
柏拉图注疏集
挑战戈尔戈 李致远 选编
论柏拉图《高尔吉亚》的统一性 [美]斯托弗 著
立法与德性——柏拉图《法义》发微 林志猛 编
柏拉图的灵魂学 [加]罗宾逊 著
柏拉图书简 彭磊 译注
克力同章句 程志敏 郑兴凤 撰
哲学的奥德赛——《王制》引论 [美]郝兰 著
爱欲与启蒙的迷醉 [美]贝尔格 著
为哲学的写作技艺一辩 [美]伯格 著
柏拉图式的迷宫——《斐多》义疏 [美]伯格 著
苏格拉底与希琵阿斯 王江涛 编译
理想国 [古希腊]柏拉图 著
谁来教育老师 刘小枫 编
立法者的神学 林志猛 编
柏拉图对话中的神 [法]薇依 著
厄庇诺米斯 [古希腊]柏拉图 著
智慧与幸福 程志敏 选编
论柏拉图对话 [德]施莱尔马赫 著
柏拉图《美诺》疏证 [美]克莱因 著
政治哲学的悖论 [美]郝岚 著
神话诗人柏拉图 张文涛 选编
阿尔喀比亚德 [古希腊]柏拉图 著
叙拉古的雅典异乡人 彭磊 选编
阿威罗伊论《王制》 [阿拉伯]阿威罗伊 著
《王制》要义 刘小枫 选编

柏拉图的《会饮》 [古希腊]柏拉图 等著
苏格拉底的申辩(修订版) [古希腊]柏拉图 著
苏格拉底与政治共同体 [美]尼柯尔斯 著
政制与美德——柏拉图《法义》疏解 [美]潘戈 著
《法义》导读 [法]卡斯代尔·布舒奇 著
论真理的本质 [德]海德格尔 著
哲人的无知 [德]费勃 著
米诺斯 [古希腊]柏拉图 著
情敌 [古希腊]柏拉图 著
亚里士多德注疏集
《诗术》译笺与通绎 陈明珠 撰
亚里士多德《政治学》中的教诲 [美]潘戈 著
品格的技艺 [美]加佛 著
亚里士多德哲学的基本概念 [德]海德格尔 著
《政治学》疏证 [意]托马斯·阿奎那 著
尼各马可伦理学义疏 [美]伯格 著
哲学之诗 [美]戴维斯 著
对亚里士多德的现象学解释 [德]海德格尔 著
城邦与自然——亚里士多德与现代性 刘小枫 编
论诗术中篇义疏 [阿拉伯]阿威罗伊 著
哲学的政治 [美]戴维斯 著
普鲁塔克集
普鲁塔克的《对比列传》 [英]达夫 著
普鲁塔克的实践伦理学 [比利时]胡芙 著
阿尔法拉比集
政治制度与政治箴言 阿尔法拉比 著
马基雅维利集
君主及其战争技艺 娄林 选编
莎士比亚绎读
莎士比亚的政治智慧 [美]伯恩斯 著
脱节的时代 [匈]阿格尼斯·赫勒 著
莎士比亚的历史剧 [英]蒂利亚德 著
莎士比亚戏剧与政治哲学 彭磊 选编
莎士比亚的政治盛典 [美]阿鲁里斯/苏利文 编
丹麦王子与马基雅维利 罗峰 选编

洛克集
　上帝、洛克与平等　[美]沃尔德伦 著

卢梭集
　论哲学生活的幸福　[德]迈尔 著
　致博蒙书　[法]卢梭 著
　政治制度论　[法]卢梭 著
　哲学的自传　[美]戴维斯 著
　文学与道德杂篇　[法]卢梭 著
　设计论证　[美]吉尔丁 著
　卢梭的自然状态　[美]普拉特纳 等著
　卢梭的榜样人生　[美]凯利 著

莱辛注疏集
　汉堡剧评　[德]莱辛 著
　关于悲剧的通信　[德]莱辛 著
　《智者纳坦》（研究版）　[德]莱辛 等著
　启蒙运动的内在问题　[美]维塞尔 著
　莱辛剧作七种　[德]莱辛 著
　历史与启示——莱辛神学文选　[德]莱辛 著
　论人类的教育　[德]莱辛 著

尼采注疏集
　何为尼采的扎拉图斯特拉　[德]迈尔 著
　尼采引论　[德]施特格迈尔 著
　尼采与基督教　刘小枫 编
　尼采眼中的苏格拉底　[美]丹豪瑟 著
　动物与超人之间的绳索　[德]A.彼珀 著

施特劳斯集
　苏格拉底与阿里斯托芬
　论僭政（重订本）　[美]施特劳斯 [法]科耶夫 著
　苏格拉底问题与现代性（增订本）
　犹太哲人与启蒙（增订本）
　霍布斯的宗教批判
　斯宾诺莎的宗教批判
　门德尔松与莱辛
　哲学与律法——论迈蒙尼德及其先驱
　迫害与写作艺术

　柏拉图式政治哲学研究
　论柏拉图的《会饮》
　柏拉图《法义》的论辩与情节
　什么是政治哲学
　古典政治理性主义的重生（重订本）
　回归古典政治哲学——施特劳斯通信集
　　　　　　　＊＊＊
　论源初遗忘　[美]维克利 著
　政治哲学与启示宗教的挑战　[德]迈尔 著
　阅读施特劳斯　[美]斯密什 著
　施特劳斯与流亡政治学　[美]谢帕德 著
　隐匿的对话　[德]迈尔 著
　驯服欲望　[法]科耶夫 等著

施米特集
　宪法专政　[美]罗斯托 著
　施米特对自由主义的批判　[美]约翰·麦考米克 著

伯纳德特集
　古典诗学之路（第二版）　[美]伯格 编
　弓与琴（重订本）　[美]伯纳德特 著
　神圣的罪业　[美]伯纳德特 著

布鲁姆集
　巨人与侏儒（1960-1990）
　人应该如何生活——柏拉图《王制》释义
　爱的设计——卢梭与浪漫派
　爱的戏剧——莎士比亚与自然
　爱的阶梯——柏拉图的《会饮》
　伊索克拉底的政治哲学

沃格林集
　自传体反思录　[美]沃格林 著

朗佩特集
　哲学与哲学之诗
　尼采与现时代
　尼采的使命
　哲学如何成为苏格拉底式的
　施特劳斯的持久重要性

大学素质教育读本
古典诗文绎读 西学卷·古代编（上、下）
古典诗文绎读 西学卷·现代编（上、下）

柏拉图读本（刘小枫 主编）
吕西斯 贺方婴 译
苏格拉底的申辩 程志敏 译
普罗塔戈拉 刘小枫 译

阿里斯托芬全集
财神 黄薇薇 译

中国传统：经典与解释
Classici et Commentarii
刘小枫 陈少明 ◎主编

知圣篇 / 廖平 著
《孔丛子》训读及研究 / 雷欣翰 撰
论语说义 / [清]宋翔凤 撰
周易古经注解考辨 / 李炳海 著
图象几表 / [明]方以智 编
浮山文集 / [明]方以智 著
药地炮庄 / [明]方以智 著
药地炮庄笺释·总论篇 / [明]方以智 著
青原志略 / [明]方以智 编
冬灰录 / [明]方以智 著
冬炼三时传旧火 / 邢益海 编
《毛诗》郑王比义发微 / 史应勇 著
宋人经筵诗讲义四种 / [宋]张纲 等撰
道德真经取善集 / [金]李霖 编撰
道德真经藏室纂微篇 / [宋]陈景元 撰
道德真经四子古道集解 / [金]寇才质 撰
皇清经解提要 / [清]沈豫 撰
经学通论 / [清]皮锡瑞 著
松阳讲义 / [清]陆陇其 著
起凤书院答问 / [清]姚永朴 撰

周礼疑义辨证 / 陈衍 撰
《铎书》校注 / 孙尚扬 肖清和 等校注
韩愈志 / 钱基博 著
论语辑释 / 陈大齐 著
《庄子·天下篇》注疏四种 / 张丰乾 编
荀子的辩说 / 陈文洁 著
古学经子 / 王锦民 著
经学以自治 / 刘少虎 著
从公羊学论《春秋》的性质 / 阮芝生 撰

刘小枫集
共和与经纶 [增订本]
城邦人的自由向往
民主与政治德性
昭告幽微
以美为鉴
古典学与古今之争 [增订本]
这一代人的怕和爱 [第三版]
沉重的肉身 [珍藏版]
圣灵降临的叙事 [增订本]
罪与欠
儒教与民族国家
拣尽寒枝
施特劳斯的路标
重启古典诗学
设计共和
现代人及其敌人
海德格尔与中国
现代性与现代中国
现代性社会理论绪论
诗化哲学 [重订本]
拯救与逍遥 [修订本]
走向十字架上的真
西学断章

编修 [博雅读本]
凯若斯：古希腊语文读本 [全二册]

古希腊语文学述要
雅努斯：古典拉丁语文读本
古典拉丁语文学述要
危微精一：政治法学原理九讲
琴瑟友之：钢琴与古典乐色十讲

译著
柏拉图四书

经典与解释辑刊

1 柏拉图的哲学戏剧
2 经典与解释的张力
3 康德与启蒙
4 荷尔德林的新神话
5 古典传统与自由教育
6 卢梭的苏格拉底主义
7 赫尔墨斯的计谋
8 苏格拉底问题
9 美德可教吗
10 马基雅维利的喜剧
11 回想托克维尔
12 阅读的德性
13 色诺芬的品味
14 政治哲学中的摩西
15 诗学解诂
16 柏拉图的真伪
17 修昔底德的春秋笔法
18 血气与政治
19 索福克勒斯与雅典启蒙
20 犹太教中的柏拉图门徒
21 莎士比亚笔下的王者
22 政治哲学中的莎士比亚
23 政治生活的限度与满足
24 雅典民主的诺剧
25 维柯与古今之争
26 霍布斯的修辞

27 埃斯库罗斯的神义论
28 施莱尔马赫的柏拉图
29 奥林匹亚的荣耀
30 笛卡尔的精灵
31 柏拉图与天人政治
32 海德格尔的政治时刻
33 荷马笔下的伦理
34 格劳秀斯与国际正义
35 西塞罗的苏格拉底
36 基尔克果的苏格拉底
37 《理想国》的内与外
38 诗艺与政治
39 律法与政治哲学
40 古今之间的但丁
41 拉伯雷与赫尔墨斯秘学
42 柏拉图与古典乐教
43 孟德斯鸠论政制衰败
44 博丹论主权
45 道伯与比较古典学
46 伊索寓言中的伦理
47 斯威夫特与启蒙
48 赫西俄德的世界
49 洛克的自然法辩难
50 斯宾格勒与西方的没落
51 地缘政治学的历史片段
52 施米特论战争与政治
53 普鲁塔克与罗马政治
54 罗马的建国叙述
55 亚历山大与西方的大一统
56 马西利乌斯的帝国
57 全球化在东亚的开端
58 弥尔顿与现代政治
59 拉采尔与政治地理学